중소기업 경영

김근모_이범성 공저

publishing and culture
피앤씨미디어

머리말

우리는 변화무쌍하고 내일을 예측할 수 없는 불확실한 시대를 살아가고 있다. 끊임없는 변화 속에서 최선의 방법은 기본에 충실하고 변화에 적응하는 길이다.

그러나 중소기업의 역할과 비중이 크고 중요하지만 중소기업을 경영하고 운영하는 제도나 인식은 현실적으로 매우 낙후 되어 있는 실정이다.

우리나라에서는 최근에 들어서 중소기업의 중요성과 역할을 재인식하면서 정부에서는 중소기업의 제도 보완이나 정책을 재정비하고 대기업에서도 중소기업을 바라보는 시각이 달라지고 있으며 사회적인 인식도 크게 변하고 있다. 세계 각국은 산업구조 고도화 추세에 따라 중소기업의 중요성이 더욱 증대되고 있다.

중소기업의 경제. 사회적 측면에서 볼 때 내실 있는 경제발전의 원동력, 기술개발의 원천, 산업의 전후방 파급효과, 산업의 경기 대응력 제고, 수입유발적 산업구조의 개선, 소비자의 다양한 충족, 대내외적인 경제 환경변화에 적응 등의 기능을 하고 있기 때문이다.

이 책은 중소기업가의 역할과 기업가정신을 재조명함은 물론 중소기업을 성공시키기 위해서 알아두어야 할 점과 중소기업의 경영자가 기본적으로 갖추어야 할 조건 및 스킬들을 잘 설명해 주고 있다. 특히 자신의 사업을 꿈꾸고 있는 사람이라면 이 책의 내용을 체득화 시킬 필요가 있다고 본다. 또한 이 책은 한 개인이 자신의 성공을 위해서 갖추어야 할 것이 무엇인가를 살펴보는데도 매우 유익하다고 생각한다.

우리나라도 이제부터 중소기업의 시대가 도래되었다. 국민경제적 비중을 생각 할 때 중소기업의 발전 없이는 국가 경제성장을 기대하기 어렵다. 특히 중소기업이 경제 발전에 기여하여 국가 경제 발전의 원동력이 되고 있음은 너무나 자명한 일이다. 여기에는 최근에 각 대학이나 연구기관에서 중소기업에 관한 연구가 그 어느 때보다 활발하게 이루어지고 있다. 우리나라의 중소기업 경영 분야를 재조명 하고 이제부터 중소기업을 창업 후 경영 하고자 하는 경영자에게 중소기업 경영에 대한 기본적인 원리와 현상을 도출하여 이를 현실에 적용 하는데 중점을 두었다.

성공적인 경영에 이르는 길은 험난하고 어려운 게 현실이며 지속가능한 경영을 하는 업체가 많지 않다는 것은 여러 가지 통계로 잘 나타나 있다. 따라서 경영에 대한 명확한 방향 설정과 철저한 준비, 그리고 확고한 경영마인드를 지니지 않은 경영자는 그만큼 실패할 확률이 높다고 할 것이다. 즉. 성공적인 경영을 위해서는 체계적이고 명확한 계획이 반드시 필요하다고 할 수 있다.

중소기업경영이 노력이나 의욕만 가지고 하는 시대가 아니라 관련 분야에 대한 전문지식이 반드시 필요한 시대이며 이점이 바로 저자들이 본서를 집필하게 된 동기이다. 구체적으로 말하자면 본서는 창업을 준비하거나 창업한 기업을 경영함에 있어 필요한 주요이론과 실무에 도움을 드리고자 집필하였다.

본서의 체계를 설계하고 내용을 정리하는데 는 창업경영 및 중소기업경영관련 저서를 저술한 국내의 선학들의 노력 결과가 많이 참고 되었음을 밝히며 오히려 본서는 그 분들의 노력결과를 정리하고 통합한 것이라고 할 수 있다.

본서는 대학에서 중소기업경영을 배우는 학생들뿐만 아니라 중소기업경영의 올바른 이해와 필요한 지식을 체계적으로 학습 하도록 쓰였다.

그리고 경영현장에서 최고경영자의 역할을 수행하고 있는 경영자들에게도 경영현상을 이해하고 실행에 참조할 수 있도록 도움이 될 수 있을 것이다.

본서에서 저자들은 중소기업경영에 대한 내용을 체계적으로 설명하여 도가들이 쉽게 이해하고 활용할 수 있도록 노력하였으나 저자들의 능력 부족으로 여러 가지 미흡한 부분이 많을 것으로 생각된다. 앞으로 좋은 책이 될 수 있도록 독자 여러분들의 충고와 건의를 받아들여 지속적으로 수정하고 보완할 것을 약속드린다.

부족한 이 책이 중소기업경영을 준비하고 있는 경영자들의 디딤돌이 되기를 바라며 성공의 가능성을 높임으로써 미래에 도전하는 젊은이들의 꿈과 희망이 실현되기를 바라는 마음 간절하다.

끝으로 이 책이 나오기까지 많은 격려와 도움을 주신 동료교수님과 모든 분들께 깊은 감사를 드린다.

2014년 1월

저자들 씀

목 차

제 1 장

중소기업 기업가정신과 사업계획

제1절 중소기업의 성공요인

중소기업의 성공률은 얼마나 되는가? 중소기업은 왜 도산 하는가? 성공적인 경영을 위해서 필요한 최소한의 노력은 무엇인가? 중소기업 경영에 관심 있는 경영자이면 한번쯤 생각해 보았을 것이다.

중소기업은 대기업에 비하여 경쟁력이 약하기 때문에 경영상 어려움이 많은 게 사실이다.

중소기업의 성공요인을 조사 연구 해보면 내용은 아래와 같다.

1. 국가기관에서 본 성공요인

중소기업이 성장하고 생존하기 위해서는 이래와 같은 성공요인들이 있다.

(1) 신제품 개발

중소기업의 성장을 희망 한다면 고객의 수요 파악은 물론 신제품 출하시기에 인적 물적 자원을 활용 하면서 신제품을 개발하지 않으면 안 된다.

(2) 우수기술 수준양성

기업의 성장을 위해서는 전문기술 인력이 필요하다 전문 인력을 양성하기 위해서는 매출액의 일정 부분을 교육 훈련에 투자해야 한다. 해외 연수 훈련 필요성이 인정 된다면 강화하여 우수한 인적자원을 육성해야 한다.

(3) 정보습득 충실화

경쟁우위를 확보하기 위해서는 충실한 정보를 많이 가지고 있어야 한다. 현장의 목소리도 청취하여 최대한 수집하는 것도 바람직하다.

(4) 재무관리 능력 강화

재무관리의 핵심은 자본조달, 자본운용과 기업운영 실상을 계수로 표현 하는 것이다. 경영자가 재무원칙에 입각하여 재무관리 능력을 강화해야 한다.

(5) 노사공감대 형성

노사 공감대 형성을 위해 경영자의 노력이 절실하다. 이를 위해 경영자는 경영 상태를 노동자에게 공개 하면서 노사 공동체 의식을 고취시켜야하며, 노동자와 경영자간의 좋은 인간관계를 형성하게 됨은 자연스러운 노사화합이 이루어진다.

(6) 경영자의 선견력

성공한 기업의 경영자는 환경 변화에 대한 예측 대응력이 좋으며 필요시 시설투자를 과감히 하며, 선견력은 중소기업 성공 요인으로 평가된다.

(7) 정부지원의 최대 활용

최근에는 중소기업을 지원하는 기관이 많아지면서 지원책도 다양하다. 지원받을 수 있는 기회를 찾아 자금지원, 세금감면, 기술적인 측면에서 지원 정책 변화를 주시, 최대한 활용해야 한다.

(8) 사업부제 운영

중규모 이상의 기업은 사업부 제를 도입·운영할 필요가 있다. 사업부제는 책임경영, 독립채산, 자율경영이 생명이기 때문에 사업부장을 중심으로 운영하면 채산성이 좋아지면서 지속적 성장이 가능하다

(9) 경영자의 성실 근면성 및 대인관계

경영자의 적극적이고 성실한 섭외활동 신용, 포용력, 온화한 성품으로 인간관계 유지는 매우 중요 하며 항상 성실, 근면을 바탕으로 관리에 임하는 자세가 중요하다.

(10) 시장의 다변화

중소기업 제품의 수출이 크게 늘어날 전망이 예상되므로 수출시장의 개척과 다변화에 최선을 다해야 한다.

2. 은행에서 본 성공요인

(1) 신제품 개발

창업한지 30년 이상 된 기업은 시설 확장을 무리하게 하지 않고 독자적인 신제품 개발을 통하여 성장해온 것으로 분석되고 있다.

(2) 시설확충 재검토

무리한 고정자산 증가를 억제 고정자산의 과대 현상을 조절함으로서 유해 요소를 관리하고 있다.

(3) 창업 시의 고유 업종 유지

지속적으로 성장 하고 있는 기업의 80%가 창업 시의 업종을 그대로 유지하고 있다

(4) 과다한 차입 탈피

차입금에 대한 금융비용 억제, 기업이 재무적으로 취약한 상태에 있을 때 단기부채의 상환이 이루어지지 않을 경우 기업의 파산으로 진행되기 때문이다. 차입금에 대한 관리를 하고 있다.

제2절 중소기업의 성공적인 경영을 위한 전략적 요소

중소기업이 성공적인 경영을 다음 위해서는 아래와 같은 요소 들을 유익하게 활용할 수 있을 것으로 생각한다.

1. 관리부문

(1) 장기경영계획 개발
(2) 전반적인 활동에 대한 통제
(3) 국내활동을 위해 미래의 경영자 개발
(4) 효율적인 조직구조 결정
(5) 업무추진에 컴퓨터 이용능력
(6) 수익성 없는 사업 포기할 수 있는 결단력

(7) 새로운 수요와 고객 기회를 포착할 수 있는 능력

2. 재무부문

(1) 적은 부채와 자본비용으로 장기자본 증대능력
(2) 단기자본 증대능력
(3) 주주의 주식가치 최대화 능력
(4) 성장목표 달성을 위해 수익성 높이고 위험 저감능력
(5) 기업의 다각화, 제품을 다양화 할 때의 자금조달능력

3. 생산부문

(1) 효율적인 공장생산설비
(2) 시설확장을 위한 풍부한 능력개발
(3) 원자재 및 재고자재의 효율적 관리
(4) 품질관리 개선
(5) 제품기술개선
(6) 공장설비의 LAY-OUT
(7) 생산설비 자동화
(8) 기술과 창의력

4. 마케팅부문

(1) 고객에 대한 만족 서비스 개선
(2) 판매조직의 활동력 증대
(3) 마케팅과 생산 상호 관계개선
(4) 판촉활동 및 효율적 광고
(5) 좋은 사업계약을 추진할 수 있는 능력
(6) 시장과 고객에 대한 유익한 지식 축적능력

제3절 중소기업 실패의 개념과 유형

1. 중소기업 실패의 개념

중소기업의 도산 원인에 대한 연구는 많지만 일치된 결과로 귀결되지 않는다. 실패란 중소기업이 도산이나, 파산 또는 영업중지를 의미한다.

중소기업의 실패는 첫 단계로 경제적 실패를 들 수 있다. 이는 기업의 수익이 비용보다 적고 투자 이익률은 자본비용 보다 낮으며, 실현이익이 기대이익 보다 낮은 것 중 어느 하나에 해당한다면 실패 했다고 본다.

또 한 가지는 기업의 지불능력 불능이다. 총자산이 총부채 보다는 많지만 채무를 그때그때에 상환할 수 없거나 어음이 부도 처리되는 경우이고 그 외에는 총자산이 총부채보다 적어 채권자들이 법원에다 채권확보를 위해 파산 신청을 하여 기업의 경제 활동을 불가능하게 할 때 실패 했다고 한다.

중소기업 경영 실패의 원인으로 판매부진, 매출 채권회수 부진, 설비불량, 관련기업 연쇄부도, 자금수급계획 차질발생 등으로 중소기업 경영의 실패로 나타나게 된다.

중소기업 경영은 기업환경, 경영자의 능력, 사업의 특성, 등 여러 가지 요인에 의하여 성패가 결정된다. 특히 경영자의 역할은 다른 어떤 요인 보다 중요하다. 경영자가 가지고 있는 가치관이나 신념에 의하여 의사 결정을 하게 되는데 이 의사결정의 잘못된 아래와 같은 부족한 결과로 실패로 나타나게 된다. 경영자의 부족 사유는 아래와 같다.

(1) 충분한 시장 대응능력 부족
(2) 정확하고 유용한 정보획득 능력 부족
(3) 인적자원 활용능력 부족
(4) 충분한 자본 확보능력 부족
(5) 정부의 규제에 대한 대처능력 부족
(6) 업종에 대한 전문지식 부족
(7) 시간의 효과적 활용능력 부족

2. 중소기업 실패의 유형

⑴ 자본 부족형

도산 기업 중 가장 많은 비중을 차지하고 있다. 자기자본 부족으로 금융기관이나 사채의 과다이용과 기업의 채산성 악화로 인하여 자금난이 가중 되면서 도산하는 경우이다. 중소기업이 자본 부족으로 실패하지 않기 위해서는 첨단 시설로 노후시설 교체 후 사업 규모를 결정하고 적합한 자금조달 및 운용계획 을 수립하도록 해야 한다.

⑵ 시설 확장형

무리한 시설확장으로 투자액이 적정선을 초과하므로 서 나타난다. 시설확장은 장기간 소요되므로 자칫하면 경기침체, 경쟁격화 등으로 판매부진현상이 나타나며 자금난이 가중된다. 시설확장은 고정 자산 과다현상으로 이어지며 고정비의 증가, 경영상태의 악화로 궁극적으로는 지불능력 부족으로 흑자도산을 하게 된다.

⑶ 연쇄 도산형

모기업이나 거래기업의 도산으로 연쇄적으로 도산하는 경우를 말한다. 연쇄도산에서 벗어나기 위해서는 거래기업의 경영 상태를 면밀히 분석 하면서 부실징후가 나타나면 적절한 조치를 취하여야 한다. 중소기업은 자신을 우량기업으로 가꾸면서 다른 우량기업과 거래할 수 있는 조건을 갖추어야 한다.

⑷ 방만 경영형

경영자의 방만한 경영으로 도산하는 것을 말함. 직접적인 원인으로 경영자 자신의 경영능력 부족, 무사 안일한 경영, 능력을 너무 과신하는 데서 찾을 수 있다.

제4절 중소기업의 실패요인

중소기업의 실패 요인을 크게 관리상 실패 요인과 경영진과 관련되는 실패요인으로 구분된다.

1. 경영상 실패요인

(1) 경영자의 관리능력 미비

하나의 기업으로서 기업다운 회사로 유지, 성장 시키는 데는 경영자의 경영 능력이 필요하다. 기업 경영에 대한 일반관리 능력은 물론, 생산, 판매 능력과 재무기술 개발, 인사관리 그리고 환경변화 에 대응능력 등 관리능력을 고루 갖추고 있어야 한다. 중소기업은 1인 경영체제로 유지 하고 있기 때문에 경영자의 관리 능력은 더욱 중요시 된다.

(2) 경영자의 경험부족

중소기업은 경영자의 개인성이 강한 기업이기 때문에 경영자의 풍부한 경험은 기업 성장의 원동력이 될 수 있지만 그렇지 못할 경우 기업의 실패는 시간문제이다. 순조롭게 성장하기 위해서는 경영자는 라인조직과 스텝조직 활용 을 비롯하여 인사, 구매, 생산, 마케팅, 재무, 고객, 이해 관계자의 관리에 이르기까지 전반적인 경험을 쌓는 것이 중요하다.

(3) 전략부족

기업환경을 감안하여 아래와 같은 전략을 강구하여야 한다.

① 경영면에서 강점, 약점, 위기, 기회는 무엇인가?
② 어떤 기업을 경영하는가?
③ 기업의 고객은 누구인가?
④ 고객이 구입하는 제품은 어떤 것이며 제품에 대한 반응은 어떠한가?
⑤ 우리기업의 경쟁상대는 누구인가?
⑥ 경쟁 상대기업의 강점, 약점은 무엇인가?

(4) 무계획적 시설확장

중소기업이 시설을 확장 할 때에는 장기적·구체적 계획수립이 선행 되어야 한다. 즉흥적으로 시설을 확장하게 되면 고정자산의 과대현상으로 유동성 파괴현상이 나타나면서 심하면 도산하게 된다.

⑸ 입지선정 부적격

합리적인 입지선정은 기업이 성장 발전 하는데 매우 중요하다. 우리나라 중소기업들은 대부분 구체적이고 장기적 경영계획을 수립하지 않고 공장입지를 선정 하므로 투기성이 강하고 즉흥적으로 자금형편에 따라 선정하게 된다.

⑹ 거래처의 도산

자금력이 약하기 때문에 거래처가 도산 하게 되면 연쇄적으로 도산하는 경우가 많다

⑺ 과도한 사채이용

재무기반이 취약한 중소기업으로서는 사채를 사용할 수박에 없는 실정이다. 사채는 금융기관을 이용할 때보다 금융비용이 많이 든다. 사채를 사용할 경우 이자가 연 20~30%에 이르므로 중소기업의 자금난은 더욱 악화된다.

⑻ 미수금 증가

판매한 제품대금의 회수부진은 자금난을 더욱 악화 시키는 요인이다. 특히 회수불능사태가 장기화 할 경우는 큰 타격을 입게 된다. 판매대금의 회수부진은 기업의 5대 질병중의 하나로 분류할 정도로 고질병으로 인식되고 있다.

⑼ 마케팅 부진

중소기업은 마케팅 보다 생산 활동에 중점을 두고 있다. 마케팅 활동 중에서도 판매촉진 활동의 부족은 더욱 심한 편이다. 이외에도 유통경로, 시장조사, 애프터서비스 측면에서도 활동이 부진한 실정이다.

2. 경영진과 관련되는 실패요인

⑴ 사업목표 계획 수립 결여

사업목표나 방침을 구체화하는 것은 사장의 경영이념을 밝히는 것

과 같다. 사장의 경영이념은 사원들을 결속 시키면서 목표를 달성하게 하는 동기부여를 하게 한다. 사업목표 수립은 사장의 고유 직무이자 사장의 책임이라고 할 수 있으며 책임을 완수하지 못하는 사장은 무능력한 사장이라고 보아야 한다. 인간은 계획성을 갖고 있지 않으면 어려운 일에 봉착하면 적극적으로 대응하기 어렵다.

(2) 정보부족 및 환경변화 대응능력 미흡

중소기업의 도산을 방지 하려면 크게는 세계적인 정보에서 작게는 업종 동향에 이르기 까지 필요한 정보를 수집하여 항상 대응하지 않으면 안 된다. 필요정보를 항상 수집 활용할 수 없으면 환경변화를 예측할 수 없기 때문에 환경변화에 유연하고 적극적으로 대응하기 어렵다.

(3) 신제품 개발능력 부족

어떤 상품이든지 라이프 사이클은 있다. 전성기가 지나면 좋은 상품들도 매출액이 떨어지는 것은 당연한 현상이다. 도산 하지 않고 지속적인 유지를 해나가는 사장들은 신상품 개발에 노력하여 소비자가 요구하는 새로운 상품을 출시하게 된다. 최근에 와서는 기술 개발의 속도가 가속화 되고 있기 때문에 지속적 기술 개발이 안 되면 경쟁 기업과의 경쟁 에서도 탈락 하게 되며 중소기업의 유지성장을 바란다면 기술 개발에 노력하여야 한다.

(4) 의사결정 및 추진력 결여

경영은 선택의 연속 이듯이 사장은 의사 결정을 요구 받게 된다. 사장의 의사 결정은 기업의 운명과 직결 되므로 신중하고 정확해야 한다. 의사 결정에 있어서 우유부단 하거나 너무 저돌적 이라면 사장 직무수행에 적임자라 할 수 없다. 사장은 최소한 판단력, 결단력, 실천력을 함께 갖추어야만 하며 그렇지 않으면 그러한 능력을 갖춘 사람을 곁에 두고 자문을 받아야 하는데 중소기업에서는 그렇게 할 수 없어 심각한 문제가 있다.

(5) 계수관리 및 학습의 부족

경영 실상을 파악하기 위해서는 재무제표를 분석, 이해할 줄 알아

야 하는데 그럼에도 재무제표의 수치를 읽고 이해 못하는 사장이 의외로 많다

⑹ 경영진의 방탕한 생활

사장이 방탕한 생활을 절대 안해야 하는 이유는 사장으로서의 재능을 빼앗아 버리는 결과를 낳기 때문이다. 도산한 사장은 이혼한 부부가 많다. 만일 도산 하더라도 가정이 화목하면 재기의 꿈을 꿀 수도 있겠지만 이혼을 하면 그 가능성은 희박해 진다. 가정의 붕괴와 기업의 붕괴는 동전의 양면과 같이 비유할 수 있기 때문에 가정이 화목 하지 못하면 기업도 순탄할 수 없다.

⑺ 사장의 경영능력과신으로 1인 경영 반성부족

중소기업은 사장이 단독 경영을 주로 한다. 이와 같은 단독 경영이 문제되는 것은 사장의 시야와 관련된다. 시야가 넓으면 유효하게 작용할 수 있지만 시야가 좁으면 고집불통이 대부분이다. 좋은 사장은 항상 사원을 위해서 일하고, 고객과 사회를 위해서 일해야 한다는 사명감을 가져야 한다.

제 2 장

중소기업의 현황문제와 관리혁신

제1절 중소기업의 현황문제

1. 중소기업 경영관리의 원천문제

(1) 입지의 문제

공장입지란 생산을 하기 위한 건물과 여러 설비를 위치시킬 지역을 말한다. 공장입지는 원재료의 운반비, 노무비, 경비는 생산원가의 상당 부분에 영향을 미칠 뿐만 아니라 공장입지의 좋고 나쁨에 따라 제품품질 수준과 판매 활동에도 큰 영향을 미친다. 일반적으로 공장입지의 장소는 최소비용으로 생산을 하는 동시에 최대의 판매량을 확보하여주는 입지라야 한다. 공장입지의 요인을 경제적, 자연적, 사회적 요인으로 나누어 살펴보면 아래와 같다.

[표 2-1] 공장입지의 요인

경제적 요인	자연적 요인	사회적 요인
• 원자재의 획득가능성 • 토지구매비용 및 구매의 난이도 • 노동력의 수량, 숙련도, 획득여부 • 공업단지의 존재여부와 향후전망 • 시장의 접근성 • 도로, 항만, 철도, 선박 등의 사용가능성 • 전력, 연료, 등의 획득 가능 량과 비용 • 조세	• 기후풍토 • 공업용수의 편의성 및 수질 • 원재료 산지와의 거리 • 공장대지의 지형과 지질 • 동력 및 연료, 배수, 매연	• 국토계획, 도시계획 및 지방개발계획 • 해당사업에 대한 지역사회의수용 태세 • 공해대책 • 노사관계 • 학교 병원 등의 복리시설 • 법규 • 지역의 전통

(2) 자 금

중소기업의 자금현황을 보면 필요한 자금을 자지자본으로 전액 조달하기는 사실상 어려운 일이다. 현실을 보면 자기자본 35%내외, 65%내외의 타인자본으로 구성되어 타인자본 의존도가 높은 형편이다. 복리후생에 기여하고 우수한 인재를 양성하여 국가 발전에 공헌함을 목적으로 한다. 여기서는 일반기업체가 사용할 수 있는 자금조달방안에 초점을 맞추어서 제시한 내용임.

① 정부정책자금조달

특별법에 의해 설립된 기금에서 지원하는 것과 정부예산에서 지원하는 지원 자금

② 지방자치단체의 창업지원자금

지역연건과 특성에 맞는 지방중소기업 육성 계획, 수립 추진하기 하여 금융기관이나 정부재정 자금과 연계하여 지방소재 중소기업을 지원하고 있다. 따라서 융자취급은 각 지방 자치 단체에서 지정한 금융 기관에서 실시한다. 기술 또는 신개발 제품의 기업화를 위한 신규창업자 또는 기업설립 일로부터 2년 이내인 중소기업에게는 창업에 필요한 시설자금 및 운전자금을 별도로 지원하고 있다.

③ 금융기관을 통한 자금조달

금융기관에 의한 자금조달은 법규에 의하여 자금을 우선 배정 하거나 중소기업 의무대출 제도 등으로 중소기업에 대한 대출을 유도하고 있다. 이에 따라 각 금융기관에서는 대출 과목 중 벤처기업에 대한 대출, 창업지원자금, 신기술 개발자금, 경영 안전 자금 등을 따로 배정하여 대출을 시행하고 있다.

(3) 인적자원수요

인적자원에 대한 사전 계획을 반드시 수립되어 있어야 한다. 인적자원에 대한 수요는 미래의 시장 활동 계획을 근거로 하여 결정된다. 경영여건 및 근무환경 으로 인력 확보난이 심각하다. 특히 전문성을 요하는 직종이나 기술직은 매우 어렵다 이와 같이 중소기업은 우수한 인적자원을 확보하는데 큰 어려움을 겪고 있다. 최근 대학졸업 예정자와 졸업자 들을 대상으로 중소기업 선호도를 조사한바 많은 사람들이 자기의 능력과 자질은 생각지 않고 급여가 적다, 장래성이 없다는 의견이 많다 그러나 일부 사람들은 여러 가지 업무를 짧은 기간에 담당경험을 쌓을 수 있어 창업에 도움을 줄 수 있다는 장점을 살려 중소기업을 선호하기

도 하지만 경영주 입장에서 인력의 유지 차원에서 이직률을 감안 한다면 중소기업 인력의 조달확보 유지 관리 면에서 인적 자원 난은 지속될 것이다. 청년기에는 젊음과 열정으로, 장년기에는 노련함과 포용력으로 새로운 일을 기피하지 않고 두려워하지 않아야 한다. 이러한 도전 정신은 언제나 공부하는 습관으로 자신을 키워 가야만 가능하다.

(4) 기 술

우리나라 중소기업의 기술수준은 대기업에 비하여 주변국과 비교하여도 낮은 기술 수준은 매우 낙후되이 있다. 이는 기술직 사원의 인적자원 확보가 어렵고 이직율도 높아 기술축적이 어려운 점등이 낙후 요인들로 지적되고 있다. 중소기업의 기술개발은 중소기업의 성장을 위한 장기적 투자 개념으로 이해하여야 한다.

(5) 원부자재

우리나라는 자원이 빈약하다 연간 수출액면에서 세계12위를 이룬 것은 기적 같은 일이다. 주요 원 부자재를 외국에 의존하고 있는 우리로서는 원활한 원부자재 확보 없이는 지속적인 수출 신장이 불가능한 것이다. 중소기업이 정상적인 생산을 하기 위해서는 경쟁력 약화로 가지 않도록 하기 위해서는 원부자재 확보를 원활 히 되도록 최선을 다해야 한다.

2. 중소기업 경영자의 성향에 따른 문제

(1) 하청관계 적응능력 부족

하청관계를 맺게 되는 배경을 보면

① 인적결합에 의한 하청관계

② 지인, 선·후배 등의 인연으로 하청관계

③ 중소기업의 기술우수성을 인정받아 하청관계

④ 종래의 단순한 거래관계에서 하청관계로 강화

⑤ 거래가격의 저렴화로 인한 하청관계

(2) 개인주의적 색채

중소기업은 체질적으로 경영자의 개인주의적 색채가 강하기 때문에 독자적 경영과 자본을 나타내게 된다. 중소기업의 지속적인 성장과 체질 강화를 위해서는 개인적인 색채의 한계성을 띠게 된다.

(3) 자본조달 취약성

경영자의 개인적인 취향으로 외부자본 조달에 어려움이 많아진다. 중소기업의 자본조달의 취약성을 면하기 어려운 실정이다. 기업자본 조달은 기업회계 원칙에 따라 회계처리를 할 수 있는 경영풍토 조성이 시급하다고 생각한다.

(4) 경영방침 수립

일반적으로 구체적이고 합리적인 경영방침이 없는 상태에서 경영한다. 경영방침의 부재로 인한 원가구성 구체성 결여는 기업의 손익분기점 시각에서 경영성과를 분석하고 경영 문제를 제대로 파악하지 못하는데 있다. 여기서 말하는 경영 방침은 경영의 기본 방침과 집행할 수 있는 집행적 방침을 말한다. 경영방침은 매년 제정할 수 도 있지만 중장기적인 방침이 되는 것이 바람직하다.

(5) 시스템에 대한 인식부족

① 품질경영시스템(ISO 9001:2008)

② 환경경영시스템(ISO 14001:2004)

③ 생산관리시스템은 모든 투입물의 가치를 합한 것보다 가치가 높은 산출물을 생산하는 시스템으로써 부가가치를 창출하는 시스템

④ JIT시스템: 주요내용

의식개혁, 5S, 흐름생산, 다공정 담당, 소인화, 간판, 눈으로 보는 관리, 평준화, 준비교체 개선, 품질보증, 표준작업, 자동화, 보전 및 안전·JIT란 「철저한 낭비제거의 사상과 기술」이다.

제 2 절 중소기업의 경영혁신에 필요한 전제

1. 경영혁신운동

(1) 기업환경

환경과 아무런 관련을 가지지 않고 독자적으로 존립 할 수는 없다. 중소기업은 기업을 둘러 싸고 있는 환경에 지배를 받는다. 넓은 의미에서 환경은 기업이나 기업 활동에 영향을 주는 모든 요인과 이들 요인의 기업은, 환경으로 상황전체 라고 할 수 있다. 개별 기업은 의존 관계에 있는 다양한 요소들 중에서 한 요소 일뿐이다. 기업은 외부환경 이라는 더 큰 환경으로 부터 자원을 공급받아 기업의 내부 환경에서 변환하여 산출물이라는 형태로 기업 외부로 돌려보낸다. 다시 말하면 환경으로부터 기업 활동에 필요한 자원을 공급받고 이를 변환하여 환경 요구에 적합한 재화나 서비스를 만들어 이들을 환경에 내보낸다. 모든 생물의 유기체나 인간 및 조직들은 생존과 성장을 위해 그들을 둘러 싸고 있는 환경과 서로 의존 관계를 가진다. 중소기업의 비전은 위대한 리더십의 핵심 요소이다. 경영 혁신의 기본 방향을 명백히 해준다. 개인의 단기적 이익보다 회사 전체에 도움이 되는 행동을 유발하여 경영 혁신을 촉진시킨다. 개개인의 힘을 한 방향으로 모아 각기 다른 행동을 가장 효과적으로 조화를 이룬다.

(2) 경영목표

목표 선정은 의사결정을 크게 향상 시킬 수 있을 뿐만 아니라 전통적으로 실수도 최소화 할 수 있다. 최고경영자의 경영목표는 최상의 결과를 달성하기 위하여도 필요하다. 경영목표의 설정은 최고의사결정자나 상위기구에서 기업전체를 총괄하는 목표를 선정하고 이를 하부관리자에게 지시하여 하위목표를 설정하는 기준으로 삼게 하는 일반적인 경영목표 선정방법을 이용하였다. 그러나 대부분의 경우 하위기구의 실천능력을 무시하고 목표를 설정함으로서 설정된 목표와 하위목표 그리고 실행계획과의 차이로 많은 문제점을 유발하는 경우가 허다하다. 몇 몇 엘리트 임원과 간부사원이 경영 계획을 잘 수립해서 나머지 사원들을 이끌고 관리전략·경영계획·목표수립 과정 중시하며,

공급 < 수요: 계획적으로 공급만 잘 하면 기업 경영이 수월하게 이루어진다. 관리 지향적 기업 문화는 조직 내에 관료주의를 팽배하게 하고 부서긴 이기주의, 상호신뢰 부족, 오만한 태도, 팀워크 부족, 모르는 것에 대한 두려움 등을 만들어 내게 한다.

(3) 고객대응

고객이란 당사와의 계약 당사자인 발주처, 발주처와의 거래자, 조직 내 인원 등 당사의 제품 및 서비스를 직, 간접 적으로 제공받는 이해 관계자를 통한다. 고객 만족도 조사라 함은 일상적으로 당사가 제공하는 제품 및 서비스에 대한 고객의 인식과 만족 정도를 파악하기 위해 실시하는 설문, 면담 및 자료 수집 등을 말하며 아래와 같이 정기 또는 수시로 구분하여 실시한다.

[표 2-2] 고객대응업무 절차

업무흐름	담당자	운영(관리)기준	입력물	출력물	검토/승인	관련 문서	비고
고객 만족도 조사계획 수립	관리 담당	고객만족도 조사대상, 항목 등을 선정하여 계획을 수립한다.	조사대상, 조사일정	고객 만족도 추진 계획서	대표 이사		고객만족도 조사 주기: 1회/년
고객 만족도 조사 실시	영업 담당	고객의 의견을 청취하여 고객만족도를 고객만족도 조사서에 기록한다.	고객 만족도 조사내용	고객 만족도 조사서	관리 팀장		
고객 만족도 평가	관리 담당	고객만족도 조사 자료를 취합하여 평가한다.	설문서, 고객만족 관리 항목현황	고객 만족도 평가 결과 자료	대표 이사	경영 검토	
개선 대책 수립	영업 담당	조사결과를 근거로 개선대책을 수립하여 개선활동을 실시함	고객 만족도 조사서	고객 만족도 조사결과	공장장	지속적 개선 활동	
FOLLOW UP	영업 담당	개선대책의 실시상태를 FOLLOW-UP하여 차기 고객만족도 조사결과에 반영함	고객 만족도 조사결과	개선 보고서	관리 팀장		:

① 정기조사: 연1회 주기적으로 조사
② 수시조사: 신 개발품 또는 비표준품의 납품 후 고객의 만족도 및 시장 반응의 필요시. 기타 특별한 사안의 발생으로 고객만족도, 인지도 등의 조사가 필요시.
③ 업무절차: 고객만족도 조사서의 작성, 검토, 승인, 시행 및 보고 정기조사 품질 담당자는 매년 단위로 정기 고객만족도를 파악하기 위해 각 관련 고객에게 당사의 제품품질 및 서비스에 대하여 아래와 같이 고객만족도 조사를 실시토록 요청 하여야한다

제3절 중소기업의 경영혁신 기법제

1. 목표관리 경영기법(MBO)

미국의 경제학자 트러커(P. F. Drucker)교수가 제창한 것으로 조직목표를 효율적으로 달성하기 위해서는 경영자와 근로자의 합의로 목표를 설정함으로서 근로자들의 참여로 동기부여 하고 설정된 목표를 통제의 수단으로 사용할 것을 강조하는 경영관리 기술로 경영목표의 달성과 경영 성과를 강조 하는데 있다. MBO에서는 달성 하고자 하는 목표를 분명하게 제시해야 하며, 목표 설정 시에는 상사와 부하 간에 상호협의를 하는 것이 특징이다.

2. 지식경영기법

(1) 기업전략

기업의 목적과 목표의 설정, 사업의 선택 및 이를 위한 자원의 획득과 배분에 관한 장기계획 사업부 포트폴리오상의 자원배분 분석, 평가 기업내부의 의사결정 수준에 따른 전략의 분류

(2) 기업전략과 생산전략

• 기업전략(corporate strategy)
• 사업전략(business strategy)
• 기능전략(functional strategy)

3. 핵심역량 기법

경영자가 합리적으로 의사결정을 하려면 핵심 역량을 갖추어야 한다. 해결해야 할 문제를 달성해야 할 목표에 가장 적합한 의사 결정법 등을 활용해야 한다.

핵심역량 의사결정 개선기법

(1) 최신정보기술을 이용한 활용

(2) 과학적 방법 등 의사결정기법활용

(3) 전문가의견조언활용

(4) 개인의 능력을 최대한활용

(5) 집단 의사결정 활용

(6) 델파이기법

(7) 브레인스토밍기법

4. 창조적 경영기법

⑴ 21세기형경영

전통적 경영에서 볼 수 있는 기계적이고 굳은 사고로부터 벗어 나 유연성을 바탕으로 새로운 것을 찾는 경영을 말한다.

⑵ 단순경영

창조적 경영은 단순경영 열린 경영으로 실천 되어야 한다. 단순 경영은 기업의 인사 조직, 정보, 유통시스템을 단순화 하고 감독 관리 기능을 축소시키며 자율과 책임성을 바탕으로 경영하는 것을 의미한다.

⑶ 열린 경영

인간과 인간 , 인간과 사회, 인간과 환경이 상호 결합되어 서로 호흡을 함께하는 경영이다.

⑷ 창조적 경영

창조적 경영이란 전통적인 경영에서 볼 수 있는 기계적이고 굳은 사고로 부터 벗어나 유연성을 바탕으로 새로운 가치관을 정립하여 새로운 것을 찾는 경영을 창조적 경영이라 한다.

기업은 구성 조직원들이 떠받드는 살아있는 생명체라는 인식으로 시작된다. 조직 구성원들을 무한한 가능성을 가진 인적자원으로 보며, 인적 자원들이 풍부한 창의적 경영 활동을 할 수 있도록 조직을 분권화 해야 한다. 모든 인적자원들을 유연하고, 자신감을 가지고 창의력 있는 조직 구성원으로 양성 하는 것이 선결 과제이다.

5. e-business 경영기법

(1) e-business

해당사업과 관련되어 있는 각 집단과 의사소통을 보다 원활하게 할 수 있도록 온라인상의 기술을 바탕으로 기업의 성과를 향상 시켜주는 모든 활동을 말한다. 모든 기업이 e-business를 활용 하고 있는 것은 세계적인 추세이며, 어떤 기업도 e-business를 피해갈수 없는 실정이다. 기업에서 e-business를 활용하면 서비스향상, 고객 접점의 확대, 비용절감, 경쟁우위, 경영혁신을 쉽게 할 수 있다

(2) e-business

기업의 전통적 관리방식을 근대적 경영방식으로 전환 하는데 필요한 시스템이다.

6. 벤치마킹 경영기법

(1) 벤치마킹의 개념

벤치마킹이란 경쟁 기업이나 선도 기업과의 비교를 통하여 장단점을 비교하여 취약한 부분을 지속적으로 개선 한다는 원칙을 기본의 경영기법으로, 나의 성취도를 최고 수준과 비교함으로서 최고 수준이 어떻게 이루어 졌는가를 파악한다. 벤치마킹의 기본 원리는 나의 단점을 가장 우수한 타인의 장점을 통해서 배우는 것으로 이해할 수 있다.

(2) 벤치마킹의 유형

① 내부적 벤치마킹

내부적 벤치마킹은 내부에서 유사한 기능을 수행하는 다른 부서, 지역에서 활동 및 성과를 연구 대상으로 한다.내부적 벤치마킹은 자료

수집이 용이하고 우수 기업에는 효과가 큰 반면에 보는 시각이 근시안적일수 있다.

② 경쟁적 벤치마킹

경쟁적 벤치마킹은 동종 업종의 경쟁사를 대상으로 한다. 이때 경쟁사의 성과와 능력에 정보 입수는 가능 하지만 핵심적인 정보는 용이하지 않고 과열 경쟁으로 인한 문제가 발생할 소지 있다

③ 기능적 벤치마킹

기능적 벤치마킹은 제품 및 서비스 면에서 가장 앞선 성과를 나타내고 있는 타 업종을 대상으로 한다 여기 에서는 혁신의 기회 발견이 용이하고 관련 데이터베이스의 이용이 변화 용이한 반면 에 타 업종을 대상으로 한 벤치마킹이기에 다른 상황에 적용하기 어렵고 많은 시간이 소요된다.

④ 일반적 벤치마킹

일반적 벤치마킹은 고객의 기대와 욕구 수준을 대상으로 하는데, 특정 분야에 제한을 두지 않는 다는데 특징이 있다. 그러므로 최고의 방안 창출과 유연한 대응 방안이 모색된다는 반면에 고객의 욕구 수준을 정확히 파악 하는데 어려움이 있음

7. 근무형태의 경영기법

기업환경이 급변함에 따라 이에 대한 기업의 유연하고 능동적인 대처가 기업의 생존과 성장에 직접적인 영향을 미치고 있다. 이에 기업에서도 종래의 정형화된 근무시간과 장소에서 탈피하여 업무와 개인에 맞게 다양한 근무제도가 광범위하게 도입됨으로써 생산성 향상과 기업의 조직에 근무시간의 유연성을 꾀하고 있다.

(1) 플렉스타임제

핵심 근무시간을 제외하고 근로자가 출퇴근 시간을 자유롭게 결정할 수 있는 제도이다. 이 제도는 업무시간의 효율적 배분, 종업원의 욕구반영, 자율성과 근로의욕의 고취, 개인의 사적생활과 작업과의 조화, 여가활용 등의 취지로 도입 되었으나, 관리비 증가와 제한된 영역에 만

적용가능 하며, 감독상의 문제가 있다.

(2) 24시간 선택근무제

하루 24시간 중 어느 때나 선택하여 근무할 수 있게 하는 제도로서, 이 제도는 기업의 업무가 국제화 되면서 업무를 24시간 운영해야 하는 체제로 변화 한데에 따른 제도이다.

(3) 압축 근무제

법정 근로시간을 초과하지 않는 범위에서 근로자들의 근무일을 줄이는 대신 근무일에는 좀 더 일하도록 하는 제도이다. 이 제도는 생산량이나 서비스 양을 탄력적으로 조정함과 아울러 생산성을 극대화하기 위해 도입되었다.

8. 소사장제 경영기법

(1) 소사장제도란

모기업의 설비를 임대 또는 사용승인 받아 사내사외에서 별도의 사업장으로 분리 운영하는 방식이다. 사외에서 분리 운영하는 방식은, 사내 즉 1개의 사업장에서 분리되어 운영하는 방식은 최근에 나타난 새로운 방법으로, 우리가 일반적으로 말하는 소사장제이다. 활용되고 있는 소사장제는 별개의 사업자로 사업자 등록 되어 도급제의 문제를 해소하였고, 더욱 강력한 소사 장의 책임 관리로 적극적인 경영이 이루어지는 강점이 있어 급속히 확산되고 있다. 소사장 제도는 근로자들이 가공장비와 기타 소모품 및 원부자재는 모회사에서 전량 공급 받으며, 적정수의 근로자를 두고 제품가공을 계열 하도급 업체의 형태로 하고 임가공비를 지급받는 것으로, 현재 어려움을 겪는 중소기업의 인력난과 생산성 향상 품질 개선을 위한 효과적인 방법이다.

(2) 소사장제는

소속된 사업장에 근무하던 근로자가 그 생산라인이나 그 공정의 일부를 독립 채산제로 인수 또는 도급을 받기 때문에 소시장은 명실상부한 사장으로서 자아실현을 추구 할 수 있는 절호의 기회를 부여 받는다.

(3) 모기업은

소사장에게 생산설비를 임대해 주거나 원자재도 공급해 주며 소사장이 생산한 제품의 판매, 세무, 회계 등에 대한 간접 업무를 대행해 주기 때문에 소사장은 생산 활동에만 전념할 수 있으므로 생산성 향상이 가능하다.

(4) 모기업은

소사장이 시설을 개체 하거나 설비를 도입할 때 자금지원을 해주며 또한 안정적 물량을 확보해 줌으로써 소사장 기업 근로자의 안정적 임금수준을 유지해준다. 소사장제는 주물, 단조, 조선, 유리, 특수섬유 등과 같이 노동 강도가 높고 3D현상이 심한 다품종소량생산 분야에서 많이 활용하고 있다.

소사장제 용역 계약서를 아래와 같이 참조하여 소개한다.

[표 2-2] 소사장 용역계약서

소사장 용역 계약서
대표 (이하 "갑"이라 한다)과 은 (이하 "을"이라 한다)는 아래와 같이 소사장 용역계약을 체결한다. 제1조(용역의 내용) ① "을"은 "갑"이 지정한 장소에서 "갑"이 제공한 부품 및 장비를 "을"의 책임 하에 관리하여야 한다. ② "을"은 부품 및 장비의 품질이 훼손되지 아니하도록 선의의 관리를 하여야 한다. ③ "갑"은 "을"이 소사장 용역을 제공하는데 지장이 없도록 적기에 부품 및 장비를 공급하여야 한다. 제2조(용역에 대한 대가) ① 용역에 대한 대가는 "갑"이 고객에게 직접납품 후 그 전액 수령하고 세금계산서를 받고 지급한다. ② 용역수수료 및 시설·기구사용에 대한 정산은 "을"의 요구에 의하여 "갑"이 일괄관리. 정산하며 매월 1일 부터 매월 말일까지 합계한 금액을 기준으로 하여 다음달 10일에 정산한다. 제3조(기술지도) "갑"은 "을"이 용역에 필요한 기술을 적극적으로 지원 하여야한다. 제4조(시설 및 기구 사용료 정산)

① "을"은 "갑"으로부터 받은 생산지시서에 의한 제품 제조에 필요한 작업계획을 수립한다.
② "갑"은 "을"에게 제품가공에 필요한 기계 및 전력 수도 등을 지원한다.
③ "을"은 "갑"의 시설 및 기구의 정상사용은 지원하나 표준내구성을 유지하지 않은 파손은 변상 조치한다.(단 기구별내 구성기간은 별도로 정한다.)
제5조(재고관리)
"을"은 "갑"이 제공한 부품의 재고관리를 철저히 하여야 하며 ,관리태만으로 인한 원 부자재의 파손 및 도난시 .손실을 변상하여야 한다.
제6조(비밀유지)
"을"은 계약기간중은 물론 계약종료 후에도 영업상 지득한 업무상 비밀을 유지하여야 한다.
제7조(계약의 해지 및 손해배상은)
① "갑"은 용역계약기간중이라도 "을"이 용역업무를 함에 있어 "갑"의 명예를 훼손하였거나, 고의. 중대한 과실로 영업상 손실을 가져오게 하였을 때에는 계약해지를 할 수 있다.
② "을"의 고의 또는 중대한 과실로 "갑"에게 손해를 끼쳤을 경우나 "을"의 계약기간 중 1개월 전에 계약해재 통보 없이 일방적으로 계약을 해지함으로 인하여 발생한 손해에 대하여 "갑"은 "을"에게 손해배상을 청구할 수 있다.
제8조(용역계약기간)
본 용역계약은 계약일로 부터 1년간으로 한다. 계약기간이 종료된 후에는 쌍방의 합의하에 계약기간을 연장할 수 있다.
제9조 (기타)
① "을"제품제조에 필요한 거래처 및 협력업체는"을"의 책임 하에 둔다.
② 본 용역 수행과 관련되는 제반사항은 일흥기공 관리자의 지시에 따른다.
본 계약에 언급하지 않은 기타사항은 일반 상관례에 준한다.

년 월 일

"갑" 주 소:
성 명: 인)

"을" 주 소:
성 명: 인) (주민등록번호:)

제 3 장

한국 중소기업의 경제적 역할

제1절 대기업과 중소기업의 관계

1. 중소기업의 개념

중소기업의 정의는 대기업과 상대적 구조적인 것으로 자본주의 경제 발전과 경제정책 이념의 중소기업 변천에 따라 규정되고 있는 것이 일반적인 현상이다. 중소기업은 규모 측면에서 중규모 기업과 소규모의 기업을 총칭하는 기업을 말한다. 중소기업의 개념을 국민 경제적인 면에서 현실적으로 적절하게 규정하는 것은 매우 중요한 문제이다.

(1) 중소기업의 범위

① 우리나라 중소기업 범위

중소기업은 규모면에서 중규모의 기업과 소기업의 기업을 총칭해서 말한다. 우리나라의 중소기업 개념 규정도 여러 차례 개정 되면서 중소기업의 범주가 바뀐 적이 있었으나 일반적으로 중소기업을 정의할 때 종업원 수 자산액이 많이 사용 되는데 아래 표 와 같다

[표 3-1] 중소기업 범위

구 분	1982	1995년 이전		현 재
		소기업	중기업	
제조업 광업 운송업	상시종업원 300인이하 또는 자산총액 5억 원 이하	상시종업원 20인 이하	상시종업원 21~300인 이하	• 상시조업원300인미만 또는자본금80억 원이하 (제조업) • 상시근로자수300인 미만 또는 자본금30억 원 (광업, 운송업)
건설업	상시종업원 50인 이하 또는 자산총액 5억 원 이하	상시종업원 20인 이하	상시종업원 21~200인 이하	• 상시근로자수300인 미만 또는 자본금30억 원

여기서 중소기업의 질적 개념의 문제가 제기될 수 있다. 즉 중소기업의 경영 특성이 무시 된 채 양적으로 규정하면 중소기업 지원 육성책을 합리적으로 수립하기가 어려울 때가 많다. 극단적인 예를 보면 299명의 "갑" 기업과 종업원 수 301명의 "을" 기업을 비교할 경우 종업원 수로 본 규모의 차이는 단2명에 불과하지만 중소기업 기본법상 양적 기준에 따라 "갑"기업은 중소기업이고 "을"기업은 대기업으로 분류 되면서 정책 혜택을 차별적으로 받게된다.중소기업의 대표적인 ㄴ특성은 매우 다양하다 특히 소유 경영자가 직접 경영을 담당 하면서 개인주의 성향으로 경영을 한다든지, 또한 시장 점유율이 낮고 지역성을 띠고 있는 것은 중소기업의 대표적인 특성이다

⑵ 일본의 중소기업의 범위

일본의 중소기업법 제2조에 규정해 놓은 중소기업자의 범위를 보면 다음과 같다

① 자본금액 2억 엔 이하 상시종업원 300명 이하의 회사나 개인으로 제조업, 운수업, 건설업, 기타 업종에 속하는 사업을 주 사업으로 경영하는 회사

② 자본금 1억 엔 이하 또는 상시종업원 100명이하의회사나, 개인으로 도매업에 속하는 사업을 주된 사업으로 경영 하는 회사

③ 자본금 5000만 엔 이하 또는 상시종업원 100명 이하로 개인으로 서비스업에 속하는 사업을 주된 사업으로 경영하는 회사

④ 자본금 5,000만엔 이하 또는 상시종업원 50인 이하 개인으로 소매업에 속하는 사업을 주된 사업으로 경영하는 회사

이상의 내용을 보면 일본 중소기업의 개념 규정은 자본금과 종업원 수 들 기준으로 양자 택일주의를 채택하고 있다.

2. 중소기업의 역할

어느 나라를 막론하고 그 나라에서 국민 경제에서 차지하는 비중이 클 뿐만 아니라 그 역할도 증대하는 실정이다. 중소기업의 역할 은 지역사회의 발전, 국민 경제의 성장 개인 발전기회 제공

(1) 지역사회의 발전

지역사회를 기반으로 활동을 하기 때문에 지역경제의 기반을 강화하는데 기여한다. 경영 특성상 지역의 인적·물적자원을 조달하여 지역을 활동대상으로 삼으면서 지역 사회의 문화진흥에 기여한다. 지역의 인적 자원을 고용함으로서 고용 증대에 기여 하고 소득증대에도 기여한다. 창업을 꿈꾸는 젊은이들에게 기업가로 활동할 수 있는 기회를 제공한다.

(2) 국민경제의 성장

중소기업은 경제비중면에서 사업체수 97%이상, 종업원 수 70%이상, 생산액 50%이상을 보여 매우 큰 비중을 보이고 있듯이 국민경제의 균형성장에 지대한 역할을 하고 있음을 알 수 있다. 경제 발전에 기여하는 역할로는 대기업 경영의 보완역할, 기술개발의 산실역할, 고객의 요구에 밀착 서비스가 가능하다.

(3) 개인발전기회 제공

중소기업은 규모가 큰 것도 있지만 종업원 수 기준으로 20명 내외의 소규모 기업의 비중 큰 것이 현실이며, 자본금도 적고, 관리도 단순하기 때문에 누구나 기업가정신으로 기업을 창업할 수 있다. 이때 창업지주는 자연스럽게 사장이 되며 사회적 지위뿐만 아니라 모두가 잘된다는 보장은 없지만 잘되면 부를 축척할 수 있는 기회를 갖게 되며 경영자들은 국민 경제 성장과 지역 발전에 기여한다는 입장에서 대단한 자부심을 갖게 된다.

제2절 기업규모별 특성

중소기업의 범주에 있는 기업을 소상공인, 소기업, 중기업, 중견기업으로 구분한다.

1. 소상공인

노동집약적 성격을 띠고 있으며 생업성의 색채가 강하다. 주택과 같은 사업자의 거주지가 사업장인 경우가 많다. 경영자의 단독경영 이 주류를 이루고 있다. 조직의 스테프는 거의 없고 단순하다 우수 기업과 그렇지 않은 기업 간에 격차가 심하다. 상시 종업원 수 5명미만 기업을 말한다.

2. 소기업

같은 주거지를 사업장으로 사용하는 경우 소기업은 상시 종업원 수 50인 미만의 기업을 말한다. 생업성과 기업성이 혼재 되고 있다. 법인 형태도 많지만 소유 경영자가 대부분이며 동족적인 색채가 강하다. 경영자 자신의 기술과 경험이 기업의 존립이나 성장에 절대적 영향력을 갖는다. 외부자본 조달 능력이 취약하다 경기 변동의 적응력은 있으나 전략적 경영활동이 어려워 성장과 침체 격차가 심하다

3. 중기업

상시종업원수 50명이상 300인 미만기업으로 규모가 상당히 크다 생산시설도 큰 편이다. 기업 이외의 경영성이 높고 경영조직도 계층화 되어 있으며 직능이 조직 속에 전문화 되어있다. 타인 자본 의 의존 비중이 높아 금융기관 등을 많이 활용한다. 부분적으로 종업원에 의한 지주제가 채택되기도 한다.

4. 중견기업

우리나라에서는 많이 쓰이지 않지만 일본에서는 많이 사용 되고 있다. 중소기업 범위 밖에 있기 때문에 중소기업지원 정책의 혜택을 받기 어렵다. 노동조합과의 협력 관계를 중시하고 구성원의 모럴 향상에도 주력한다. 대기업과 시장에서 경쟁해야 하는 애로 가 함께 있다. 중견기업의 특징을 보면 다음과 같다.

(1) 종업원 수 보다는 매출액을 중요한 기준으로 삼는다.

(2) 전국시장을 대상으로 경영 활동을 한다.

(3) 제품개발력과 판매력이 크고 부가가치가 큰 제품에 주력한다.

(4) 자본조달 능력이 높아 금융기관의 이용도가 높다.

(5) 노동조합과의 협력관계를 중요시 한다.

(6) 대기업과비교하여 자본 조달능력이 상대적으로 약한 편이어서 자본 효율성을 높이지 않으면 열세를 면하기 어렵다.

(7) 인적자원의 확보에 어려움이 많다.

이상과 같이 중견기업은 중소기업의 범위 밖에 있기 때문에 중소기업 지원 정책의 혜택을 받기 어렵다. 그리고 시장에서 대기업과 경쟁해야 하는 애로가 따른다.

5. 대기업

대기업에 대한 표현은 다양하다. 매머드기업, 종합상사, 기업집중, 대규모 결합체 대기업의 성격을 보면 다음과 같다.

(1) 자본조달 능력이 크다.

(2) 기업의 합병, 사업 다각화 등의 전략을 통해서 대규모의 자본을 동원하여 대규모의 사업을 경영할 수 있다.

(3) 매출액이 큰 제품을 선호 하면서 시장 점유율을 높이고 독. 과점 형식으로 지배한다.

(4) 생산체제는 흐름작업시스템, 소품종 대량생산 방식을 채택하고 있다. 다수의 중소기업과 하청, 계열관계를 맺으면서 지배체계를 강화시킨다.

제3절 공급자와 구매자의 전략

1. 중소기업과 대기업의 일반적인 비교

(1) 중소기업

대부분이 경영자의 단독 경영체제를 갖추고 있다. 자본은 소규모이고 외부의 대규모 자본조달은 어렵다. 성장성은 자주성과 독립성 에 따라 좌우된다. 해당산업이 확대 될 때에는 신규기업의 진입이 크며 과당 경쟁의 성격을 띤다. 환경 변화의 대응력이 약하다. 환경변화의 압력을 받으며, 노동력 부족현상, 임금인상, 지원사기 저하, 대기업과 중견기업들의 중소기업 분야로 진출함으로 경영에 어려움이 많다.

(2) 대기업

자본조달능력이 크다. 대규모의 자본을 동원하여 대규모 사업을 경영할 수 있다. 매출액이 큰 제품을 선호 하면서 의도적으로 시장 점유율을 높이고 시장을 독과점 형태로 지배한다. 기업의 합병, 제품사업 다각화로 대규모 사업을 운영한다.

2. 중소기업 경영의 장단점

중소기업 경영은 장점도 많지만 단점도 많다는 사실을 알 수 있다.

(1) 중소기업의 장점

① 경제적인 면에서 부를 축적할 수 있는 장점이 있다. 창업이 쉬우며 창업주 자신이 직접 경영으로 성적이 좋아 기업 이윤이 많이 발생하면 기업주는 이를 혼자서 독점하게 된다. 창업한 후 처음부터 이익이 발생 하기는 어렵겠지만 경영을 잘하면 기업은 성장하게 된다.

② 기업의 사장이 되고자 하는 사람에게 기회가 주어진다.

③ 지역발전에 기여함은 물론 사회적인 봉사활동을 할 수 있다.

④ 중소기업 경영을 통해 자유로운 생활과 취미 생활을 할 수 있다.

(2) 중소기업의 단점

① 경영실패에 대한 두려움이 크다.

② 환경변화에 대응 능력이 부족하다

③ 기업은 지명도가 낮아 경영활동에 어려움이 많다.

④ 인적자원 확보에 애로사항이 많다

⑤ 기업경영자는 시간에 대한 압박감이 크다.

제4절 벤처기업

1. 벤처기업의 개념

벤처기업은 신제품. 신기술 등의 아이디어 발명과 개발을 목적으로 하는 모험적인 중소기업을 말한다. 우리나라에서도 1997년 후반기 IMF 사태이후 정부당국의 경제 정책으로 적극적인 지원으로 관심이 높아지고 있다. 벤처(venture)라는 용어는 모험 또는 모험적 행위 투기적 사업이라는 의미를 내포 하고 있다. 벤처기업은 벤처의 성격에서도 잘 나타나고 있듯이 기업을 창업하여 성공하면 큰 수익을 올릴 수도 있지만 실패의 확률도 매우 높다고 보아야 한다. 벤처기업은 소규모의 자본으로 새로운 아이디어와 기술로서 사업을 시작하는데 알맞다고 볼 수 있다. 벤처기업은 모험을 해야 하기 때문에 정부당국의 지원이 없으면 개인의 입장에서 용기를 내기가 어려운 경우가 많다. 우리나라는 물론 외국에서도 많은 중소기업의 지원방법을 달리하고 있다. 미국은 중소기업 투자법에서 위험이 크지만 성공한 경우 많은 수익이 기대되는 신기술이나 새로운 아이디어를 독립 기반 위에서 영위하는 신생기업이라고 정의하고 있고, 일본은 중소기업으로서 R&D 투자비율이 매출액의 3%이상인 기업으로 창업 후 5년 미만의 기업으로 정의하고 있으며, 벤처기업은 모험기업,지식빈약형 중소기업으로 위험성은 높으나 성공할 경우 많은 이익을 예상할 수 있는 신생기업으로 보는 것이 적합하다. 우리나라에서 벤처기업 지원책으로 시행하고 있는 벤처기업 확인 절차를 소개한다.

(1) 벤처기업 확인 절차

○ 벤처기업확인신청은 벤처인(http://www.venturein.or.kr)에서 접수

[표 3-2] 벤처기업 신청

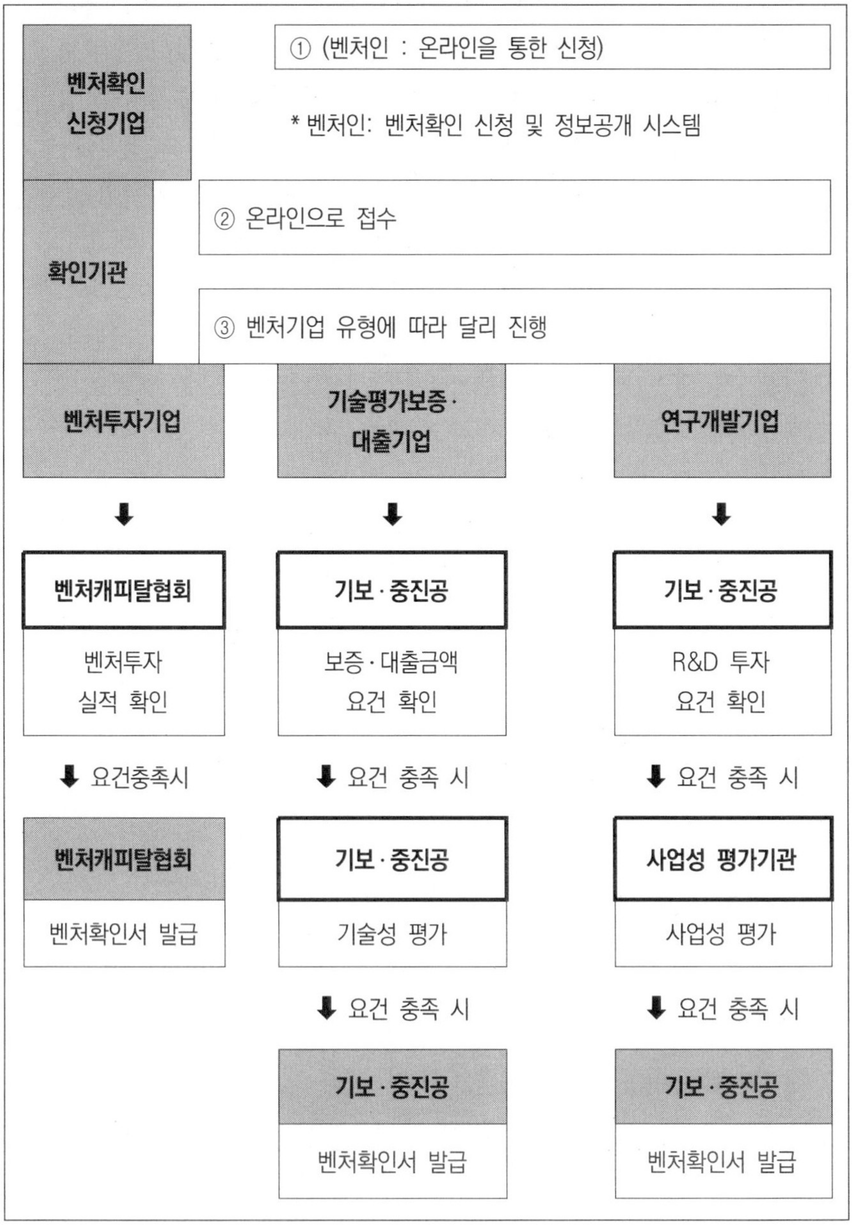

(2) 벤처기업의 배경

[표 3-3] 벤처기업 유형별 벤처유형

벤처기업 유형별 벤처유형	기준요건	확인기관
유형1 벤처투자기업	[1] 벤처투자기관으로부터 투자받은 금액이 자본금의 10% 이상일 것 단, 문화상품 제작자의 경우 자본금의 7%이상 [2] 투자금액이 5천만 원 이상일 것 [3] 상기 [1], [2]의 투자내역을 벤처확인요청일의 직전 연속하여 6개월 이상 유지할 것 ※ 벤처투자 유지기간의 기산점: 산업은행, 기업은행 – 법 시행일('06.6.4), 은행법상 금융기관, 사모투자전문회사, 개인투자조합 – 법 시행령 개정일('07.4.27)	한국벤처캐피탈협회
유형2 연구개발기업	[1] 기술개발촉진법 제7조 규정에 의한 기업부설연구소 보유(필수) [2] 업력에 따른 아래기준에 부합할 것 ① 창업 3년 이상 기업: 확인요청일이 속하는 분기의 직전 4분기 연구개발비가 5천만 원 이상이고, 매출액 대비 연구개발비비율이 『별첨2』의 기준 이상일 것 ② 창업3년 미만 기업 확인요청일이 속하는 분기의 직전 4분기 연구개발비가 5천만 원 이상일 것(연구개발비비율 적용제외) ※연구개발비 산정표 『별첨2』 [3] 사업성평가기관으로부터 사업성이 우수한 것으로 평가	〈확인기관〉 기술보증기금 중소기업진흥공단 〈사업성평가기관〉 –기술보증기금 –중소기업진흥공단 –한국기술거래소 –정보통신연구진흥원 –기술이전촉진법상 기술평가전문기관

벤처기업 유형별 벤처유형	기준요건	확인기관
유형3 기술평가보증기업 기술평가대출기업	1 기보의 보증 또는 중진공의 대출을 순수 신용으로 받을 것 ※기보: 기술평가보증에 한함 중진공: 중소벤처창업자금/개발기술사업화자금/경영혁신자금 중 시설개선자금과 지식기반서비스 육성자금 기보, 중진공 공통: 개정법시행일('06.6.4) 이후 보증 및 대출에 한함 2 상기 1의 보증 또는 대출금액이 8천만원 이상이고, 당해 기업의 총자산에 대한 보증 또는 대출금액 비율이 5% 이상일 것 ① 창업후 1년 미만 기업: 보증 또는 대출금액 4천만 원 이상(총자산대비 비율은 적용배제) ② 보증금액 10억원 이상인 기업은 총자산 대비비율 적용배제 3 기보 또는 중진공으로부터 기술성이 우수한 것으로 평가	기술보증기금 중소기업진흥공단
유형4 예비벤처기업	1 법인설립 또는 사업자등록을 준비중 인 자, 창업후 6개월 이내인 자 2 상기 1의 해당자의 기술 및 사업계획이 기보, 중진공으로부터 우수한 것으로 평가	기술보증기금 중소기업진흥공단

(3) 벤처기업의 특징

벤처기업은 중소규모의 기업으로 창업하여 운영한다. 기존기업들이 활동하고 있는 영역외의 틈새시장을 대상으로 활동한다. 연구개발 집약형으로 ,디자인 개발, 등 지식집약 형태의 특성을 갖는다. 벤처기업은 새로운 기술력과 아이디어를 상품화 할 수 있는 능력을 갖춘 전문 인력이 있다.

(4) 벤처기업 성공요인

대표적인 벤처기업으로 미국의 실리콘벨리에 대하여 소개하기로 한다. 실리콘벨리는 1940년대만 하더라도 조용한 마을에 불과하였으나 지금은 인구 600만 명에 이르는 대도시로 변모 하였다. 첨단기업체수는 무려6천여 개에 이르고 평균임금은 4만 달러를 넘고 있다. 이곳에서는7백여 개의 창업 투자회사 그리고 1백만 명으로 추산되는 투자자들이 모여 있어 새로운 기술이나 아이디어들이 개발되면 투자자들이 투자를 하기 때문에 벤처기업을 육성하는 기업 인큐베이디 기능올 한다고 볼 수 있다. 실리콘 벨리에 대한 정부나 지방자치 단체의 규제는 거의 없으며 여기서 도산하지 않고 살아남는 기업들은 세계적인 기업들로 성장 하고 있다. 아래와 같은 실리콘 벨리의 특징을 살펴보면 벤처기업 성공요인을 알 수 있다. 전략적으로 핵심 역량에 집중 하면서 지속적인 제품 혁신에 사활을 걸어야 한다. 다른 사람이 흉내 낼 수 없는 부분은 내부에서 하고 나머지는 외부의 협력적 네트워크를 활용한다. 경영성과는 내외의 이해관계자들과 공평하게 분배하고 개인에게는 분명한 업적을 요구 하면서 엄격한 평가와 보상을 한다. 신뢰와 존중을 경영관리의 기본으로 한다. 외부 조직과 지역사회의 관계를 상호의존적 협력관계로 조성해야 한다.

5. 미국의 벤처기업

(1) 미국에서는

연간 70만개의 새로 설립되고 있는데 이러한 현상들은 공공기술의 산업이전 촉진 등 창업 유인제도들이 벤처기업 출현을 유인하고 있다.

(2) 대학의 연구소등

우수인력집단과 업계와 산학협력 연계 네트워크가 잘 이루어져 있다.

(3) 벤처기업이

추구하는 신기술, 신시장과 유관한 기초기술이 넓고 깊게 벤처기업의 온상 역할을 하고 있다는 점을 들 수 있다.

이상과 같이 미국의 벤처기업은 1960년을 전후하여 미국의 NASA를 비롯한 군사우주개발프로젝트 참여자들이 독립하여 기술을 중심으로 사업화 하면서 시작되었으며 미국의 벤처기업은 크게 성공하였다.

제5절 중소기업, 대기업의 갈등과 협력

대기업이 중소기업 영역에 침투하거나 대기업에서 갑작스레 거래처를 변경 하면서 발주를 취소하는 행위 등은, 대기업이 행하는 좋지 못한 경영행동의 대표적 표본이다. 우리가 이미 알고 있는 바와 같이 중소기업이 대기업에 제품을 납품하고 받을 대금 결재조건이 원만하지 않은 것이 일반적인 현실 이며, 제품의 품질과 관련하여 납기, 대금결재기간, 지불조건, 단가인하 등의 문제를 대기업의 일방 적인 입장에서 처리 하므로 중소기업과 갈등을 겪고 있다.

1. 중소기업과 대기업의 갈등

(1) 대기업의 불만

연구개발기능이 취약하고 연구개발 우수인력 및 기술이 부족하기 때문에 모기업은 불만을 갖게 된다. 모기업에서 설계도면을 제공하고 도면에 의한 제품을 요구할 경우 중소기업은 샘플만 가지고 모방하여 제작 납품하는 경우가 많으므로 대기업이 불만을 가지게 된다.

(2) 중소기업의 불만

대기업은 강자의 입장에서 항상 고압적인 자세로 가격을 내리 기도하고 품질에 대한 문제를 삼고 정상적인 가격 수준을 유지해 주지 않고 기회만 있으면 채산성의 악화를 들고 나온다. 대기업에서 주문하는 주문량이 경제성 있는 규모에 미치지 못하는 경우가 많아 적정 생산규모를 확보 하지 못해 어려움이 수반되며, 더구나 안정 적인 주문 보장을 받기 어렵기 때문에 중소기업은 설비개체를 할 수 없는 실정임으로 중소기업은 불만을 갖게 된다. 대기업의 기술지도 와 관련하여 갈등이 생긴다. 대기업은 납품을 받고나서 대금을 제대로 결재해 주지 않기 때문에 중소기업은 어려운 상황에 놓이게 된다.

2. 중소기업과 대기업의 협력

현대산업 사회에서는 기업규모에 관계없이 상호협력을 필요로 한다. 주요 산업인 자동차. 조선, 전자산업을 살펴보면 수천수만 종에 이르는 경우가 많다 이들 부품을 자체적으로 생산 조달 한다는 것은 상상할 수도 없다. 중소기업과 대기업간에 관계가 원만할 때 상호 간의 이익도 확보되고 경쟁력도 강화되고 상호간 공존공영 할 수 있는 것이다.

(1) 균형 있고 공정한 거래관계를 정립하게 되면 국민경제의 균형 있는 발전에 기여하게 된다.

(2) 대기업은 부품을 생산 공급하는 중소기업을 자기 기업에 의한 생산영역으로 인식하는 것이 좋다.

(3) 대기업의 근대적인 경영활동 행동은 중소기업의 경영행동을 현대화 시키는데 기여할 수 있다.

(4) 대기업과 중소기업의 역할 분담도 중요하다. 대기업은 소품종 대량 생산에 중화학 공업, 중공업 형태에 적합한 특성을 잘 살린다면 균형 있는 경제 발전에 이여하게 된다.

제6절 중소기업과 아웃소싱

중소기업은 기업 규모가 작고 약소하기 때문에 중소기업에 적합한 아웃소싱 경영 이론의 필요성이 제기되고 있다. 기업경영이 근대적 대기업을 기반으로 말하고 있기 때문에 중소기업을 아웃 소싱으로 포용할 수 있고 문제를 분석, 연구 하는데 유효한 체계를 갖추고 있는가의 문제를 제기한 사람도 있다. 대기업과 중소기업 경영에서 독자적 역할을 다하기 위해서는 한계성이 있는데 간략하게 살펴보기로 한다.

1. 중소기업 경영의 한계성

기업으로서 이윤추구를 위한 조직적인 합리성을 전제로 하고 있지만 중소기업은 조직성이 취약하기 때문에 의사결정 방법에 합리성이 결여되어있다는 점을 들 수 있다.

⑴ 중소기업의 대부분이 경영관리 대상에서 벗어나 있으며, 대부분 생업적 개인기업 형태를 취하고 있기 때문에 근대적 경영관리 기법을 적용하기가 쉽지 않고 법인형태를 취하고 있는 기업이라 할지라도 기능면에서 법인기업의 기능을 발휘하지 못하고 있다.

⑵ 경영관리 가능영역 보다 불가능 영역이 넓다는 점이다.

⑶ 존립조건이 경영자의 개인적 인격에 의존하는 비중이 크다는 점이다.

⑷ 경영 특성상 사소하고 세부적인 문제를 해결할 수 있는 경영이론을 요구하는 경우가 많다. 이와 같이 생업성을 중시하는 규모 계층에서 경영의 지도원리 인 수익성원리, 생산성 원리만 어렵다는 점에서 중소기업경영 의 한계 있다고 본다.

2. 중소기업 경영의 필요성

⑴ 중소기업에서의 필요성

중소기업의 자주적 독창성 있는 경영관리시스템을 자체 개발 하고 노하우를 축적해야 할 필요성이 인정된다.

⑵ 대기업에서의 필요성

대기업은 자체 경영 목표달성과 경쟁력 강화를 위하여 중소기업을 합리적으로 이용 하는데 두고 있다고 할 수 있다. 이를 위한 경영능률 향상을 위하여 필요성이 있다고 본다.

제 4 장

중소기업의 환경

제1절　기업경영환경
제2절　중소기업의 환경변화
제3절　포터의 산업구조분석기법

제1절 기업경영환경

1. 최근의 기업환경

기업이 기업의 목표를 달성하기 위해서는 환경에 대처하는 능력이 있어야 한다. 이는 기업이 환경에 대한 적응 능력이 있을 때 계획했던 목적을 달성할 수 있기 때문이다.

기업이 처한 환경이란 시대가 바뀌고 시간이 흐름에 따라 매우 다양화되고 복잡해져 가고 있기 때문에 환경에 대처하는 것이 간단한 문제는 아니다. 결국 환경에 대처하는 기업의 능력에 따라 성패는 좌우되는 것이다.

중소기업은 대기업에 비하여 환경의 치밀한 분석을 통한 환경적응 시도가 이루어진다면 결코 불리한 것만은 아니다.

본 장에서는 환경에 대한 일반적인 내용을 살피고 특히 중소기업이 처할 수 있는 환경내용과 적응방법 등을 살펴보고자 한다.

과거에는 기업에 영향을 주는 주변 환경들이 단순하고 변화의 폭이 크지 않았으며 예측 가능한 경우가 많았으며, 의사결정에 동원되는 변수도 많지 않고 경쟁자의 숫자도 적었으며 소비자의 요구도 단순한 경우가 많았다. 이 같은 과거의 상황에서는 특정개인의 경험이나 지식으로 환경변화에 대처하는 것이 가능했지만, 현대의 환경변화는 과거와 판이하게 달라졌다.

오늘날 기업환경은 급격하게 변하고 있으며, 그 변화의 정도도 복잡해지고 속도도 빨라져 가고 있다. 기술과 제품의 라이프 사이클이 갈수록 짧아지고 소비자의 욕구 또한 다양해지고 개성화·전문화되어 가고 있다. 또한 경쟁자는 언제·어디에서도 출현 가능한 시대가 되었다. 더욱이 정보기술의 발달은 기업 활동의 틀을 완전히 바꾸어 놓았다.

이와 같이 급변하는 환경변화에 기업이 빠르고, 정확하게 의사결정을 내려 기업의 목표를 달성하기 위해서는, 각 부문의 분야별 전문가와 전문경영자의 역할이 강조되고 있다.

최근 더욱 예측이 어려운 환경변화는 기업의 모든 경영활동에 큰 변화를 요구하는데, 이러한 환경의 변화양상을 예를 들면 다음과 같다.

① 정보기술과 인터넷의 발전은 새로운 사업의 출현을 가져왔으며 경쟁의 법칙에도 변화를 가져왔다.
② 과거에 강조되었던 규모의 경제 개념은 그 의미를 상실하고 있다.
③ 선진국의 보호무역주의의 확대로 세계경제는 블록화 되어 가고 있다.
④ 소득수준의 향상으로 수요의 다양화, 고급화, 개성화가 이루어지고 있다.
⑤ 기업의 도덕·윤리성이 갈수록 강조 되고 있다.
⑥ 기술이나 제품에 융·복합적인 결합은 경쟁자가 어디에서든 나올 수 있게 하였다.
⑦ 원자재 가격의 급등은 생산방법의 변화를 가져다주었다.
⑧ 기업 활동에 자연 및 환경보호의 개념이 강하게 요구되고 있다.
⑨ 정보화 사회, 지식사회는 무형자산의 중요성을 강조하게 되었다.
⑩ 기술과 제품의 라이프 사이클이 갈수록 짧아지고 있다.

이러한 환경의 급격한 변화는 기업경영 전반에 영향을 미치게 되어 시대에 맞는 기업경영의 새로운 패러다임과 기준이 만들어지고 있다. 따라서 과거의 경영방식이나 기법이 그 의미를 상실해 가고 있으며, 과거와 다른 기업역량, 기술, 인적 자원, 경쟁방식 등을 요구하고 있다. 또한 융·복합적인 결합은 제품은 말할 것도 없고 경쟁자의 출현을 예측할 수 없으며, 경쟁자가 동일 업종이나 분야에서 주로 나타난 과거와 달리 현대는 전혀 다른 영역에서 출현하여 기업에게 치명적으로 작용하고 있다.

중소기업에 관련된 한 가지의 예는, 모기업의 경쟁력은 전문기술을 가진 하청기업을 누가 더 많이 확보하고 있느냐가 경쟁력의 기준이 되었는데, 과거에는 모기업과 하청기업이 종속관계로 이해되었으나, 현대에는 하청기업과 동반성장을 하는 상호 윈윈하는 관계로 인식이 바뀌었다. 이와 같이 대기업과 중소기업에 관한 인식의 전환도 환경변화 중 하나로 볼 수 있다.

그러나 이렇게 급변하는 환경변화는 기업 활동을 가능하게 하는 기회를 제공할 수도 있는 것이다. 변화의 내용과 시장의 욕구를 사전에 정확하게 예측만 할 수 있다면 시장을 선점할 수 있게 되는 것이다. 즉, 기업은 급변하는 환경변화에서 경쟁력을 확보하여 발전해 나갈 수 있는 것이다.

2. 중소기업의 환경역역

환경을 어떻게 정의하느냐에 따라 환경의 내용과 구분이 달라진다. 환경은 외부환경과 내부환경으로 구분되는데 일반적으로 외부환경이 기업에 미치는 영향이 더 크기 때문에 외부환경에 더 큰 비중을 두게 된다. 외부환경은 기업에서 통제할 수 없는 영역을 의미하며, 내부환경은 기업에서 어느 정도는 관리가 가능하고 예측을 할 수 있다고 본다.

외부환경과 내부환경의 영역을 구분하는 것은 학자에 따라 다르지만 다음과 같은 공통점을 발견할 수 있다.

① 기업환경을 구성하는 요인은 상당히 많고, 구분하기가 매우 곤란하다.

② 많은 학자들은 환경요인을 내부 환경과 외부환경으로 구분하고 있다.

③ 내부 환경요인보다는 외부환경요인을 중시하고 비중 또한 더 크다.

④ 외부환경요인으로서 거의 공통적인 것은 경제적 환경, 사회·문화적 환경, 기술적 환경, 정치적(법률적) 환경, 지리적 환경, 시장·경쟁적 환경이다.

(1) 외부환경

기업의 외부환경은 기업에 위협과 동시에 기회를 가져다주는 요인으로서, 일반적으로 기업이 통제하기 어려운 환경요인을 말한다. 오늘날 기업이 접하게 되는 외부환경요인으로서는 ① 경제적 환경, ② 정치적·법률적 환경 ③ 시장·경쟁적 환경 ④ 기술적 환경 ⑤ 사회·문화적 환경 ⑥ 지리적 환경 ⑦ 윤리적 환경 등이 있다.

1) 경제적 환경

경제적 환경(economic environment)이란 기업 활동에 직접적인 영향을 미치는 경제시스템의 전체로서 자본시장, 소비시장, 노동시장을 대상으로 경영활동을 수행하는 환경의 내용들이 주가 된다. 따라서 기업환경의 경제적 주체인 이들 시장은 주주, 금융기관, 거래처, 고객, 경쟁기업, 종업원 등이 시장을 각각 대표하고 있는데, 기업의 의사결정에 직접적인 영향을 끼치는 이해 집단들이 된다.

기업이 이와 같은 요소들을 경제 환경의 중심으로 여기고 있는 이유는 조달시장을 통해 생산에 필요한 여러 요소, 즉 원자재, 설비, 노동, 에너지, 정보, 자금을 조달받고 있으며, 반대로 그들이 생산한 제품이나 서비스를 역시 시장을 통해 판매하고 있기 때문이다.

이러한 경제적 환경요인의 변화는 기업목표달성을 위하여 철저히 분석되고 대처하여야 하는데, 이외에도 경제체재, 경제성장, 산업구조, 유통구조, 재정정책, 금융정책, 임금동향 등과 같은 여러 요인이 경제적 환경의 구성요인이 되고 있다. 경제적 환경의 내용들은 나라 밖의 거시적 요소들도 중요하기 때문에 국제경제 동향의 분석도 철저히 이루어져야 한다.

2) 정치적·법률적 환경

정치적 환경(political environment)은 경제적 환경에 영향을 미침과 동시에 기업의 의사결정에 미치는 영향도 크고 그 범위도 광범위하다. 이에는 정부가 대표로 등장하게 되는데, 기업에게 정부는 규제나 통제를 강요하기도 하지만 동시에 성장에 미치는 영향이 지대하기 때문에 상호 밀접한 관계를 가지고 있다. 정부의 재정정책, 통화정책, 수출입진흥정책, 공해방지, 사회보장, 소비자 보호 등은 기업의 전략수립에 중요한 영향을 미치게 된다. 한 국가가 정치적으로 안정되어 기업하기에 좋은 환경을 제공한다면 외국기업들도 투자를 선호하게 된다.

법률적 환경(legal environment)에서 법률은 개인이나 기업에 강제성을 가지게 되는 것인데, 법률적 환경이란 국가에 의하여 만들어진 법규나 규칙을 말한다. 이러한 법률은 기업 간 거래에서 발생하는 분쟁이나 갈등을 중재하거나 조정하는 길잡이가 되므로 기업의 경영활동에 중요하다. 기업의 경영활동에 구속력을 행사하게 되는 중요 법률의 종류를 열거하면, 상거래의 원만한 질서를 유지하기 위해서 존재하는 사법으로서의 상법, 정부나 기업 간의 관계를 다룸으로써 기업의 공공책임을 준수케 하기 위한 공법으로서의 세법·공정거래법 등, 기업의 민사문제를 해결하기 위해서 필요한 사법으로서의 민법, 기타 각종 기업의 경영활동을 규제하는 법률 등이 있다.

이 장에서 열거된 모든 법률은 기업의 거래활동을 전개하는데 있어서 꼭 필요한 것들이다. 기업은 정치적·법률적 환경의 변화에 유리하게 적응하여 기회를 포착해야 한다. 그리고 미래의 정치·법률적 환경변화를 예측함으로써 이로 부터 오는 위협을 감소시켜야 한다.

3) 시장 환경

기업과 시장의 두 집단은 서로 뗄 수 없는 가장 중요한 관계이다. 기업에서 제공하는 제품이나 서비스를 사장에서 구매하여 소비자의 만족을 높이고 기업은 기업 활동을 가능하게 하는 수익을 창출하게 된다. 따라서 소비시장의 위축은 결국 기업 활동의 위축으로 이어진다.

소비시장은 기본적으로 인구증가율, 인구의 분포, 연령, 소득분포, 제품수명주기에 의해 영향을 받는다. 소비시장을 형성하는 소비자는 고용, 소득, 저축 및 물가 등에 의해 영향을 받아 구매력을 갖는 동시에 기업에게 제품의 아이디어를 제공하는 원천이기도 하다. 기업이 시장 환경에 잘 적응하기 위해서는 복잡하고 다양한 소비시장에서 목표시장을 정확히 선정하여 대응하여야 하는데 시장 환경에 잘 대응하기 위해서는 경쟁자, 잠재적 경쟁자, 구매자와의 원활한 관계를 유지해야 한다.

경쟁 환경(competitive environment)은 자유경쟁을 바탕으로 하는 자유경제체제에서는 영업의 자유가 보장되고 있으므로, 하나의 국가 안에는 여러 기업이 존재 하여 서로 경쟁을 통하여 그들이 생산한 제품을 소비자에게 판매하게 되는데, 이때 발생하는 경쟁적인 모든 요소를 가리킨다. 기업은 이러한 경쟁, 즉 경쟁상황, 신규 참여하는 경쟁자의 여부, 경쟁자의 탈퇴 여부 등에 대처하지 않으면 안 되는데 경쟁기업의 전략이 변화하는 경우, 이에 대한 영향과 그 변화에 따른 파급효과를 검토하여 전략수립에 반영하여야 한다.

4) 기술적 환경

기술적 환경(technological environment)이란 기업이 제품이나 서비스를 생산 할 수 있는 기술이나 노하우를 말하는데, 주로 경제적 목적을 달성하기 위해 수행되는 생산 활동과 관련된 기계 또는 장치를 조작하는 방법이나 숙련까지도 포함한다. 기술 환경은 변화의 속도와 주기가 매우 빠르기 때문에 기업 활동에 가장 큰 변수로 작용한다. 기술적 환경의 내용으로서 구체적인 것은 R&D능력, 기술개발능력, 제조공정, 신제품개발능력, 시험능력 등을 가리킨다.

오늘날 기업의 가장 중요한 기능 중 하나가 기술혁신(innovation)을 적극적으로 추진하여 급변하는 기술변화에 대처하는 것이다. 기술혁신이란 기업의 지속성장을 가능하게 하는 가장 중요한 동력 중 하나이다. 따라서 기업은 새로운 기술과 그 변화에 적응하기 위한 노력을 꾸준히 하되, 기업 주변의 융합 가능한 요소를 활용하는 개방형 혁신(open innovation)방법을 도입하는 것이 효과적일 수 있다. 기술혁신은 보통 기존의 기술에서 보다 혁신된 기술수준으로 이동하는 과정에서 이루어지는데, 기초연구(basic research), 응용연구(applied research), 연구개발(Research & Development; R & D)의 순서로 이루어진다.

이와 같이 기업에게 중요한 기술요소라 하더라도 기술투자는 위험과 불확실성이 전제되므로 투자에 신중을 기하여야 한다.

5) 사회·문화적 환경

경제적·정치적 환경 속에서 기업이 하나의 시스템으로서 지속·성장하도록 하는 요소 중에 빼놓을 수 없는 것이 사회·문화적 환경(sociocultural environment)이다. 이는 사회나 집단을 구성하고 있는 개인의 행동에 영향을 미치는 문화나 가치관, 생활양식, 전통 내지 관습 등을 포함함과 동시에 사회적 제도나 태도 등을 말한다.

사회·문화적 환경은 기업에 종사하고 있는 구성원은 물론 소비자의 소비패턴에도 상당히 영향을 미친다.

또한 가치관의 변화에서 오는 신념, 관습, 도덕, 윤리기준의 변화는 기업의 경영활동과 전략변화에도 상당한 영향을 미쳤다.

6) 지리적 환경

지리적 환경(geographical environment)은 기업의 입지를 결정할 때 고려하여야 하는 원자재의 조달거리나 난이도, 시장과의 거리, 고객과의 접촉의 용이성, 기후, 홍수 등의 자연적 요인을 말한다. 기업은 이들 지리적 환경을 적절히 고려하여 기업목표를 달성하는데 유리한 조건이 되도록 신중히 검토하여야 한다. 이것은 공장의 위치를 한 지역에서 다른 지역으로 이전하는 내용도 포함되는데, 이러한 이동은 제품의 특성, 오염발생의 여부, 생활수준 향상으로 인한 기업과의 마찰방지 지가(地價) 상승, 수송의 편의성 등이 원인이 되기도 한다. 최근에는 자국을 벗어나 외국에 현지 법인을 세우는 경우, 해당국가의 정치, 경제, 사회, 문화, 종교적 환경까지도 고려해야 하는 등 그 영역이 상당히 넓어지고 있다.

7) 윤리적 환경

윤리적 환경(ethical environment)이란 사회·문화적 환경의 한 요인으로서 선과 악, 도덕적 의무와 책임을 다루는 규율 등을 말한다. 기업은 보다 더 공정하고 정당한 행동인 윤리적 행동을 자발적으로 수행하기 위하여 그 기본이 되는 윤리규정을 설정하여야 한다. 이러한 윤리규정과 윤리행동은 기업의 내·외적 관계에 대한 바람직하고 납득할 수 있는 기준을 제시하여 주기 때문에 모든 사회구성원 및 산업에 영향을 줄 수 있다.

8) 국제적 환경

현대기업 활동에서 전개되는 국제화·세계화 추세에서 중요하게 인식되어야 하는 환경으로서 국제적 환경(international business environment)을 빼 놓을 수 없다. 과거와 다르게 무형·유형재가 자유롭게 국경을 넘나드는 상황에서는 모든 규제가 완화될 수밖에 없다.

세계 각국은 블록화 되면서 동시에 자국 산업을 보호하려는 경향이 있는데, 이러한 국제적인변화는 다른 나라의 가치관, 문화, 제도 등에 대한 이해를 강조하고 있다. 즉, 자국의 국내시장에 국한하지 않고 시장, 소비자, 경쟁자, 기술변화 등을 모두 국제적인 영역으로 넓혀가면서 기업 활동을 영위해야 하기 때문에 기업경영에 있어서 국제적 환경의 비중은 갈수록 강조되어지고 있다.

9) 기타 일반 환경

앞에서 살펴 본 많은 기업환경요인 이외에도 갈수록 주요한 환경으로 인식되어지는 것이 생태·자연환경이다.

특히 환경이 오염되고 파괴되면서 이와 관련된 공해문제라든지 자원고갈의 문제, 새로운 에너지개발의 문제, 식량문제, 이로 인한 생태시스템(ecological system)의 파괴 등으로 인하여 기업은 새로운 방향으로의 전환이 필요하다. 즉, 환경 및 자원보전의 요구가 강력히 제기되고 에너지와 자원의 낭비를 최소화하는 새로운 환경으로의 전환점에 있는 것이다.

중소기업은 이러한 외부환경 하에서 적응력을 확보하고 생존해 나가야 한다. 그러나 중소기업은 규모면에서 영세성을 면치 못하고 있을 뿐만 아니라 경영조직의 전근대성, 재무구조의 취약성, 기업 간의 과당경쟁, 기술수준의 낙후 등으로 환경변화에의 적응력이 매우 약하다. 즉, 중소기업은 외부의 충격을 흡수할 수 있는 제어장치를 갖추지 못하고 있기 때문에 환경변화의 영향이 그대로 기업으로 전달되는데 중소기업이 당면하게 되는 이러한 외부환경들을 좀 더 구체적으로 살펴보면 다음과 같다.

① 국제화 추세에 충분히 대비하지 못하는 경우
② 경영자가 혁신의지를 충분히 가지고 있지 못한 경우
③ 납품대금의 회수가 지연되는 경우
④ OEM생산을 하는 경우, 외국바이어의 태도에 변화가 오는 경우
⑤ 대기업이 자기 분야에 진출하는 경우
⑥ 대기업이 계열화관계, 납품하도급관계에서 탈락하는 경우
⑦ 신제품 출현이나 유사제품이 등장하는 경우
⑧ 시장수요의 감소로 중소기업 간의 과장경쟁이 불가피한 경우
⑨ 임금, 복리후생제도의 미비로 기능 인력을 타 기업에 빼앗기는 경우
⑩ 은행이나 기타 차입원에서의 자금공급이 원활하지 못한 경우
⑪ 부품생산을 하는 경우 위탁기업의 도산
⑫ 원자재수급에 변동이 생기는 경우
⑬ 각종 정부의 규제가 변동되거나 강화되는 경우

이상과 같은 수급관계나 구조상의 변화와 더불어 노동력수급의 문제점, 시장여건의 변동, 운전자금의 일시적인 압박, 또는 경영주의 사망과 같은 우발적인 원인 등에 대한 중소기업의 대응력은 일반적으로 매우 약하다. 따라서 이러한 외부환경이나 여건의 급격한 변화에 대처할

수 있도록 기업의 체질을 강화해 나가야 할 것이다.

(2) 내부 환경

기업의 내부 환경은 기업내부에 존재하는 여러 가지 요인의 특징으로서 내부적으로 통제 가능한 환경요인을 말한다. 기업은 내부 환경을 조정함으로써 기회와 위협에 적절히 대처해 나갈 수 있으나, 많은 기업에서는 이것을 소홀히 하는 경우가 많다. 내부 환경은 대부분 외부환경에 의하여 크게 좌우되는데, 외부환경의 변화속도가 급격할 때 내부 환경의 진동은 더 커지게 된다.

내부 환경을 결정해 주는 요인에는 기업의 자금조달 능력, 인적 자원, 가격경쟁력, 유통경로, 시장점유율, 기술수준, 생산성 등이 있다.

1) 자금조달 능력

자금조달은 사업목적을 달성하기 위해 필요로 하는 자금을 획득하는 것이다. 기업자금의 조달로서 먼저 해야 할 일은 필요 충분한 자금의 양과 질을 결정하여야 하고, 그 조달방법도 결정하여야 한다. 자금조달의 양과 질을 결정하는 데에는 자금의 용도, 기업의 재무능력, 금융시장의 조직과 상황 등의 여러 요인을 고려하여 결정하여야 한다. 또한 자금조달의 방법으로서는 주식, 자기금융, 장기차입금 등과 같은 장기자금 조달방법과 지급어음, 외상매입금, 단기차입금 등과 같은 단기자금 조달방법이 있다.

대기업에 비하여 자금조달력이 미약한 중소기업으로서는 철저한 자기자본의 충실화와 수익성의 향상으로 신용을 키워야 하며, 장·단기의 자금조달 계획을 치밀하게 세워 운영해 나가야 한다. 이것이 순조롭지 못한 경우에는 대기업에 흡수당하거나 도산하게 된다.

2) 인적 자원

인적 자원은 기업의 경영에 있어서 가장 기초가 되는 것이다. 경영행동과 작업을 수행하는데 주체가 모두 사람이기 때문에 기업의 경영은 전문 인력 및 관리 인력의 인적자원에서 비롯되어야 한다. 유능한 인적자원이 부족한 상태에서는 기업의 경영개선, 생산성 제고, 품질개선 등을 기대할 수 없다.

기업은 모든 관리자나 종업원의 능력과 자질을 향상시킴으로써 급속한 환경변화에 지혜롭게 대응해 나가야 한다. 구체적으로는 전문적인 제조 및 생산기술자, 품질관리전문가, 인터넷 전문지식 등을 기초로 하여 시장의 욕구를 다른 기업보다 먼저 파악하여 독자적으로 사업을 전개해 나가야 하는 바, 이러한 모든 활동은 인간에 의하여 이루어지기 때문에 기업은 무엇보다도 인적자원을 강화하고 이를 효과적으로 운영하도록 하여야 한다.

3) 기술수준

기업이 어려운 환경여건 하에서도 신제품 개발이나 각종 기술개발 및 기술수준의 향상에 합리적으로 대응하여야만 급격히 변화하는 환경에 적응할 수 있다. 특히 중소기업은 기술적 능력(특허, 고품질의 제품생산, 소비자의 기술에 대한 신용도, 개발능력 등)을 강화하기 위해서 기술적 측면과 시장적 측면이 고려되어야 하는데 기술개발의 필요성이 종업원 스스로에게 높게 인식되어졌을 때 그 효과도 크다.

그러나 중소기업은 유능한 인재를 유인할 만한 매력이 적기 때문에 기술개발요원을 확보하기 어려우므로, 자체적으로 기업을 매력 있게 발전시켜야 하고 생산과 기술에 정통한 소수정예로 모든 종업원 및 관리자가 연구개발에 힘을 기울여야 한다.

기술수준의 미비가 신제품개발이나 판매촉진에 잘못된 판단을 가져올 수 있으며 그것은 부실화의 가장 큰 원인이 될 수도 있다.

기업이 기술수준을 향상시키는 방법에는 두 가지 방법을 생각할 수 있는데, 기업이 자체연구개발의 투자를 통하여 기술수준을 향상시키는 내생기술(internal technology)을 이용하는 방법과 외부로부터 기술사용료(royalty)를 지불하고 기술을 조달받는 외생기술(external technology)을 이용하는 방법으로 구분할 수 있다.

기업이 자금부족이나 기술 인력이 부족하더라도 갈수록 치열해지는 기술 환경은 기업으로 하여금 내생기술의 중요성을 인식시켜 주고 있다. 따라서 기술수준을 향상시키는 기간이 길더라도 장기적인 계획 하에 기술을 위한 장기투자를 소홀히 하면 안 된다.

4) 가격경쟁력

가격경쟁이란 기업들이 동일한 시장을 대상으로 판매하는 유사한 제품이나 서비스를 서로 낮은 가격으로 소비자에게 제공할 때 일어나는 것이다. 즉, 경쟁기업의 가격인하에 대항하여 자사도 가격을 인하하여 판매를 확보하고자 하는 경쟁을 말한다.

가격경쟁이 지나치게 되면 상호간에 경쟁적으로 가격인하를 하게 되어, 단기적으로는 판매량이 증가될 수도 있으나, 장기적으로는 원가회수조차 어려운 출혈적 경쟁에 빠지게 되므로 자본력이 빈약한 중소기업은 일반적으로 비가격경쟁을 통한 차별화로 경쟁할 수 있도록 노력하여야 한다.

5) 유통경로

유통경로(distribution channel)란 기업에서 생산한 제품이 생산자에서 소비자에게 이전되는 모든 활동을 총칭하는데 물론 유통경로영역에서 원자재·부자재가 기업에 조달되는 경로도 포함시킬 수 있다. 이러한 활동이 효과적으로 수행되기 위해서 고려되어야 할 기본요소는 첫째 제품의 성질(부패성, 수요변화요인 등), 둘째, 시장의 성질(소비자의 구매습관, 경쟁상태, 매출액 여부 등), 셋째, 기업의 재무적 요인(판매경로별 마케팅 비용, 판매경로별 예상 수익 등)이다.

기업환경에 어떤 변화가 발생하면 새로운 환경에 대처하기 위해서 기존 판매경로를 수정하고 새로운 판매경로를 형성하여야 한다.

6) 판매관계

경기침체에 따른 판매부진이나 적자판매로 대부분의 기업이 자금난에 봉착하게 된다. 이와 같은 자금난은 중소기업의 휴 . 폐업의 주된 원인이 되고 있다. 기업들의 자금난이 가중되는 원인으로 지적되는 이유 중 가장 많이 나타나는 것은 판매대금회수의 장기화인데, 이런 현상의 반복은 자본력이 부족한 중소기업의 타인자본 의존도가 높아지는 한 원인이 되기도 한다.

제2절 중소기업의 환경변화

오늘날의 중소기업은 보호의 대상이 되었던 전통적인 중소기업과는 성격을 달리해야 한다. 즉, 중소기업 자체적으로 경쟁력을 갖고 대기업과 더불어 내수판매 경쟁은 물론 국제시장에서도 경쟁할 수 있는 경쟁요소를 보유할 수 있도록 노력해야 한다. 따라서 현재뿐만 아니라 미래의 환경변화에 대한 대응책이 필요한바, 이를 위해서는 탄력성을 지닌 제품의 생산전략, 환경변화에 능동적인 대처전략, 경쟁사보다 우수산 경쟁우위 확보전략, 인력절감을 위한 생력화, 신제품의 개발, 제품의 고급화, 기술개발의 촉진, 고용조건의 개선 등을 강구하여야 하며 그 밖에서도 시장정보수집의 강화, 재무구조의 충실, 판매활동의 강화방안도 고려해야 한다.

중소기업의 환경변화에 대한 대응책은 복합적이기 때문에 단일처방으로 해결책을 모색할 수는 없는 것이다. 거시적인 측면과 미시적인 측면에서 혹은 장기적인 측면과 단기적인 측면에서 중소기업성장의 환경조성과 경영체질개선을 위한 유인책을 모색해야만 할 것이다. 이러한 과제의 해결에 있어서 정부의 역할이나 각종 지원기관의 역할분담은 매우 중요하다. 그러나 정부개입이나 법령에 의한 규제와 조정에는 한계가 있기 마련이므로 기업 활동은 어디까지나 당사자들의 이해관계에서 모색되고 정착되어야 한다. 즉, 중소기업은 그 개념에 있어서 대기업의 존재를 전제로 한 상대적인 개념이기 때문에 대기업과 공존하는 범위와 그 한계 내에서 중소기업육성이나 성장을 위한 환경조성에 정부개입이 요청된다.

따라서 대기업이나 중소기업이 서로 협력하고 보완함으로써 얻어지는 쌍방 간의 혜택을 극대화할 수 있는 방법을 모색하고 대처하여야 한다. 이를 위해서는 우선 연구개발과정의 초기 단계부터 대기업과 중소기업이 함께 참여하여 기업화를 유도하여야 하며, 특히 대기업과의 기술수준격차를 줄이기 위해 기술인력 양성을 위한 장기적인 교육과 훈련에 적극적인 노력과 정부의 지원이 있어야 할 것이다.

아울러 중소기업을 위한 기술연구전문기관의 운영이나 공동시험소, 공동연구소의 운영도 중소기업이 환경변화에 대처해 나갈 수 있는 좋은 방법이 될 것이다.

이러한 여건 조성과 더불어 중소기업 자체가 스스로의 체질을 강화할 수 있도록 유도하여야 한다. 예를 들면 중소기업들의 협동화, 공동화, 집단화 등을 촉진하고 그러한 방향으로 협력하는 기업들이 우선적으로 지원 받고 자립할 수 있도록 정부의 정책을 강구하는 것이 필요하다. 또한 중소기업 경영인들도 의식수준을 개선하여야 하며, 그들이 미래지향적인 태도로 경영에 임하도록 교육훈련을 주기적이고 체계적으로 실시하여 환경변화에 대처할 수 있도록 하여야 할 것이다.

[그림 4-1] 산업구조분석기법

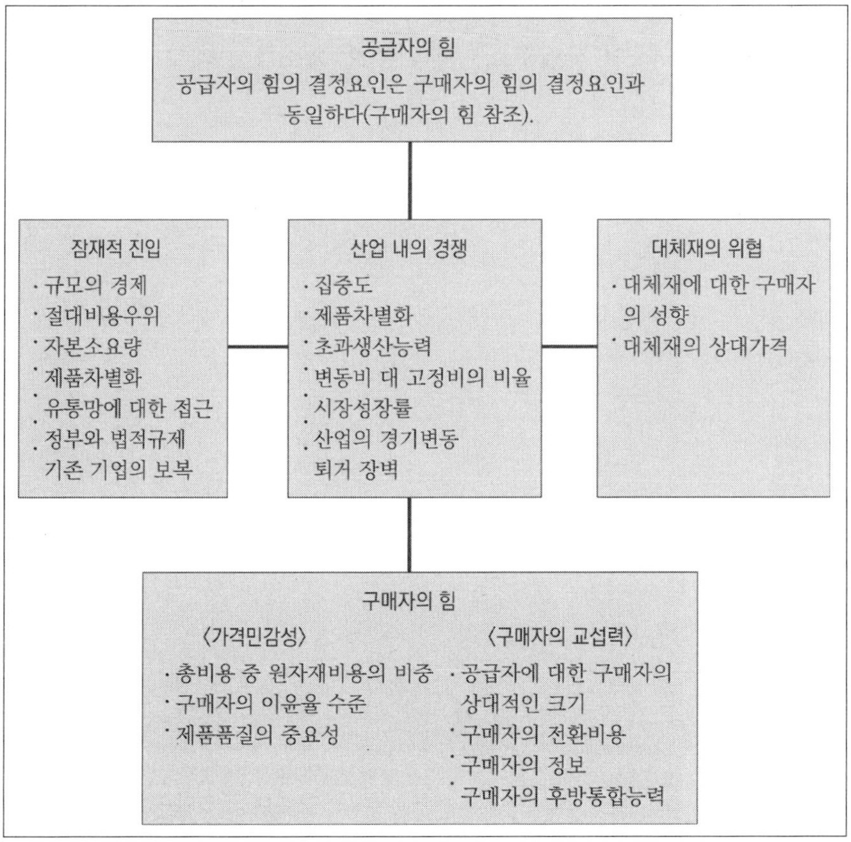

제 3 절 포터의 산업구조분석기법

산업구조를 분석하는 기법을 처음으로 경영전략에 도입한 사람은 Harvard 경영대학원의 Michael Porter이다. Porter는 1980년 Competitive Strategy라는 저서에서 경제학의 산업조직론에서 발전된 산업구조분석을 기업에 적용하기 쉽도록 변형시킨 분석틀을 제시하였다. 그의 분석틀에 의하면 다섯 가지 경쟁적인 세력에 의해 산업의 수익률이 결정된다. 이 다섯 가지 경쟁 중, 세 가지는 수평적인 경쟁으로 대체재와의 경쟁, 잠재적진입자와의 경쟁, 기존사업자와의 경쟁이 이에 해당한다. 그 밖의 두 가지는 수직적인 경쟁으로 공급자와 구매자의 교섭력이 이에 해당한다. 구체적인 다섯 가지 경쟁분석요소는 그림 4-1 과 같이 정리되어 있다. 본 절에서는 Porter의 산업구조분석의 주요 요소를 차례로 살펴보기로 한다.

제 5 장

중소기업의 인적자원관리

제1절 중소기업의 책임과 권한 및 직무분장

1. 책임과 권한

중소기업의 인사의 책임과 권한은 모두 최고 경영자에게 있다. 최고경영자가 중소기업을 효율적으로 운영하기 위해서는 무엇보다도 객관성, 투명성, 공정성을 유지할 수 있는 기준을 가지고 있어야 한다. 이러한 공정성을 유지하기 위해서는 경영자의 인사 관리 정책전략이 투명하고 객관적 이어야 한다. 이는 모든 인사 관리에서 객관적인 제도나 기준에 의해서 운영 되어지는 것이 중요하다. 과거에는 책임과 권한에 대한 관심이 미미 했지만 최근에는 책임과 권한에 대한 관심이 크게 높아지고 있는 실정이다. 중소기업 경영에서 책임과 권한은 매우 중요한 문제이다.

2. 직무분장

중소기업의 직무분장은 경영활동에서 인사활동은 인적 자원에 관련된 활동이다. 중소기업이 인사활동을 효율적으로 운영하기 위해서는 무엇보다도 객관성, 투명성, 공정성을 유지할 수 있는 기준을 가지고 있어야 한다. 이러한 공정성을 유지하기 위해서는 경영자 의 인사관리 정책전략이 투명하고 객관적이어야 한다. 인사활동의 핵심은 채용, 교육개발, 인사고과, 임금정책, 부서배치 등이 대표적인데 이는 모든 인사 활동에서 객관적인 제도나 기준에 의해서 운영 되어지는 것이 중요하다. 과거에는 조직에 대한 관심이 미미 했지만 최근에는 인사관리에 대한 관심이 크게 높아지고 있는 실정이다. 경영 활동에서 인사활동은 중요한 문제이다. 직무분장과 업무분장은 아래와 같이 작성 제정할 수 있다.

[표 5-1] 중소기업의 직무분장

제1장 총 칙

제1조【목적】
이 규정은 (이하 "회사"라 한다)의 조직에 관한 기본사항을 정하여 능률적으로 업무를 운영하고 책임체제를 확립할 수 있도록 하는 것을 목적으로 한다.

제2조【조직기구】
회사는 본사, 공장, 을 둔다.
② 회사는 필요에 따라 국내외에 사업장 또는 사무소를 둘 수 있다.

제3조【직무수행의 원칙】
① 각 직위는 조직기구를 존중하며 맡은 바 직무를 책임 수행한다.
② 상호 관련이 있는 업무에 대하여는 관계부문과 협조하여 업무활동이 효율적으로 이루어지도록 노력하여야 한다.

제4조【사장과 부사장 】
② 회사는 업무상 필요에 기획조정실을 둘 수 있다.
기획조정 실장은 부사장이 겸임한다.

【회장 및 고문】
회사는 업무상 필요에 따라 고문을 위촉할 수 있다.

제5조【직무분장】
① 회사의 각 조직기구와 각 부문이 분장하는 주요 업무의 범위는 업무분장규정과 위임전결규정에 의한다.
② 회사가 필요한 경우에는 위원회, 회의, 사무국, 출장소, 임시조직을 둘 수 있다.

제2장 사 원

제6조【부장 및 차장】
① 팀의 최고책임자로서 부장을 둔다.
② 부장은 사장 부사장의 명을 받아 소속원을 지휘 감독하며 그 팀의 업무를 관장한다.
③ 부장은 담당임원의 직무권한에 의거하여 담당임원으로부터 지도조언을 받는다.
④ 실장, 사업소장, 에 대하여도 부장에 준한다.
⑤ 팀에서는 업무상 필요에 따라 차장직을 둘 수 있으며 차장은 팀장의 직무 중 일부를 보좌하여 소속 사원을 지휘 · 감독한다.

제7조【과장】
① 파트의 최고책임자로서 과장을 둔다.
② 과장은 부장의 지휘명령에 따라 소속 원을 지휘 감독하며 그 파트의 업무를 처리한다.
③ 팀장(또는 실장, 사업소장,)유고시 그 팀(실, 사업소)의 업무에 대하여 그 직무를 대행한다.

제8조【사업소장】
① 사업소(지점)에는 사업소장(지점장)을 둔다.
② 사업소장(지점장)은 임원의 명을 받아 소속 원을 지휘 감독하며 그 사업소(지점)의 업무를 통괄한다.

제9조【대우 및 대리 직위】
필요에 따라 대우와 대리 직위를 둘 수 있다. 다만, 대리는 과장대리에 한하며 대우는 이사대우부장에 한한다.

제 3 장 직무권한

제10조【각 직위의 책임과 직무권한의 수행】
각 직위는 주어진 직무를 수행하는 데 필요한 권한을 가지며 또한 권한을 수행하면서 발생하는 결과에 책임을 진다.

제11조【책임】
각 직위는 회사의 경영방침과 업무분장규정 위임전결규정에 의거하여 다음 책임을 진다.
1. 분담된 직무를 적극적으로 수행할 책임
2. 직무를 수행한 결과에 대한 책임
3. 직무를 수행한 결과를 보고할 책임

제12조【권한】
회사의 경영방침과 업무분장규정·위임전결규정에 의거한 각 직위의 권한은 다음과 같다.
1. 입안하고 결재를 구하는 권한
2. 입안사항 또는 신청사항에 대하여 심의하는 권한
3. 자유재량에 의하여 자신의 책임 아래 결정하는 권한
4. 결정된 사항을 실시하고 직속하위직위자에 대하여 지시명령하고 실시하게 하는 권한
5. 결정 명령의 권한이 있는 다른 직위에 대하여 소관사항의 전문적, 기술적 입장에서 조언 권고를 하는 권한
6. 직무수행의 결과를 확인하기 위하여 보고 연락을 하는 권한

제13조【권한의 존중】
각 직위는 서로의 직위 및 권한을 존중하고 다른 직위의 직무 및 권한을 침범하여서는 아니된다.

제14조【권한의 행사】
권한은 원칙적으로 직무수행의 입장에 있는 직위의 자가 스스로 행사한다.

제15조【권한의 위양】
각 직위는 업무상 필요한 경우 자신의 직무 중 일부를 그 직무수행에 필요한 권한과 함께 동급 자나 하위 직위 자에게 위양할 수 있다. 그러나 그 직무수행 상황 및 결과에 대한 감독책임은 있다.

제16조【권한의 대행】
앞 조의 권한의 위양을 받은 직위는 자신의 직명으로써 그 권한을 대행한다. 대행자는 권한 대행의 결과에 대한 책임을 짐과 동시에 그 경과 및 결과를 위양 자에게 보고하여야 한다.

제17조【보고】
각 직위는 그 직무권한을 행사한 결과를 그 상위 지휘자 및 관련되는 다른 부문의 직위에 대하여 보고하여야 한다.

제 4 장 부 칙

제1조【시행일】
이 규정은 201 년 월 일 이후 대표 결재 시점으로 시행한다.

업무분장규정

제 1 장 총 칙(제1조~제3조)

제1조【목적】
이 규정은 회사조직의 단위부서별 업무분장을 정함으로써 효율적 업무수행과 부서간의 업무 한계를 명확히 하여 조직의 원활한 운영을 목적으로 한다.

제2조【적용범위】
회사의 각 조직단위의 업무분장은 다른 규정이나 대표 의 지시가 없는 한 이 규정이 정하는 바에 따른다.

제3조【업무분장의 원칙】
① 각 단위부서는 직능에 따라 배분되어 분장된 업무를 효율적으로 처리하여야 한다.
② 각 단위부서는 업무분장의 한계를 이해하고 업무의 중복이나 누락이 생기게 하여서는 안 된다.
③ 관리부는 전 조직의 업무분장내용을 파악하고 중복되거나 누락된 업무가 있는지를 확인한다.
④ 각 단위부서간 업무의 한계가 불명확하거나 이견이 있는 경우에는 다음과 같이 조정한다.

1. 동일한 임원 산하의 부서 간에는 담당 임원이 조정한다.
2. 각기 소속 임원이 다른 부서긴 그 해당 부서장 또는 임원들이 협의 조정한다.
3. 위의 제1호와 제2호에도 불구하고 조정이 되지 않을 경우에는 회장의 결정에 따른다.

제2장 업무분장(제4조~제5조)

제4조【공통 업무】

다음의 업무는 해당 부서에서 수행해야 할 업무로서 전 부서에 공통으로 적용되는 것이다.

1. 각 부서의 문서의 전달과 접수, 보관에 관한 업무
2. 각 부서의 비품과 집기의 보전관리에 관한 업무
3. 각 부서의 방문객 및 초청객 접대에 관한 업무
4. 각 부서의 업무를 위한 섭외활동에 관한 업무
5. 각 부서의 업무회의와 회의록 작성 및 보존관리에 관한 업무
6. 각 부서의 업무 수행을 위한 자료수집, 분석, 보고에 관한 업무
7. 각 부서의 타부서와의 업무 협조와 자료 통보에 관한 업무
8. 각 부서의 예산의 작성, 제출에 관한 업무
9. 각 부서의 경영계획 및 통계자료의 작성, 보고 및 제출에 관한 업무
10. 각 부서의 방화 및 안전관리 확인 점검에 관한 업무
11. 각 부서의 직원 출장 신청, 보고, 정산처리에 관한 업무
12. 각 부서의 업무용품 청구 및 수령에 관한 업무
13. 각 부서와 관련된 규정지침, 요령 등의 초안 작성·제출에 관한 업무
14. 각 부서의 서무에 관한 업무
15. 각 부서의 연구개선, 능률증진, 직원의 교육훈련 및 관리에 관한 업무
16. 각 부서에 관련된 제세공과금의 납부에 관한 업무
17. 기타 각 부서에 국한된 업무

제5조【부서별 업무】

각 부서별 담당업무에 대한 분장내역은 〔따로 붙임 1〕과 같이 작성 운용한다.

부 칙

제1조【시행일】

이 규정은 년 월 일부터 시행한다.

별 표

[별첨 1] 각 부서별 담당업무 분장내역

부 서	분장업무	비 고
관리팀 (인사) (총무)	1. 문서 및 직인관리 2. 주주총회 및 이사회개최 관련 업무 3. 의전 및 비서업무 4. 집기비품 및 소모품의 구입과 관리 5. 사무실 임차 및 관리 6. 차량 및 통신시설의 운영 7. 국내외 출장 업무 협조 8. 사내외 행사 관련 업무(경조사 포함) 9. 복리후생 업무 10. 토지 및 건물 총괄관리 11. 대정부업무 12. 법률자문과 소송관리 13. 사내외 홍보 광고업무 14. 사보 제작 및 제보 15. 기타 타부서에 속하지 않는 업무 16. 조직기구의 개편 및 조정 17. 업무분장 및 조정 18. 인력수급계획 및 관리 19. 직무 및 정원의 조정 종합 20. 인력 확보를 위한 산학협동업무 21. 노사관리 22. 평가관리 23. 상벌관리 24. 인사발령 25. 신원보증 및 제 증명 발급업무 26. 교육체계 수립 및 관리 27. 임금제도, 임금조정과 계산 지급 28. 복리후생제도 및 지원업무 29. 복무관리 30. 퇴직관리 31. 경영계획 및 전략 수립, 조정 관련 업무 32. 전사기획업무 종합 및 조정 33. 중장기 사업계획의 종합 및 조정 34. 경영정보 조사 및 기획보고	

	35. 경영진단업무 및 종합원가관리 36. 종합예산수립 및 실적관리 37. 단기사업계획 종합 및 조정 38. 전사 경영분석 및 평가 39. 사업계획, 손익추정, 실적관리 및 분석 40. 관리회계제도 추진	
관리팀 (회계)	1. 회계제도의 유지 및 관리 2. 회계제도의 고안 및 개선 3. 재무상태 및 경영실적 보고 4. 결산 관련 업무 5. 재무제표 분석 및 보고 6. 법인세, 부가세, 원천징수 신고 및 세무관리 7. 국세 지방세 업무자문 및 지원 8. 세금계산서의 발행지원 및 보관관리 9. 고정자산의 회계처리와 기록관리 10. 보험가입 및 보상업무 11. 고정자산의 처분승인	
관리팀 (자금)	1. 자금수지계획 및 집행관리 2. 일일자금 집행계획 3. 월별 자금수지계획 4. 분기별 자금수지계획 5. 단기자금조달 6. 당좌차월, 어음할인, 단자차입 7. 매출채권 및 매입채무관리 8. 예, 적금 및 유가증권관리 9. 출납관리 10. 자금 일계표관리 11. 장기자금 조달 12. 자금조달계획 수립, 실적분석 13. 회사채 발행 14. 리스업무 15. 보험금융업무 16. 시설자금차입 17. 주식업무 18. 차입금 사후업무 19. L/C 업무	

관리팀 (자재)	1. 구매계획 및 구매예산의 편성 2. 시장조사 및 구입처 조사 검토 3. 거래처 관리업무 4. 견적의뢰 및 검토 5. 구입계약 및 발주 6. 생산계획에 입각하는 납기독촉 및 납입통제 7. 지급청구명세서의 작성 및 납기 검수에 의한 지급절차 및 조절 8. 입고 출고 보관 9. 입고, 출고에 관한 장표의 정리 10. 창고대장의 작성, 보관 및 창고관리 11. 재고조사 및 재고통제 12. 폐재의 정리 및 보관 13. 관계규격의 작성 14. 창고일지 등의 작성	
관리팀 (영업)	1. 판매방침 및 계획 2. 판매예산의 편성 3. 시장조사 4. 판로의 개척, 광고 선전 5. 거래처의 신용조사와 신용한도의 신청 6. 견적 및 계약 7. 제조지시서의 발행 8. 외상매출금의 청구 및 회수 9. 제품의 재고 조절 10. 견본품, 반품, 지급품, 예탁품 등의 처리 11. 거래처로부터의 불만처리 12. 제품의 애프터서비스 13. 판매원가 및 판매가격의 조사 검토	
관리팀 (전산)	1. 정보시스템 운영지원 및 유지관리 2. 하드웨어 투자 및 유지관리 3. PC 소프트웨어 투자 및 관리 4. 정보교육계획의 수립 및 시행 5. 영업지원정보자료에 관한 업무 6. 시스템 개발 관련 업무 7. 전산용역계약관리업무	
생산기술팀	1. 생산계획 및 집행관리	

(공정)	2. 일일작업 추진계획 3. 월별 공정추진계획 4. 인원관리 5. 안전관리 6. 입고 출고 보관		
생산기술팀 (공무)	1. 생산설비유지보수관리 8. 입고 출고 보관 2. 전기설비 유지보수업무 3. 공장방화관리업무 4. 공장 유틸리티 관리업무 기타 생산, 공무관련업무		
생산기술팀 (설계 및 개발)	1. 개발업무 2. 설계 및 검토 3. 영업지원업무 5. 구입계약 및 발주 6. 생산계획에 입각하는 납기독촉		
품질보증	1.검수보고서의 작성 및 납기 검수 2.입회검사 추진 3.품질관리 및 보증업무 4.계측장비의 검교정 5.표준화업무 6.시스템 업무 중 품질관련업무 7.관계규격의 작성 8.대관 정기검사추진업무		

제 2 절 중소기업의 조직의 위임전결

1. 위임전결의 개념

위임전결이란, 중소기업의 경영 활동이나 업무수행에 있어 최고 경영자가 의사결정을 해야 곧바로 업무가 진행되는 경우에, 상위자의 결재 권한을 하위자에게 이양하여 상위자의 권한을 생략하고 하위자의 책임 하에 책임과 권한을 위임받아 최종적으로 판단을 하는 행위를 말한다.

2. 위임전결의 필요성

⑴ 위임전결이란

일정한 직위에 있는 자 가 상기의 목적을 달성하기 위하여 일정한 업무에 대해 대표이사의 권한을 위임받아 자기의 권한과 책임 하에 최종적으로 의사 결정을 하는 것을 말한다. 명시된 내용과 유사한 성격의 업무에 대해서는 그 특성에 따라 처리할 수 있다. 전결권 자라함은 상위 직위자로 결재권을 위임 받아 책임과 권한을 갖는 직위를 말하며 일상적 업무의 경우 하위자에게 전결권을 위임할 수 있다.

⑵ 위임전결 특성

위임전결 규정이 결정되지 않은 상태에서 아래와 같은 사안들이 평상시에는 전결, 대결, 후결로 처리 되었지만 위임전결 상황에서는 전결권자의 결정은 위임자의 결정이다.

① 전 결

최고경영자가 모든 건에 대하여 일일이 다 확인할 수 없으므로 각 사안의 중요도에 따라 해당직급의 중간관리자 들에게 결정권한을 위임하고 업무를 처리하도록 권한을 준 것을 의미하며, 전결된 사항은 최고경영자가 결재한 것과 동일한 효력을 가진다. 단, 모든 권한을 이양 할 수는 없기 때문에 위임 전결 규정을 만들어서 위임전결의 한계를 정합니다.

② 대 결

기업경영중에 위임을 받지 아니한 업무범위중 시급을 요하는 돌발사태가 발생하였으나 최종 결재권자가 출장이나 휴가, 병가 등으로 부재중이어서 결재나 지시를 받을 수 없는 경우에는 최종 결재권자의 직무를 대행할 수 있는 사람이 일시적으로 결재권자를 대신하여 결재를 받는 방법으로서, 중요한 안건은 반드시 나중에 최종 결재권자의 후결을 받아야 한다.

③ 후 결

통상적이고 주기적으로 발생하는 사안의 결재인 경우 최종결재권자가 출장, 휴가, 기타 부득이한 사유로 결재할 수 없는 경우에 최종 결재권자란에 후결의 표시를 하고 차하위자의 책인 하에 집행하고 난 후 최종결재를 받는 것입니다. 그러나 권리, 의무에 관계되는 중요한 사항은 후결할 수 없습니다. 선결과 후열이 있습니다. 특이한 경우에만 이루어집니다.

④ 선 결

부서나 기관의 의사를 결정할 권한이 있는 자가 직접 접수하여 그 의사를 결정하기 위한 최초의 결재

⑤ 후 열

중간 결재권자가 출장, 휴가, 기타 부득이한 사유로 결재할 수 없는 경우에는 해당 중간 결재란에 후열의 표시를 하고 최종 결재권자의 결재를 득하고 난 후 집행하고 사후에 결재 받는 것을 말합니다.

⑥ 전결권자의 행사 원칙

전결의 경우에는 최종 승인 란에 서명 또는 날인을 하고, 직위 구분이 되어 있는 결재란의 경우에는 전결권자가 자기의 서명 란에 전결의 표시를 하고 대표이사의 결재란에 서명 또는 날인한다. 전결권자는 전결사항 중 일부 경미한 사항이나 업무 처리 상 필요 하다고 인정되는 구체적 사항에 대하여 일시적으로 하위 직위 자에게 위임할 수 있으나 그 결과에 대하여서는 전결권자가 책임을 지며, 또한 전결사항 중 예외적인 사항이나 중요 하다고 인정되는 사항에 대하여는 상위 직위 자에게 보고 하여야 한다.

전결권자가 전결권한을 행사함에 있어 고의 또는 중대한 과실로 인하여 물자, 현금 등의 손 망실이 발생한 때 또는 타인에 부당한 피해를 입혀 회사에서 손해배상 책임을 진 경우에는 그 손해를 배상할 책임을 지며, 이에 관여한 자도 연대하여 책임을 진다.

⑦ 부재 시 결재

결재권자 및 전결권자의 부재 시에는 차하위 직책 자가 대리하여 결재한다. 차하위 직책자가 또한 부재중일 경우에는 차상위 직책자가 결재를 하며, 특별히 지정된 자가 결재 권한을 위임받은 때에는 그에 따른다.

⑧ 전결권자의 결재 방법

전결권자의 결재방법은 전결권자란에 "전결" 표시를 하고 최종 결재권자의 결재란에 날인 또는 서명한다.

예) 아래 예)와 같이 임원 전결사항은

"임원"란에 "전결"표시를 하고"사장"란에 서명한다.

[표 5-2] 위임전결 결재

결재	담당	파트장	팀장	임원	사장
				전 결	임원날인 서명

제 3 절 중소기업에서의 인사활동의 당면과제

1. 팀조직의 의의

팀은 두 사람 이상이 모여공동목표를 가진 사람들이 시너지 효과를 얻기 위하여 만든 조직을 의미한다. 팀이란 말은 미국에서 처음 유래한 것인데 팀조직은 환경변화에 대응하기 위해서 수평 적 조직 원리를 바탕으로 지금까지 기능중심조직과 계층중심 조직 구조를 탈피하여 조직하는 것을 말한다. 이 팀조직은 많은 기업 에서 도입하고 있는데, 무조건적으로 도입하므로 그 실효성에 의문시되는 부분도 많다. 팀조직은 인적자원의 유효한 활용, 의사 결정의 신속한 조치, 개인 중심에서 팀 중심으로의 업무추진, 명령계통의 단축 등의 이유로 활용되고 있으며 중간관리자들이 결재 업무에서 벗어나 직접 업무를 담당 하도록 하는 조직이다. 팀조직 에서는 부장을 팀장으로 중간관리자(차장, 과장, 계장)는 없어지므로 조직은 단순화 된다. 팀조직은 자율적으로 운영되는 것이 생명이므로 팀장은 팀조직의 운영에 필요한 인사권의 확보는 물론 팀 단위 운영 예산도 확보해야 한다.

2. 팀조직의 형태

(1) 군 집형 팀조직

중소기업의 군 집형 팀조직은 기존의 여러 분야에서 사람들이 모여 팀을 형성하고, 이들 팀 중에서 몇몇 팀들이 다시 과제의 수행이나 문제 해결의 필요에 따라 30명 내외의 인원 크기로 군집을 형성하는 조직인데, 이 군 집형 조직 내에서는 핵심팀, 변혁팀, 프로젝트팀, 기획포착팀, 연계팀, 혼성팀 등의 팀조직이 있다.

(2) 아메바형 팀조직

기존의 조직이 조직도를 중심으로 한정적, 고정적으로 움직였다고 한다면, 아메바형 팀조직은 환경 변화에 따라 유기적으로 형성되고 움직이는 조직으로 하나의 중소기업이 각종규정이나 규칙 을 정하고 각종 계획을 수립 활동하는 기존 전통적인 조직과는 전혀 다른 조직 형태이다. 아메바형 팀조직은 자율성과 유연성을 바탕으로 조직편성 변경이 수시로 나타난다. 어떤 특정 목적을 가 진 조직이 활동 하다가 새로운 목적이나 기능이 나타나면 기존의 조직이 분열하여 새로운 목적과 기능을 담당할 새로운 팀조직이 나타난다. 아메바형 팀조직에서도 권한이 위임되어 있기 때문에 새로운 팀조직은 자율적이며 독립채산제로 운영될 수 있다.

3. 팀조직의 기능

환경 변화에 대응 하기위한 팀조직의 기능을 전통적 기능조직과 비교하면 아래와 같다.

(1) 신속한 의사결정

명령, 지시 위주의 기존 조직과 다른 독자적인 성격을 띠고 있으므로 팀조직의 구성원들은 상호 협력하고 정보를 공유 하면서 신속한 의사결정을 하게 된다.

(2) 수평적 조직

전통적 기능조직은 조직의 계층을 중심으로 활동하는데 반해 팀 조직은 수평적 조직으로서 기능을 한다.

⑶ 팀조직 내에서 목표설정

전통적 기능 조직에서 목표 설정은 상위 조직에서 선정 되는 것이 일반적인데 팀조직의 목표는 팀 내에서 설정한다.

⑷ 정보의 공유

전통적 기능조직에서 경영정보는 폐쇄 되어 있거나 특정 개인이 독점하고 있지만 팀조직에서는 개방된 상태에서 구성원 모두가 공유할 수 있다.

⑸ 능력에 따른 보상

전통적 기능조직에서의 보상은 개인주의, 연공주의가 중심이지만 팀조직은 팀의 능력에 따라 보상이 이루어진다.

⑹ 결정사항 공동책임

전통적 기능 조직에서 결정 사항은 개인 책임으로 귀속 되지만, 팀조직에서는 팀 구성원이 공동 책임을 진다.

⑺ 계획, 조정, 통제

전통적 기능 조직에서 업무에 대한 통제는 관리자를 중심으로 이루어지는데 반해 팀조직은 팀 구성은 전체가 계획, 조정, 통제 업무를 담당한다.

4. 팀조직 운영상 문제점 및 성공비결

⑴ 운영상의 문제점

팀조직의 구성원들은 사회적 지위를 상실한다는 생각을 가질 수 있다.

① 전통적 기능조직을 팀조직으로 변경하면 계장, 과장, 차장, 등의 관리 직위가 대폭 줄어들면서 중간관리자는 업무 담당자로 신분이 바뀌게 되면, 관리자로서 관리, 감독, 결재업무를 담당하던 관리자는 팀조직에서는 결재권을 상실하게 되기 때문에 직위는 물론 사회적인 지위를 상실한다는 생각을 하게 된다. 그리고 중간

관리자들은 당면목표가 관리자로 승진하여 사회적 지위를 격상시키는 것인데 팀 조직 도입으로 승진할 자리가 크게 줄어들어 위기의식을 느낄 수 있다. 조직원들은 출세 지향적인 개인주의적 속성을 가지고 있는데 기업이 기업의 목표 달성을 위해 개인적인 승진 기회를 가로막는 팀조직을 도입하게 되면 강한 거부감을 나타낸다.

② 팀조직의 목표와 조직 목표 간의 갈등이 나타난다. 전체조직 안정성과 보수경향을 띠게 되는데 반해 팀조직은 조직의 성격상 모험심과 진취성을 띠고 있다 조직은 변화와 개혁을 원하는 사람과 기득권을 가진 관리 층에서 일하는 사람들 간에 심한 갈등 현상이 나타나 기업 성장의 저해 요소로 작용하게 된다.

③ 팀조직의 장점을 살리기 쉽지 않다. 팀조직은 기존 계층을 단축시키고 부서간의 장벽을 허무는 등 좋은 장점이 많다 그런데 중소기업의 여건을 감안하면, 이와 같은 장점을 살리기 쉽지 않다. 이유는 사전준비부족, 구성원들의 수용의지 부족, 계층조직의 관행 답습, 평가, 보상에 대한 제도미비, 최고경영자의 관심부족, 팀장의 자질부족 등으로 기업내부여건이 성숙 되지 않아 실패하는 경우가 많다.

(2) 팀조직의 성공비결

팀조직 도입은 여러 가지 장점이 있으나 무조건적인 도입은 실패하기 쉽다. 팀 조직을 성공시키기 위한 고려해야 할 점을 아래와 같이 제시한다.

① 조직의 분권화가 선행

집권적인 조직은 팀조직을 수용할 수 있는 여건이 조성되어 있지 않다. 특히 중소기업은 집권화의 정도가 매우커서 신중을 기해야 한다. 팀조직은 팀장을 위시하여 팀 구성원들의 자율성이 보장 되어야 하므로 무엇보다 분권화가 이루어 지지 않으면 성공하기 어렵다.

② 점차적인 도입전략

팀조직이 좋고 옳다고 하여 무조건 도입하지 말고 현재의 조직 을 진단, 분석 한 후 팀조직을 도입해야 할 필요로 하는 부문부터 점차로

확대해야 한다. 초기단계에는 종업원을 기준으로 10~20% 도입이 무난하다

③ 기업의 특성 파악

기업의 성장 단계별특성을 감안 하여 팀조직 도입시점에서 도입 하는 것이 무난하다. 대부분 중소기업은 기업의 역사가 짧으면서 집권적 조직성향을 보이고 있다.

④ 팀조직 도입 문제점 분석·검토

팀조직의 필요성은 인정 되지만 무조건 도입 다음 앞서 조직을 진단하여 무엇이 문제인지, 어떻게 팀조직을 설계해야 하는지에 많은 분석 검토가 있어야 한다.

⑤ 최고경영자의 강한의지

아무리 좋은 제도라도 최고경영자의 관심이 없다면 실패하고 만다. 기업이 새로운 조직을 개발하고 도입 하려면 최소한 1년은 지나야 그 성과를 확인하게 된다. 따라서 최고경영자가 관심을 가지고 지속적으로 추진해야 한다.

제4절 중소기업의 조직설계방향

조직설계는 조직의 효율성이나 효과성을 높이기 위한 수단이다. 팀제를 위해 비효율적인 부문까지 동일하게 실행한다는 것은 타당 하지 않다. 다만 조직 운영상에는 동일한 것이 주는 이점이 클 것이나 팀제 실행의 참뜻에는 맞지 않는다. 업무 성격이나 프로세스의 특성에 맞게 팀이 모델링 되어야 하며, 조직 운영상의 문제는 부/과와 팀의 위상 을 조정함으로서 해결해야 한다. 조직 설계는 구성원들의 직무설계, 부문설계의 문제도 포함된다. 조직은 조직 자체적으로도 내부 분열, 성장하기 마련이며, 외부환경 변화에 대응하기 위해서도 조직의 모습을 변화시켜 나가는 살아 있는 유기체이다. 조직의 평균수명은 30세이며 변화에 적응하지 못할 경우 이전이라도 쇠퇴의 길을 걷게 된다. 기업은 성장과 영속을 추구하기 위하여 환경에 대해 적응하기도 하고 전략을 중심으로

조직을 재편하기도 한다. 환경변화의 방향을 예지하고 전략 방향과 일치하는 조직구조의 모습을 설계하기 위하여 조직진단을 실시하여 이를 바탕으로 미래성장기반으로서 조직구조 설계 방향을 설정하여야 한다.

1. 조직화

(1) 조직화의 개념

조직화란 중소기업이 구성원 즉 종업원들에게 수행할 업무를 배분하여 상호관계를 확인하고 공동목표를 달성하도록 모든 활동을 통합하고 이를 위한 조직구조의 형성을 의미한다. 최고경영자는 기업 설립을 수립한 계획에서 달성목표가 제시되면 경영자는 목표 달성을 위하여 인적자원을 적절하게 배정한다. 이를 위하여 경영자는 능률적으로 기업목표를 달성하기 위한 조직 구조를 수립, 유지할 필요가 있으며, 이러한 활동이 조직화라는 경영관리의 직능이며 조직화의 결과이다. 조직화의 의미는 실체로서 조직과는 구분된다. 조직화는 지금까지의 설명 한바와 같이 조직의 형성과 유지를 위한 관리과정상의 기능이지만, 조직은 경영자의 조직화 기능의 수행 결과로서 형성된 것이다.

(2) 조직화의 형성요소

① 직 무

직무란 구성원 개개인이 달성해야하는 과업의 단위를 말한다. 조직의 목표달성을 구성원 전체의 노력이 총체적으로 모아져야 하므로 상호간 직무의 상호관련성을 뗄 수 없게 되므로 개인의 직무단위를 명확히 할 필요가 있다.

② 권 한

권한이란 특정한 수행하는데 필요한 공식적인 힘 또는 권리를 말한다. 권한은 직무를 수행하기 위한 것이므로 이러한 권한은 직무 수행 과정에서 중요한 의미를 가진다.

③ 책 임

책임이란 정한 직무를 주어진 권한 내에서 수행해야 하는 의무 사항이다. 적절한 권한과 함께 하위자에게 위양할 수 있지만 책임은 위양

될 수 없다. 상위자는 하위자에게 위양된 업무가 잘 이행되고 있는지 감독의 책임을 져야한다.

④ 직 위

직위는 직무 수행과 관련 하여 개인이 갖게 되는 조직상의 지위로서 수행해야 할 직무가 할당되고 권한과 책임이 구체적으로 규정 되게 된다. 직위는 직무, 권한, 책임이 구성원들의 활동과 관련시킬 때 발생한다.

⑶ 조직화의 원칙

① 권한과 책임의 원칙

개인에게 할당된 직무와 관련하여 책임과 권한 관계를 명확하게 한다는 원칙이다.

② 전문화의 원칙

조직의 다양한 업무를 업무의 전문성과 전문적인 기술 및 지식에 적합하도록 기은적인 측면을 고려하여 조직을 형성해야 한다는 원칙이다.

③ 조정의 원칙

기능별로 수행되는 과업목표를 목표 지향적으로 행동상,관리상의 통합, 조정, 하여 균형을 이룰 수 있도록 질서와 통일성을 확보하기 위한 원칙이다.

④ 권한위양의 원칙

상위자가 하위자에게 일정 범위의 직무를 위양 할 때에는 효과 적으로 수행될 수 있도록 권한도 동시에 위양해야 한다는 원칙 이다.

⑤ 명령 일원화의 원칙

개인에게 할당된 업무가 조직 공동 목표와 부합되면 질서를 유지하기 위하여 직무 수행자는 한사람의 특정된 상위자로부터 명령을 받아야 한다는 명령 통일의 원칙이다.

⑥ 감독 범위의 원칙

한사람의 관리자는 능력의 한계가 있으므로 관리되는 부하의 수를 한정해야 한다는 원칙이다.

⑦ 탄력성의 원칙

기업환경에 따라 동태적인 적응성을 갖고 조직을 관리 하는 것이 바람직하다는 원칙이다.

⑧ 계층 단축화의 원칙

조직구조는 직무의 중요도에 따라 피라미드 형태로 계층화 하되 그 계층은 짧을수록 효과적이라는 원칙이다.

2. 라인조직

수직적 조직 형태로서 중소기업에서 가장 많이 활용하는 기업의 관리 조직의 하나로, 직선식 조직으로 각 종업원 개인은 자기가 속한 명령 계통에서 바로 위의 한 사람으로부터만 명령을 받을 뿐이며, 다른 명령 계통의 상위자로 부터는 지휘·명령을 받지 않는다. 횡적 연락이나 협조가 곤란 하다는 단점이 있다.

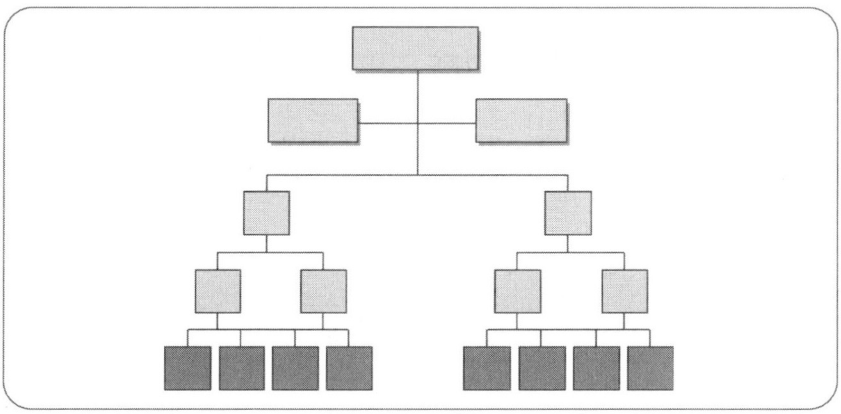

[그림 5-1] 라인 스텝조직

3. 스텝조직

수평적 조직 형태로서 스텝으로서 라인조직에 대해 전문 지식에 의거해서 조력·조언 등의 보좌 활동을 하는 직위 또는 직책이며, 전문화의 이점을 활용하고 있다. 또한 스텝은 라인의 밖에 있기 때문에 라인에서는 명령·결정 권한은 없다.

4. 고객지향적조직

중소기업의 고객 지향적 조직은 고객의 요구와 가치를 중시하는 조직이다. 고객 지향적 경영은 전 세계적인 추세이며, 이러한 경향은 앞으로 더욱 확산 될 것으로 보인다.

우선 고객 지향적 조직을 설계 하려면 고객의 요구에 적응할 수 있는 부서나 부문의 설계가 중요하다.

고객 지향적 조직화는 조직을 위한 조직이 아니고 고객을 위한 조직이어야 한다.

고객만족을 정기적으로 조사 분석하여 관리해야 한다.

고객만족도 조사계획표, 고객만족도 조사표, 고객만족도 조사 결과 보고서, 고객만족도 조사불만 항목 집계표, 고객만족 조사 표(부서), 고객만족조사표(부하가 상사를 평가), 내부고객 만족도 조사표등을 활용하여 고객만족을 관리하고 고객들의 불만사항을 접수하여 지속적으로 관리한다. 사용서식은 아래와 같다.

[표 5-3] 고객만족도 조사계획표

고객만족도 조사계획표

작 성	검 토	승 인
/	/	/

번 호	고 객 명	계 획		실 시 일 자
		상 반 기	하 반 기	

[표 5-4] 고객만족도 조사표

<table>
<tr><td colspan="3">고객 만족도 조사표</td><td rowspan="2">매우 만족 (5)</td><td rowspan="2">조금 만족 (4)</td><td rowspan="2">그저 그렇다 (2)</td><td rowspan="2">조금 불만 (1)</td><td rowspan="2">매우 불만 (0)</td></tr>
<tr><td colspan="3">우리 회사 생산제품과 서비스에 대한
귀사의 솔직한 고객만족도를 평가받고 싶습니다.</td></tr>
<tr><td rowspan="10">1 품질</td><td colspan="2">1) 제품이 규정된 요구사항에 적합하다.</td><td></td><td></td><td></td><td></td><td></td></tr>
<tr><td colspan="2">2) 제품이 기대사항에 적합하여 아주만족하다.</td><td></td><td></td><td></td><td></td><td></td></tr>
<tr><td colspan="2">3) 이 제품을 가지고 작업하는데 오작이 없다.</td><td></td><td></td><td></td><td></td><td></td></tr>
<tr><td colspan="2">4) 제품의색상, 기능등이 요구사항과동일하다.</td><td></td><td></td><td></td><td></td><td></td></tr>
<tr><td colspan="2">5) 불합격품에 대한 대체조치가 신속하다.</td><td></td><td></td><td></td><td></td><td></td></tr>
<tr><td colspan="2">6) 수입 검사 시 불량제품이 발견된 적이 없다.</td><td></td><td></td><td></td><td></td><td></td></tr>
<tr><td colspan="2">7) 당사에서제공한제품시방에대한이해도가높다</td><td></td><td></td><td></td><td></td><td></td></tr>
<tr><td colspan="2">8) 재질의선정이나검사성적서가잘이루어지고있다</td><td></td><td></td><td></td><td></td><td></td></tr>
<tr><td colspan="2">9) 불량품에 대한 원인파악과 시정조치가 적극적이며 신속하다.</td><td></td><td></td><td></td><td></td><td></td></tr>
<tr><td colspan="2">10) 당사 품질수준이 귀사의 협력사 중 해당 순위가 상위수준이다.</td><td></td><td></td><td></td><td></td><td></td></tr>
<tr><td rowspan="4">2 납기</td><td colspan="2">11) 계약된 납기를 잘 지킨다.</td><td></td><td></td><td></td><td></td><td></td></tr>
<tr><td colspan="2">12) 단품으로 납품되는 경우, 요구한 납기일을 잘 지킨다.</td><td></td><td></td><td></td><td></td><td></td></tr>
<tr><td colspan="2">13) 납기가 지연된 경우, 납기만회 조치가 신속하고 약속일을 꼭 지킨다.</td><td></td><td></td><td></td><td></td><td></td></tr>
<tr><td colspan="2">14) 납기 차질이 예상될 경우, 사전에 정보를 알려주고 사후처리가 신속하다.</td><td></td><td></td><td></td><td></td><td></td></tr>
<tr><td rowspan="3">3 서비스</td><td colspan="2">15) 전화응대에 있어, 어디 누구인지 묻지 않고, 신속하고 친절하다.</td><td></td><td></td><td></td><td></td><td></td></tr>
<tr><td colspan="2">16) 공정진도의 정보를 독촉하기 전에 정기적으로 신속히 알려준다.</td><td></td><td></td><td></td><td></td><td></td></tr>
<tr><td colspan="2">17)설계변경이나사양변경을요구하면신속히조치한다.</td><td></td><td></td><td></td><td></td><td></td></tr>
<tr><td rowspan="4">4 안전</td><td colspan="2">18) 작업자의 안전을 감안하여 제작하고 있다.</td><td></td><td></td><td></td><td></td><td></td></tr>
<tr><td colspan="2">19) 제품으로 인한 안전사고가 없다.</td><td></td><td></td><td></td><td></td><td></td></tr>
<tr><td colspan="2">20) 우천시에도 제품손상이 없도록 운반이나 포장하고 있다.</td><td></td><td></td><td></td><td></td><td></td></tr>
<tr><td colspan="2">21)제품하차시에도 안전하도록 포장되어 있다.</td><td></td><td></td><td></td><td></td><td></td></tr>
<tr><td colspan="2" rowspan="3">위와 같이 평가한 것을 참고하여
앞으로 더 좋은 제품을 공급하여 주시기 바랍니다.</td><td>수량</td><td></td><td></td><td></td><td></td><td></td></tr>
<tr><td>점수</td><td></td><td></td><td></td><td></td><td></td></tr>
<tr><td>총점</td><td colspan="5">점</td></tr>
<tr><td colspan="8">평가점수 = [총점_____ ÷ (항목수_____ x 5)] x 100 =</td></tr>
<tr><td colspan="8">20 년 월 일</td></tr>
<tr><td>고객회사명</td><td></td><td>부서명</td><td colspan="2"></td><td>작성자</td><td colspan="2"></td></tr>
<tr><td colspan="8">바쁘신 중에도 설문에 응답해 주셔서 대단히 감사합니다! 귀사의 일취월장을 기원합니다!</td></tr>
</table>

[표 5-5] 고객만족도 조사결과 보고서

작 성	검 토	승 인
/	/	/

고객만족도 조사결과 보고서

조사방법: 설문지 사용해서 업체별 각 담당자(품질, 구매, 생산)에게 개별조사 함 .	
조사기간: 20 년 월 일에서 20 년 월 일까지 (일간),	고객사 수:

설문지 발행건수:	설문지 회수건수:	설문지 회수율: %

고객명 조사항목	A	B	C	D	E	F	G	평 균
1. 제품품질에 대한 만족도								
2. 납기준수에 대한 만족도								
3. 서비스에 대한 만족도								
4. 제품안전에 대한 만족도								
평 균								

고객명	불만내용	개선대책	실시여부	유효성평가

코멘트:

[표 5-6] 고객만족도 조사 불만항목 집계표

고객만족도 조사 불만항목 집계표

작 성	검 토	승 인
/	/	/

조 사 항 목		그저 그렇다(-1점)	조금 불만(-2점)	매우 불만(-3점)	계	불만 순위
1. 품질	1) 제품이 규정된 요구사항에 적합하다.					
	2) 제품이 기대사항에 적합하여 아주 만족하다					
	3) 이 제품을 가지고 작업하는데 오작이 없다.					
	4) 제품의 색상기능 등이 요구사항과 동일하다					
	5) 불합격품에 대한 대체조치가 신속하다.					
	6) 수입검사시 불량제품이 발견된 적이 없다.					
	7) 당사에서 제공한 품질시방에 대한 이해도가 높다.					
	8) 재질의 선정이나 검사성적서가 잘 이루어짐					
	9) 불량품에 대한 원인파악과 시정조치가 적극적이며 신속하다.					
	10) 당사 품질수준이 귀사의 협력사 중 해당 순위가 상위수준이다.					
2. 납기	11) 계약된 납기를 잘 지킨다.					
	12) 단품으로 납품되는 경우, 요구한 납기일을 잘 지킨다.					
	13) 납기가 지연된 경우, 납기만회 조치가 신속하고 약속일을 꼭 지킨다.					
	14) 납기 차질이 예상될 경우, 사전에 정보를 알려주고 사후처리가 신속하다.					
3. 서비스	15) 전화응대에 있어, 어디 누구인지 묻지 않고, 신속하고 친절하다.					
	16) 공정진도의 정보를 독촉하기 전에 정기적으로 신속히 알려준다.					
	17) 설계변경이나 사양변경을 요구하면 신속히 조치한다.					
4. 안전	18) 작업자의 안전을 감안하여 제작하고 있다.					
	19) 제품으로 인한 안전사고가 없다.					
	20) 우천 시에도 제품손상이 없도록 운반이나 포장하고 있다.					
	21) 제품하차시에도 안전하도록 포장되어있다.					
설문 응답소:	수량					개
	점수					점
분석소견:						

[표 5-7] 내부고객 만족도 조사표

내부고객 만족도 조사표(부서)		매우 만족(5)	조금 만족(4)	그저 그렇다(2)	조금 불만(1)	매우 불만(0)
우리 팀 업무와 서비스에 대한 귀팀의 만족정도를 평가받고 싶습니다.	우리 팀 (비평가) / 고객팀 (평가)					
1. 업무 협조	1) 우리 팀은 귀 팀에게 업무상 협조를 잘한다.					
	2) 새로운 사항에 관한 정보교환이 잘 이루어진다.					
	3) 귀팀이 요구한 긴급사안에 대한 조치가 신속하다.					
	4) 귀팀의 공정을 잘 이해하고 있다.					
	5) 업무처리 진도를 알기 쉽게 수시로 통보한다.					
	6) 부적합을 발견하면, 즉시로 통보해 준다.					
	7) 어려운 일이 발생되면, 해결방법도 가르쳐 준다.					
	8) 인원이 부족할 때는 적극적으로 인원을 지원해 준다.					
	9) 일이 잘못되어 가고 있으면,자기일처럼 충고해준다.					
2. 업무 이행 능력	10) 업무이행이 순조롭게 이루어진다.					
	11) 업무지연을 하지 않는다.					
	12) 업무가 어긋난 경우, 시정조치가 신속하다.					
	13) 불량제품이나 불량서비스를 제공하지 않는다.					
3. 팀간 친화 정도	14) 귀팀과 자주 대화를 한다.					
	15) 귀팀의 의견에 귀를 기울인다.					
	16) 부탁하지 않아도,먼저 친절하게 서비스를 제공한다					
4. 요구 사항 이행 정도	17) 일의 마무리가 깔끔하다.					
	18) 업무를 미루지 않고 제시간에 완성해 준다.					
	19) 요구사항을 흔쾌히 수락한다.					
	20) 변경사항이 있어도 잘 이해하고, 짜증없이 잘해준다.					
위와 같이 평가한 것을 참고하여, 앞으로 더 좋은 업무협조와 상호관계를 증진하겠습니다.	수량					
	점수					
	총점					점
평가점수 = [총점_____ ÷ (항목수_____ x 5)] x 100 =						
부서명:	담당:	일자: 200 .				
바쁘신 중에도 설문에 응답해 주셔서 대단히 감사합니다! 귀팀의 일취월장을 기원합니다!						

[표 5-8] 내부고객만족도 조사표

내부고객 만족도 조사표(부하가 상사를 평가)

장 점	평가정도						단 점
	10	8	6	4	2	0	
1. 항상 개방적이다.							1. 향상 권위적이다.
2. 부하를 차별하지 않는다.							2. 부하를 차별대우 한다.
3. 칭찬과 비판이 확실하다.							3. 칭찬과 비판을 구별하지 못한다.
4. 업무성과를 높이는데 실력이 많다.							4. 도무지 실력이 없다.
5. 부하의 건의에 자기의 주장을 양보한다.							5. 자기의 주장을 굽힐 줄 모른다.
6. 자기의 소신이 확실하다.							6. 소신이 없다.
7. 공과 사를 확실히 구분한다.							7. 공과 사를 구분하지 못한다.
8. 부하를 전적으로 신뢰한다.							8. 부하를 의심한다.
9. 자신을 희생한다.							9. 자신을 희생할 줄 모른다.
10. 자신의 공로를 부하에게 돌린다.							10. 부하의 공로를 가로챈다.
수 량							
점 수							
총 점							

평가점수=『총점( )÷ 300』x 100 =

수	우	미	양	가
100~90	89~80	79~70	69~60	59~0

[표 5-9] 내부고객 만족도 조사표(상사나동료가부하를 평가)

내부고객 만족도 조사표(상사나 동료가 부하를 평가)

장 점	평가정도						단 점
	10	8	6	4	2	0	
1. 상사의 장점을 들어 칭찬한다.							1. 상사의 장점만 들춰낸다.
2. 늘 감사하는 마음으로 일에 충실 한다.							2. 늘 불평불만을 일삼는다.
3. 말없이 최선을 다하여 행동한다.							3. 행동보다 말이 우선한다.
4. 남의 실수를 인정한다.							4. 남의 실수를 인정하지 않는다.
5. 상사를 존경한다.							5. 상사를 무시한다.
6. 시키지 않는 일이라도 적극적으로 한다.							6. 주어진 일만하고 소극적이다.
7. 결코 지각하는 일이 없이 먼저 출근한다.							7. 지각이 빈번하다.
8. 여유와 유머가 풍부하다.							8. 여유와 유머가 없다.
9. 끝까지 자기책임을 다한다.							9. 책임을 회피한다.
10. 자기분수를 알고 새로운 업무를 적극적으로 배운다.							10. 자기분수를 모른다.
수 량							
점 수							
총 점							

수	우	미	양	가
100~90	89~80	79~70	69~60	59~0

[표 5-10] 고객전화 관리대장

고객전화 관리대장

월/일	시간	고객사	전화 발신자	전화 수신자	통화/ 요구내용	해당자	대응 및 대책	확인

5. 학습조직

(1) 학습조직의 개념

이는 중소기업의 환경이 급변함에 따라 이에 대응하기 위하여 조직 구성원들이 함께 배우면서 일하고 일하면서 배우는 조직으로 개발되었다. 학습조직은 1990년대 중반에 미국과 일본에서 각광을 받고 있는 조직이다.

① 학습조직은 단순히 개인들이 모여서 무의미하게 모인 조직은 아니다. 학습은 여러 가지 레벨의 조직단위에서 실시되면서 기업성장에 크게 기여한다.

② 학습조직은 구성원의 변혁능력을 갖도록 하는 조직이다.

③ 학습조직은조직문화,조직구조,직무설계에 이르기 까지 그 개념을 재정립할 수 있는 조직이다.

④ 학습조직은 의사결정 과정에서 구성원들은 물론 경우에 따라서는 고객도 참여시켜 정보를 공유할 수 있게 한다.

⑤ 학습조직은 종업원들의 체계적인 사고방법과 조직적인 지식 을 축적할 수 있도록 추진한다.

(2) 학습조직의 도입배경

① 학습조직은 종업원이나 조직이 갖고 있는 지식과 정보를 새롭게 하면서 환경변화에 활용할 수 있게 한다.

② 학습조직은 종업원들의 지식수준과 정보 수준을 높이는 기회를 준다.

③ 미래의 중소기업은 국제화 수준이 더욱 높아지면서 경쟁이 치열해 질 것이다. 중소기업이 생존하기 위해서는 종업원들의 학습능력을 제고시키는 것이 중요하다

④ 학습조직은 중소기업의 유연성을 높이면서 회사의 조직과 변화를 용이하게 한다.

(3) 학습조직의 형성에 필요한 원칙

① 계속적으로 학습할 수 있는 기회를 갖도록 한다.

② 탐구 자세를 갖고 상호간의 대화를 촉진 시킨다.
③ 조직의 구조변화를 통하여 팀 학습을 권장한다.
④ 구성원들의 지식과 정보를 공유할 수 있도록 학습조직을 구축해야한다.
⑤ 중소기업의 종합적 비전을 창조할 수 있도록 구성원들에게 권한을 준다.

6. 정보조직

중소기업에서 경영정보를 경영에 유용하게 활용할 수 있도록 기업내에 정보시스템을 갖추는 것을 의미한다. 일차적으로 정보를 사용자에게 정확하게 그리고 효율적으로 전달하는 것이다.
정보 디자인은 정보가 많을수록 좋다는 '다다익선'의 원칙이 아닌 정보의 필요성과 효율성에 근거해서 선택과 집중의 원칙이 우선 되어야 한다. 중소기업에 정보화 경영 체제가 도입되면 여러 가지 면에서 유익한 점이 있는데 다음과 같다.

(1) 조직의 업무분담

컴퓨터를 이용하여 기계화된 업무는 기계가 담당하고 인간의 판단력이 필요한 업무는 인간이 담당하도록 한다. 인간을 중심으로 업무분담을 세분화 하는 것이 아니라 반대 현상이 나타날 수 있다. 즉 탈 분업화 현상이다.

(2) 권한의 분산

권한의 분산과 관련 지어보면 정보통신 망으로 부터 조직원들이 필요한 정보를 제공받아 의사결정을 할 수 있기 때문에 자연히 분권화가 촉진된다.

(3) 커뮤니케이션

소통은 조직 내에 구축된 정보통신망 특히 지역 통신망 을 통하여 담당자와 중간관리자, 최고경영자간에 직접적이고 동시적으로 이루어질 수 있다.이를 위하여 조직 내 개방적인 소통 관행을 정착 시키는 것이 선행 되어야 한다.

제 6 장

중소기업의 사업계획서 작성

사업을 시작할 때, 기업자가 자신의 회사를 출범시킬 때에 중요한 활동 중 하나가 건실한 사업계획서를 작성하는 것이다. 건실한 사업계획을 짜는 것은 실패한 기업이 되는 것을 막는 가장 확실한 보험이다. 규모에 관계없이 사업계획을 갖고 있는 기업들이 그렇지 않은 기업들보다 훨씬 그 성과가 좋다. 기업가에게 사업계획은 다음과 같은 것이다.

- 회사가 성공할 수 있는 기회의 체계적이고 현실적인 평가
- 회사가 직면하는 주요 위험을 평가해 주는 수단
- 회사를 성공적으로 경영하기 위한 계획
- 목표로 한 성과와 실제의 성과를 비교하기 위한 수단
- 자금 제공자들에게 매력을 느끼게 하는 중요한 도구

이 장에서는 기업자가 자신의 사업을 이끌어 나가고, 회사를 출발시키는 데 필요한 자금을 조달하는 데 도움을 주며, 자신의 사업을 성장시키는 데 필요한 사업계획서를 어떻게 작성하고, 어떻게 사용하는가에 대해 설명한다.

제1절 사업계획서의 필요성

사업계획서(business plan)는 기업가가 하려고 하는 사업, 그 사업의 운영, 재무적 세부내용, 마케팅 기회와 마케팅전략, 기업가의 기술과 능력 등을 요약한 문서이다. 잘 준비된 사업계획서를 대체할 수 있는 것은 없으며 사업계획서를 간단히 작성하는 방법도 없다. 계획서는 기업가의 성공적인 사업운영을 위한 길잡이이다. “사업계획서는 장소를 지도로 나태는 것과 같으며 모든 여행자가 알고 있듯이 여행은 방향감각을 가질 때 훨씬 안전한 것이다.” 간단히 말해, 사업계획서는 회사가 가는 방향, 회사의 목적, 회사가 원하는 위치, 그곳에 도달하는 방법에 대해 말하고 있다. 사업계획서는 기업가가 필요한 조사를 했으며 사업기회를 적절하게 연구하였다는 것을 나타내는 증거이기도 하다. 사업계획은 성공가능성이 있는 사업이 실패하는 것을 막는 가장 확실한 보험이다.

사업계획서는 두 가지 핵심적인 기능을 한다. 첫째로 사업계획서는 회사가 나갈 미래의 길을 제시하고 그 길을 따르는 전략을 설정함으로

써 회사운영의 길잡이 역할을 한다. 사업계획서는 기업가가 회사를 성공적으로 운영하도록 돕는 여러 수단 −사명서, 목적, 목표, 예산, 재무예측, 목표시장, 전략 등을 제공하다. 사업계획서를 만들고 또한 그것을 변화시키는 데 모든 사람이 참여하는 경우, 사업계획서는 경영자와 근로자에게 방향성을 가져다준다. 보다 많은 사람들이 계획에 달성될 수 있도록 헌신한다면 사업계획서는 특별한 의미를 갖는다. 사업계획서는 특히 회사를 처음 출반하는 경우에 모든 사람에게 각자의 목표를 알려 주고 목표와 실제 달성된 성과를 비교해 주는 척도로 작용한다. 또한 서류화된 계획은 기업가들로 하여금 자신이 속해 있으면서 경쟁해야 하는 산업에 대해, 자신의 회사를 어떻게 운영해야 할 것인가에 대해 깊은 통찰력을 갖출 것을 요구한다. 마지막으로, 사업계획서는 기업가로 하여금 사업이 실제로 이익을 발생시키고 생존할 수 있는가에 대해 살펴보도록 함으로써 자신의 아이디어를 현실에 맞추어 보도록 만든다.

완성된 사업계획서를 사용하지 않는 것은 가장 큰 낭비이다. 적절하게 만들어졌을 때 사업계획서는 회사와 일체가 되고 자연스럽게 회사의 일부분이 된다. 달리 말해, 성공한 기업가들을 실제로 강한 회사를 만들기 위해서 자신들의 사업계획서를 사용한다.

사업계획서의 두 번째 기능은 자금제공자와 투자가들을 끌어 모으는 것이다. 중소기업가들을 잠재적 자금제공자와 투자가들에게 자신들과 자신들의 비즈니스 컨셉을 알리려는 준비가 없는 상태에서 그들을 만난다. 자금제공자와 투자가들을 해당 기업가에 대한 신뢰성과 그들이 사업을 성공시킬 수 있는 능력을 갖고 있다는 것을 알려 주는 건실하고 확신한 사업계획서를 원한다. 사업에 대한 대강의 그림을 설명하는 서류만으로는 해당 사업을 지원해 주는 감을 확보하기 힘들다. 필요한 자본을 확보하는 가장 좋은 방법은 건실한 사업계획서를 작성하는 것이다. 사업계획이 어는 정도로 잘되어 있느냐는 얼마나 많은 자금을 빌릴 수 있고 부자 금을 모을 수 있느냐에 큰 영향을 준다. 잠재적 자금제공자는 투자가 회사와 그 경영진에 대해 갖는 첫인상을 사업계획서를 통해서 이루어진다. 따라서 최종 사업계획서는 매우 잘 가꾸어져 있어야 하면 형식이나 내용면에서 전문성을 보여 줄 수 있어야 한다.

미국 최대의 폐차야적장을 갖고 있는 Comprehensive Automotive Reclamation Services(CARS)의 소유주인 William Hyman은 상세한 사업계획서를 가지고 2,400만 달러의 자본을 끌어들여 폐차야적장을 구입하고 필요한 장비를 구입할 수 있었다. Hyman의 사업계획서에는 자신의 사업이 필요로 하는 특수 장비를 설명하고 있었으며 그 비용이 얼마이고 자신이 계획하는 사업이 갖는 특유의 이점을 잘 설명하고 있었다. CARS의 자동차분해시설은 1년에 3만 대의 자동차를 해체할 수 있으며 이는 일반 폐차야적장이 처리할 수 있는 약 600대보다 훨씬 많은 수치였다. 또한 자동차 해체로부터 필요한 부분을 회수하는 비율이 일반 야적자의 평균수치인 75%보다 높은 99%에 달했다. Hyman의 사업계획서를 보고 한 대기업의 최고경영자는 매우 깊은 인상을 받아서 2,400만 달러를 투자하였다.

사업계획서는 그것을 만드는 사람을 잘 나타내고 있다. 사업계획서는 기업가가 자신의 사업에 대해 매우 신중하게 생각하고 있다는 것과 무엇이 사업을 성공시킬 수 있는가를 잘 나타내야 한다. 기업가가 시간을 들려 필요한 조사를 하고, 자신이 온몸을 바쳐 하려는 것을 서류에 담을 때 건실한 사업계획서가 작성된다. 또한 사업계획서를 만들면서 기업가는 자기 사업이 갖는 긍정적인 측면과 부정적인 측면을 동시에 살펴보아야 한다. 신중하게 세부내용을 잘 정리하여 작성한 사업계획서는 읽는 사람에게 긍정적인 첫인상을 준다. 대부분의 경우 잠재적 자금제공자와 투자가들은 기업가를 만나기 전에 사업계획서를 먼저 읽고 온다. 세련된 투자가들은 엉성한 사업계획서를 보내는 사업가를 만나려고 하지 않는다. 그들은 제대로 된 사업계획서를 만들지 못하는 기업가는 사업도 제대로 못할 것으로 본다.

기업가들은 사업계획서의 작성을 외부인이 작성하게 해서는 안 된다. 외부인들은 기업가만큼 회사가 하려는 사업의 내용을 잘 이해하지 못할 뿐만 아니라 회사의 발전성에 대해서도 잘 이해하지 못한다. 사업 아이디어를 성공적인 사업으로 연결하는 사람은 기업가들이며 그들의 비전과 열정이 사업을 성공시키는 것이다 .또한 투자가들에게 사업 내용을 설명하는 것이 기업가들이기 때문에 기업가들을 사업계획서의 세부적 사항에 대해 잘 알고 있어야 한다. 만약 그렇지 않으면 기업가들은 투자가들을 확신시켜 그들로부터 자금을 끌어들이는데 실패한다. 자금 제공자나 투자가들이 종종 어려운 질문을 하기 때문에 기업가들을 사업계획서의 세세한 내용까지도 완전히 알고 있어야 한다.

투자가들은 기업가가 새로이 시작하는 사업의 위험을 현실적으로 평가하고 그에 따른 전략을 갖고 있을 때 안정감을 갖는다. 이들은 또한 해당 사업의 수익성에 있어 자신들이 투자한 돈에 대해 적절한 보상을 받을 수 있기를 바란다.

사업계획서의 필요성을 이해하는 가장 좋은 방법은 '2/3법칙(two-thirds rule)'의 유효성을 인식하는 것일 것이다. 이 법칙은 건실한 새로운 사업 아이디어를 갖고 있는 기업가들의 2/3만이 자금 지원을 받고, 자금 지원을 받는 기업가들은 그들이 처음에 요구한 자금의 2/3만을 지원 받으며, 또한 자금을 지원받는 데 걸리는 시간이 처음 생각했던 기간보다 2/3 정도 더 길다는 것을 말한다. 이 23.07이 2/3법칙에서 벗어날 수 있는 가장 효과적인 전략을 사업계획서를 작성하는 것이다.

때때로, 사업계획서가 하는 가장 큰 역할은 기업가들로 하여금 자신이 계획한 것처럼 일이 잘되지 않을 것이라는 점을 알게 해 주는 것이다. 자신의 사업 아이디어가 성공하지 못할 것이라는 것을 발견해야 할 시점은 실제로 많은 돈과 시간, 노력을 투자하기 전인 계획단계의 시점이다. 실제로 실수하는 것보다는 서류상에서 실수하는 것이 비용 면에서 훨씬 덜 드는 것이다. 사업계획서의 또 다른 역할은 회사를 출발시키기 전에 극복해야 할 중요한 문제점을 알게 해 주는 것이다. 사업계획서는 결함을 들추어 내어 살펴보게 함으로써 사업의 성공가능성을 높여 준다.

사업계획서가 갖는 진정한 가치는 계획 그 자체에 있는 것이 아니라 계획을 세우는 과정에서 기업가가 경험하는 것이다. 최종 사업계획서도 매우 유용한 것이지만 계획을 세우는 과정은 기업가들로 하여금 자신의 아이디어를 서로 다른 각도에서 객관적으로 냉정하게 평가 하도록 만든다. 사업계획을 세우는 과정에서 기업자가 자기 회사가 속하는 산업, 자기회사의 목표시장, 필요한 자금, 경쟁, 기타 여러 가지에 대해 아는 것은 사업의 성공을 위해 필수적으로 요구되는 것이다. 간단히 말해,

사업계획을 만드는 것은 기업가로 하여금 회사를 제대로 출발시키도록 만듬으로써 회사를 시작할 때 발생하는 위험과 불확실성을 줄여준다.

표 6-1은 사업계획서의 종류에 관계없이 사업계획서가 갖추어야 하는 네 가지 기초적인 것들을 언급하고 있다.

제 2 절 사업계획서의 요소

유능한 기업가들은 모든 사업계획서들이 각각 별개로 작성되어야 한다는 것을 인지하고 있다. 그들은 사업계획서가 마치 빵을 구워 내는 것 같이 비슷하게 되는 것을 피한다. 사업계획서를 구성하는 요소들은 상당히 표준화된 것일 수 있다. 그러나 그 내용을 어떻게 작성하느냐는 사업가마다 다르며 사업가 개인이 새로운 사업에 어느 정도의 열정을 갖는가가 사업계획서에 나타난다. 사업계획서를 처음 작성하는 경우라면 경험 있는 사람들로부터 도움을 받는 것도 유용할 것이다. 중소기업센터에 근무하는 컨설턴트들을 활용하거나 회계사, 경영학 분야 교수, 사업계획서 작성 전문가, 변호사들은 사업계획서의 내용을 잘 다듬는 데 도움을 줄 수 있는 사람들이다. 그러나 기억해야 할 것은 당신의 계획을 다른 사람이 작성하게 해서는 안 된다는 것이다.

[표 6-1] 사업계획서가 갖추어야 하는 네 가지 기초 요소

자금제공자나 투자가들이 사업계획서에서 보고자 하는 것은 무엇인가? 모든 자금제공자나 투자가를 만족시키는 확실한 방법은 없지만 다름의 네 가지 점을 강조하는 기업가는 이들이 보고자 하는 것을 보여 주고 있는 것이다. *핵심 인적자원. 자금제공자와 투자가는 회사를 움직이는 사람들이 경험, 기술, 능력을 갖춘 사람들이기를 원한다. 회사가 처음 설립되는 회사라고 하더라도 아마추어들이 회사를 운영하는 것이 아니라는 것을 투자가들이 알면 자금을 모으기가 훨씬 쉬워진다. *좋은 사업전망. 어떤 사업이든 성공을 위한 가장 핵심적인 기초는 실제 시장기회가 존재하는가이다. 그러한 기회가 존재한다는 것을 보여주는 가장 좋은 방법은 사실에 기초한 것이다. 유능한 기업가들은 시장조사와 산업분석의 결과를 사용하여 해당 사업의 시장이 급속히 성장하고 있으며 이미 상당히 커져서 수익성을 낼 수 있다는 것을 보여준다. 또한 틈새시장에서 사업을 성공 시킬 수 있는 경쟁우위를 갖고 있다는 것을 보여 주는 것도 중요하다.

*사업 환경. 사업계획서에서는 인플레이션이나 이자율의 영향과 같은 거시 경제적 상황을 기업가가 인지하고 있다는 것을 보여 줘야 한다. 또한 정부규제가 사업에 어떤 영향을 미칠 것인가를 보여 주는 것도 중요하다.
*위험과 보상. 사업계획서에서는 해당 사업이 갖는 위험이 어떤 것인가도 설명해야 한다. 투자가들과 자금제공자들은 해당 사업에서 가장 심각한 위협이 되는 것이 무엇이며 기업가가 그들을 어떻게 다룰 것인가를 설명하는 계획을 보고 싶어 한다. 계획서에는 회사가 설공 할 경우 투자가들이 얻게 되는 보상에 대해서도 설명되어 있어야 한다. 달리 말해, 자금제공자들이 어떻게 투자가금을 회수할 수 있는가를 설명하고 있어야 한다. 회사는 투자가들에게 얼마 정도의 보상을 할 수 있는가? 미래에는 주식을 상장할 것인가? 더 큰 회사에 팔 것인가? 등

사업계획서 작성을 돕는 컴퓨터 소프트웨어가 최근에는 많은 인기를 얻고 있다. 이러한 소프트웨어들은 사업계획서 형식과 예를 보여 주며 여러 질문들에 답하도록 하면서 사업계획서를 작성하는 길을 안내하고 있다. 이러한 소프트웨어들은 현금흐름에 대한 예측에서부터 사업계획서 작성과 관련된 여러 측면들을 다루고 있다. 그러나 이러한 소프트웨어를 사용하여 사업계획을 짜는 것이 갖는 한 가지 위험은 독창적인 아이디어를 가진 계획을 짜는 것을 돕는 것이 아니라 정형화된 사업계획을 짜는 것을 돕는다는 것이다. 그러나 적절히 사용한다면 이러한 소프트웨어들은 건실한 계획을 짜는 데 필요한 정보를 정리하는 것을 돕고, 사업계획서에서 중요한 부분을 빠뜨리는 것을 막아준다.

처음 사업계획서를 작성하는 것은 매우 벅찬 일로 보일 수 있다. 따라서 많은 기업가들이 목표시장을 정의하고 전략을 짜고 재정문제를 살펴보면서 사업계획서를 제대로 짜는데 필요한 시간과 에너지를 투자하기 전에 우선 사업을 시작해 보기를 원한다. 물론 사업계획을 짜는 것은 힘든 작업이다. 그러나 이러한 힘든 작업은 나중에 많은 보상을 받게 해 주는 것이라는 것을 명심해야 한다. 사업계획을 짜는 데 시간과 에너지를 투자한 기업가는 그렇지 않은 기업가에 비해 나중에 부딪치게 되는 어려운 환경을 보다 잘 대처할 수 있다.

앞에서 우리는 사업계획서가 기업가로 하여금 사업을 성공시키는 길로 안내하는 지도 역할을 한다고 말했다. 잘 모르고 험하고 위험한 길을 갈 때 지도를 갖고 있는 사람과 같이 가기를 원하는가. 갖고 있지 않

은 사람과 가기를 원하는가? 사업계획을 짠다는 것이 성공을 보장해 주는 것은 아니지만 성공의 가능성을 높여 주는 것은 확실하다.

이 절에서는 사업계획서가 갖는 일반적인 요소들에 대해서 살펴본다. 그러나 기업가들이 잊지 말아야 할 것은 각각의 사업이 그러하듯이 사업계획서도 각각이 서로 다르다는 것이다. 다음에 열거하는 요소들은 사업계획서를 준비하는 데 출발점이 되는 것일 뿐이므로 기업가들은 자신의 사업에 맞게 보완하고 수정해야 할 것이다.

1. 요약분

각 금융기간이나 투자가에게 내용을 요약해서 보내기 위해서 기업가는 요약분을 작성해야 한다. 요약분은 최대 2쪽 정도로 제안된 모든 요점을 간단하게 요약하고 있어야 한다. 요약분을 읽은 사람이면 누구나 전체적인 사업개념과 해당 회사가 다른 회사와 어떤 점에서 차별화되는가에 대해 이해할 수 있어야 한다. 요약분은 전체 계획의 핵심들을 담고 있는 개괄표이다. 요약분은 기본적인 비즈니스 모델에 대해 설명하고 있어야 하며, 고객, 소유주, 핵심 근로자, 목표시장, 재무적 측면과 관련된 문제에 대해 언급하고 있어야 한다. 예를 들어, 매출과 수익, 필요한 자금, 자금의 사용, 차입금에 대한 상환방법과 상환시기, 회사가 갖는 경쟁우위 등에 대해 언급하고 있어야 한다.

요약분은 소위 '승강기 속에서의 요점 설명'이라고 부르는 것을 문서화 한 것에 해당된다. 당신이 잠재적 자금제공자나 투자가와 함께 승강기에 함께 탔다고 가정해보라. 승강기에는 당신 둘만이 있으며 당신이 같이 타고 가는 동안 당신이 하는 말에 상대방이 집중해서 듣게 되는 기회를 가지게 된다. 그러나 빌딩은 그렇게 높지가 않다. 상대방 투자가에게 당신의 사업 아이디어가 매우 좋은 것이라는 것을 확신시키기 위해서 당신은 1, 2분 사이에 중요한 요점을 요약해서 상대방에게 말해야 한다.

요약분은 읽는 사람으로 하여금 관심을 끌어내기 위해서 만드는 것이다. 상대방의 관심을 끌어내기 못하며 사업계획서의 다른 부분은 의미가 없을 수 있다. 일관성 있게 잘 정리된 요약분은 사업계획서의 나머지 부분을 읽게 하고 해당 사업과 해당 기업가에 대한 우호적 첫인상을 갖게 하여 자금조달을 쉽게 해준다. 좋은 요약분은 읽는 사람이 비즈니스 내용과 해당 사업이 어떻게 현금을 발생시키는가를 이해하게 만들고 자금제공자나 투자가들에게는 "내가 얻는 것이 무엇인가?" 에 대한 대답을 해 준다. 요약분은 사업계획서의 처음 부분을 차지하지만 그 자성을 사업계획이 확립된 후 맨 마지막으로 작성해야 할 부분이다.

2. 사명서

사명서는 기업가가 자신의 회사에 대해 갖고 있는 비전을 나타내고, 자신의 회사가 어떤 회사가 되려고 하는지, 회사가 무엇을 지향하는지를 나타낸다. 사명서는 회사의 목적을 넓게 정의하고 회사의 방향을 설정한다. 이는 전체 사업계획에 대한 주제문이다.

3. 회사의 역사

현재 중소기업을 운영하고 있는 소유주는 그동안 해온 사업 활동과 그동안 있었던 중요한 재무상의 사건과 운영상의 사건에 대해 간단히 요약해야 한다. 이 부분은 회사가 언제 어떻게 설립되었으며 그동안 어떻게 해 왔는가를 설명해야 하며 회사의 미래에 대해 소유주가 어떻게 생각하는가를 설명해야 한다. 과거의 목표가 어떻게 성공적으로 달성되었는가를 보여 주어야 하며 시장에서의 회사 이미지도 전달해 주어야 한다.

4. 시장과 산업에 대한 설명

이 부분에서는 회사가 활동하는 시장과 산업에 대해 전반적인 설명을 한다. 시장규모, 성장추세, 해당 산업의 주요 회사들이 갖고 있는 상대적인 경제적, 경쟁적 강점 등은 새로운 제품이나 서비스의 생존가능성에 대해 보다 더 잘 이해하게 해 준다. 시장진입이나 퇴출의 용이성, 규모의 경제나 범위의 경제를 달성할 수 있는 능력, 경기 순환적이거나 계절적인 추세와 같은 전략적 문제들은 새로운 사업을 평가하는 데 도움을 준다. 이 부분은 또한 주요한 사업추세와 미래의 전망에 대해서도 전반적인 설명을 하고 있어야 한다. 해당 산업이 성장해 온 역사에 대한 정보는 동태적 경쟁에 대한 통찰력을 높여 줄 수 있다.

사업자협회는 사업 분석에 필요한 많은 정보를 제공해 줄 수 있다. 사업자협회는 자신이 속한 산업에 대한 많은 중요한 정보를 수집하여 발표하고 있으며 해당 산업에 속해 있는 회사들에게 영향을 줄 수 있는 새로운 추세에 대한 연구와 보고서를 제공한다. 미국의 경우 'U.S. Industrial Outlook Handbook'은 다양한 산업들에 대해 보다 잘 알 수 있게 해주는 중요한 참고자료이며 산업들의 미래추세에 대해서도 설명해 주고 있다. 산업과 경제에 대한 정보를 얻을 수 있는 또 하나의 유용한 출처는 흔히 베이지 북이라고 알려져 있는 'Summary of Commentary on Current Economic Conditions'이다. 미국 연방은행에 의해 1년에 8차례 발행되는 이 책자는 주요 산업과 미국 경제 전반에 대해 자세한 통계와 추세를 제공하고 있다. 베이지 북은 여행과 신축 주택 수에서 소비자 지출과 임금수준에 이르기까지 가치 있는 많은 정보를 웹사이트를 통해서도 제공하고 있다. 비즈니스 관련 정기간행물의 기사들도 한 산업의 핵심 성공요소를 확인하고, 경쟁력을 갖추고, 미래 매출을 예측하는 데 유용한 정보와 기타 여러 정보들을 제공한다. 웹사이트를 통해서도 기업가들은 충분한 산업분석을 하는 데 도움을 주는 수많은 정보를 접할 수 있다.

산업분석은 목표시장에서 해당 사업이 가질 수 있는 수익성의 문제도 포함하여 살펴보아야 한다. 사업계획서에는 중요한 회사들의 시장진입과 퇴출, 기업들 간의 합병이 시장에서의 경쟁에 미치는 영향에 대한 분석도 포함하고 있어야 한다. 기업가는 최근 10년 동안 해당 산업을 변화시킨 중요한 사건들에 대해서도 언급해야 한다. 예를 들어, 탐험여행에 전문화하는 여행사의 소유주는 여행 산업에서 온라인 여행 사업이 주는 영향과 그러한 온라인 경쟁자들에 대해 어떻게 대처 할 것인가에 대해서도 언급해야 한다.

회사의 배경을 요약할 때 기업가들은 해당 산업의 최신제품에 대해서 설명해야 한다. 또 한 시장에서 나타나는 현재의 제품이나 서비스도 확인하고 미래에 어떤 제품이나 서비스가 나타날 가능성이 있는가에 대해서도 설명해야 한다.

사업계획서의 이 부분은 또한 회사의 일반적인 목적에 대한 기술과 보다 범위를 좁힌 가까운 목표에 대해서도 정의해야 한다. 사업계획서를 통해 달성되어야 할 것이 무엇이며, 어떻게 달성하고, 언제 달성하고, 누가 할 것인가 하는 내용도 포함되어야 한다. 목적은 장기적으로 회사가 먼 장래를 향해 계획하고 있는 전반적인 방향성과 회사의 존재 이유에 대한 것이다. 달리 말해, 목적은 "내가 이 사업을 하는 이유는 무엇인가?"하는 질문에 답하는 것이다. 이러한 기본적인 질문에 대해 답하는 것은 매우 쉽게 느껴질 수 있으나 실제로 많은 기업가들이 자기 기업가들이 자기 사업의 기본을 잘 설명하지 못하고 있다.

목표는 단기적으로 달성할 수 있고, 측정할 수 있고, 통제할 수 있는 특정한 성과 목표치에 대한 것이다. 모든 목표는 기업의 일반적 목적을 반영해야 하고, 또한 그 성과를 측정할 수 있는 방법과 함께 기술되어야 한다. 의미 있는 목표가 되기 위해서는 목표달성의 기간이 명시되어야 한다. 목적과 목표는 모두 회사의 기본 임무와 관련을 가져야 한다. 달리 말해, 각각의 목표를 달성하면서 회사는 전체적으로 그 목적을 향해 나가야 하며 목적은 다시 회사의 사명에 가깝게 나가야 한다.

5. 사업전략

사업계획서에서 매우 중요한 부분은 경쟁에서 이길 수 있는 전략에 대해 소유주가 갖고 있는 시각이다. 앞 절에서는 기업가들이 자신의 사업을 이끌어 가기 원하는 목적과 목표에 대해서 말했다. 이 절은 어떻게 거기에 도달할 것인가 하는 사업전략에 대한 것이다. 이 부분에서 기업가는 시장에서 어떻게 경쟁우위를 확보하고 자기 회사가 경쟁을 피할 수 있는 방법이 무엇인지에 대해 설명해야 한다. 또한 경쟁과 정부규제에 직면하여 회사의 목적과 목표를 어떻게 달성할 수 있는지에 대해 설명해야 하고, 회사가 갖추려고 하는 기업 이미지를 확인해야 한다. 이 부분의 핵심사항은 회사를 고객의 눈에 독특하게 보이게 하는 것이 무엇인가 하는 것이다. 기업이 실패할 수 있는 가장 확실한 방법 중 하나는 고객들이 요구하는 것들, 즉 새롭거나, 더 좋거나, 더 크거나, 더 빠르거나, 다르다고 생각하는 제품이나 서비스를 판매하지 않고 '나도 따라

한다'(me-too)는 제품이나 서비스를 판매하는 것이다. 사업계획서의 이 부분에 해당하는 기초적인 사항은 전 장에서 이미 설명했다.

사업계획서의 이 부분은 앞에서 언급한 핵심 성공요소들을 갖추는 방법을 설명해야 한다. 예를 들어, 반복 구매 고객들에 대한 매출이 사업의 성공에 매우 중요하다면 기업가는 기존 경쟁회사들보다 높은 재구매율을 달성할 수 있는 행동계획을 개발해야 한다.

6. 회사제품/서비스에 대한 설명

기업가는 회사가 생산하는 제품에 대해 설명해야 하며 고객이 어떤 용도로 사용할 수 있는가도 설명해야 한다. 제품이 매우 기술적인 것이라면 그림, 도표, 그래프 등을 사용하여 설명해야 한다. 보통 사람들이 제품을 이해할 수 있을 정도의 제품이나 서비스의 설명서를 준비하는 것이 좋다. 제품수명주기에서 제품이 차지하고 있는 위치를 나타내는 것도 도움이 된다. 또한 제품이나 서비스를 보호해 주는 특허, 상표, 저작권에 대한 요약 설명도 주지되어야 한다. 마지막으로, 경쟁회사의 제품과 정직하게 비교한 제품이나 서비스에 대한 비교 설명도 있어야 한다. 제품이나 서비스가 갖는 특수한 이점, 제품을 특이하게 만든 어떤 개선된 점, 현재의 제품에서 다음 세대 제품으로 넘어가는 계획 등도 포함되어야 한다. 제품이나 서비스가 갖는 경쟁우위는 무엇인가? 이상적으로 제품이나 서비스가 고객들에게 높은 수준의 혜택을 주어 경쟁회사가 이를 복제하기 어려운 것이 좋을 것이다.

이 부분의 설명에서 기업가는 자기 회사의 제품이나 서비스의 특징에 대해 너무 장황하게 설명하는 것을 피해야 한다. 이러한 경향은 '내 제품 사랑' 증상이라고 불리며 투자가들을 짜증나게 만든다. 고객들, 자금제공자와 투자가들은 제품에 얼마나 많은 공을 들였고, 얼마나 훌륭한 제품이고 얼마나 창조적인 제품인가 보다, 그러한 제품들이 자신들에게 어떤 혜택을 가져다주는가에 더 관심을 갖는다. 이 부분에서 강조해야 할 점은 해당 제품이나 서비스에 대한 이것저것에 대한 설명이 아니라 그것을 구매하는 고객들이 얻는 혜택이 무엇인가 하는 것이다. 특징은 제품이나 서비스에 대한 사실적 표현(예를 들어, '인체공학적 디자인, 보다 편한 손잡이' 등)을 말하며, 혜택은 제품이나 서비스의 특징으로부터 소비자들이 덕 보는 것(예를 들어, '팔목터널증후군 문제가 줄어든다거나 생산성을 증가 시킨다' 등)을 말한다. 미국 광고계의 전설적인 인물인 Leo Burnett는 한때 "사람들에게 당신이 제품을 얼마나 잘 만들었는지를 말하지 말고, 당신 제품이 그들을 얼마나 좋게 만드는가를 말하라."고 말했다.

사업계획서의 이 부분은 유형의 제품이나 서비스의 특징이 무형의 고객혜택으로 연결되는가를 설명해야 한다. 그러한 것들로는 예를 들어 낮은 전기요금, 보다 빠른 인터넷 접속, 외국어를 보다 짧은 시간에 배우게 해 주는 것, 보다 빨리 전환할 수 있는 기능 등이 있다. 고객들이 구매하는 것은 혜택이지 제품이나 서비스의 특징이 아니다. 표 6-2 기업가들이 자신의 제품이나 서비스의 특징을 고객들이 얻는 중요한 혜택으로 변환시키는 연습을 하도록 해 준다.

[표 5-2] 제품의 특징을 고객이 얻는 의미 있는 혜택으로 전환하기

한 회사가 파는 것과 고객들이 사는 것 사이에는 매우 큰 차이가 있다. 다음의 연습은 이러한 차이를 제거하는 데 도움이 될 것이다.

첫째, 당신 회사가 파는 제품이나 서비스의 특징들을 열거하라. 가능한 한 25개 이상을 적어보라. 가격, 성능, 편의성, 위치, 고객서비스, 배달, 명성, 신뢰성, 품질, 기타 측면과 관련된 특징들을 파악하라.

다음으로, 특징들을 비슷한 종류로 묶어라. 그런 다음 각 종류에 해당되는 특징들을 다음과 같은 질문을 하면서 고객들에게 주는 혜택으로 전환하라. 고객의 입장에서 볼 때 "필요한 것이 들어가 있는 것은 무엇인가?"(참고: 고객들에게 당신 제품을 구매하는 이유를 물어보는 것도 좋은 생각이다. 고객들은 당신이 생각하지도 못했던 것을 말해 주는 경우가 많다.) 기업 전체가 갖는 특징을 포함하여 6~8개의 특징들이 하나의 고객혜택(예를 들어, 금전적 절약, 보다 큰 안정성 등)으로 전환 될 수 있다. 좋아지는 품질과 같은 무형의 혜택도 무시하지 마라. 이러한 무형의 혜택은 유형의 혜택보다 더 중요할 수 있다.

마지막으로, 당신이 확인한 모든 혜택들을 하나의 문장이나 문단으로 정리하라. 이렇게 정리된 것을 당신 사업계획서의 중요한 부분으로 포함시키고 당신 회사의 마케팅전략의 길잡이로 활용하라.

특징	혜택

혜택에 대한 설명:

제조업 회사는 사업계획서에 생산 공정, 전략적으로 요구되는 원재료, 자신들이 사용할 수 있는 원재료 공급자, 그 비용에 대해서도 설명해야 한다. 또한 생산방법과 생산시설의 배치에 대해서도 요약해서 포함시켜야 한다. 특허나 독점적 공정에 의해 제품이 생산된다면 도표를 활용하여 그러한 제품이 갖는 우위를 설명하는 것도 도움이 된다. 생산 공정이 갖는 환경문제에 대해서도 설명하고 그에 대해 회사가 어떻게 대처할 것인가를 설명하는 것도 도움이 된다.

7. 마케팅 전략

사업계획서에 포함되어야 하는 가장 중요한 것 중 하나는 회사의 제품이나 서비스를 필요로 하는 실제의 시장이 존재한다는 것을 증명하는 것이다. 시장이 존재하지 않지만 사업을 시작하여 시장을 만들겠다는 것은 실수하는 것이다. 사업계획을 할 때 회사의 목표고객과 그들의 특징 및 습관을 확인해야 한다. 목표고객을 정의하는 것은 사업계획을 짜는 데 가장 중요하고 가장 힘든 것 중 하나다. 목표시장을 확인하는 것은 작은 회사가 대규모 시장의 욕구를 만족시키려고 노력하게 하는 것보다 자신의 한정된 자원을 가지고 특별한 그룹의 고객들의 욕구를 충족시켜 줄 수 있게 해준다. 성공적인 회사를 창조하는 것은 그 회사의 제품이나 서비스를 구매할 용의와 구매할 능력을 갖는 실제 고객을 끌어들이는 기업가의 능력에 달려 있다. 아마도 기업가들이 하는 가장 큰 마케팅 실수는 목표시장을 제대로 정하지 않고 '모든 사람을 위한 제품이나 서비스를 만드는 것'이 자신이 회사라고 생각하는 것일 것이다. 일반적으로 중소기업은 특정한 틈새시장, 즉 고객들의 특별한 욕구나 수요를 만족시키는 데 자신이 더 나은 능력을 갖고 있는 틈새시장에 초점을 맞출 때 성공할 확률이 크다.

성공한 기업가들은 자신의 목표시장을 확실히 아는 것이 효과적인 마케팅전략을 짜는 첫 번째 단계라는 것을 알고 있다. 실제로 마케팅에서 자신의 고객이 누구이고 그들의 욕구가 무엇인가에 대해 확실히 알 수 있어야 한다. 수익성 있는 시장이 존재한다는 것을 증명하는 것은 고객들이 관심을 갖고 있다는 것과 시장도 존재한다는 것이다.

고객들이 관심을 갖고 있다는 것을 보이기

사업계획서의 중요한 요소는 회사 제품이나 서비스가 어떻게 고객들에게 혜택을 주고 그들의 문제를 어떻게 풀어 주는가를 보이는 것이다. 기업가는 목표고객이 실제로 회사의 제품이나 서비스를 구입할 용의와 구입할 능력이 있다는 것을 증명해야 한다. 수천 개의 사업계획서를 보아 온 벤처투자가 Kathryn Gould는 자신이 찾고 있는 사업계획서는 '해당 회사의 제품을 살 수 밖에 없는 목표고객'에 초점을 맞추는 사업계획서라고 말했다.

제품이나 서비스가 생존할 수 있는 시장이 존재한다는 것은 이미 사업을 하고 있는 회사의 경우에는 상대적으로 쉽다. 그러나 아이디어만 갖고 있거나 시제품만 갖고 사업을 시작하려는 기업가에게는 매우 어려운 일이다. 이러한 경우 기업가는 시제품을 여러 잠재고객들에게 보내고 그들로부터 실제 사용후기나 제품 평가를 받는 것을 자금제공자나 투자가에게 보여 줄 수 있다. 아니면 제품을 여러 고객들에게 할인된 가격에 판매할 수도 있다. 이는 잠재적 고객들이 존재한다는 것을 증명해 주는 것이고 실제로 제품이 판매가능성을 가지고 있다는 것을 보여 주는 것이다. 고객들의 손에 제품을 전달되게 하는 것은 제품의 디자인을 개선하거나 매출을 증가시킬 수 있는 가치 있는 피드백을 얻는 아주 좋은 방법이기도 하다.

시장이 존재한다는 것을 보이기

많은 사업계획서들이 "이 시장은 매우 커서 이 중 1%만 차지하더라도 8개월 내에 손익분기점에 도달할 수 있다."와 같은 매우 애매한 일반적인 표현을 사용하고 있다. 이러한 표현은 기업가가 갖고 있는 증면 안된 낙관 외에 그 이상의 것을 보여 주지 않으며 또한 대부분의 경우 그러한 것은 매우 비현실적이다.

기업가들은 시장규모와 그 성장률을 사실을 가지고 주장해야 하며 이를 위해서는 시장조사가 필수적이다. 기업가들이 흔히 낙관적으로 보는 판매예측은 시장조사의 결과, 고객설문지 조사, 지역연구 등에 의해 증명되어야 한다. 수치화된 시장자료는 사업계획서에 나타나는 회사의 모든 재무 상황에 기초가 되는 것이므로 매우 중요하다.

시장이 존재한다는 것을 증명하는 한 가지 효과적인 방법이 사업 시제품화이다. 이는 실제로 자산을 투자한 후에 사업이 실패하는 경험을 겪기 전에 자신의 비즈니스 모델을 작은 규모로 실험해 보는 것을 말한다. 사업 시제품 화는 모든 사업 아이디어는 하나의 가설이기 때문에 제대로 된 규모로 시작하기 전에 실험을 해 보아야 한다는 인식에 기초하는 것이다. 실험으로 가설과 그에 따르는 가정들이 증명된다면 실제로 회사를 출발시켜도 된다. 그러나 시제품화가 실패한다면 기업가는 최소의 손해를 본 뒤에 그 사업 아이디어를 접고 새로운 사업 아이디어를 찾아야 한다.

사업계획서에서 마케팅 부분의 주된 목적 중 하나는 회사의 재무적 예측을 위한 기본바탕을 마련하는 것이다. 매출, 이익, 현금흐름에 대한 예측은 단순히 희망적인 생각에 기초해서는 안 된다. 효과적인 시장분석을 하기 위해서는 다음과 같은 것들을 확인해야 한다.

(1) 목표시장

회사의 목표고객들은 누구인가? 그들 중 얼마나 많은 사람이 회사 거래지역에 있는가? 그들의 특징은 무엇인가(나이, 성, 교육수준, 소득, 기타)? 그들이 주로 구입하는 것은 어떤 것들인가? 그들이 구입하는 이유는 무엇인가? 그들은 언제 구입하는가? 제품이나 서비스에 대해 그들이 기대하는 것을 무엇인가? 회사는 틈새시장에 초점을 맞추어야 하는가? 회사는 시장에서 자신의 위치를 어디에 설정해야 하는가? 고객들의 욕구, 필요성, 습관을 안후에 그들의 마음속에 회사를 차별화는 데 기본이 되어야 하는 것은 무엇인가?

(2) 광고와 판촉

회사의 목표시장을 이해한 다음에야 기업가들은 고객에게 가장 효과적이고 효율적으로 접근할 수 있는 광고와 판촉활동을 설계 할 수 있다. 목표시장에 접근하기 위해서는 어떤 매체가 가장 효과적인가? 그들을 어떻게 사용할 것인가? 광고와 판촉활동 비용은 얼마나 되는가? 판촉활동으로 회사의 제품이나 서비스가 갖는 위치는 어떻게 되는가? 이러한 활동으로부터 회사가 얻는 혜택은 얼마나 되는가? 광고와 판촉활동에 어느 정도의 예산을 배정해야 하는가?

⑶ 시장규모와 추세

잠재적 시장의 규모는 얼마나 큰가? 시장은 커지고 있는가, 작아지고 있는가? 그 이유는? 고객들의 욕구는 변하고 있는가? 매출은 계절성을 갖는가? 수요는 다른 제품이나 서비스와 연결되어 있는가?

⑷ 위 치

많은 사업에서 적합한 위치는 성공의 핵심요소이다. 소매상, 도매상, 서비스 회사에게 가장 좋은 위치란 일반적으로 그들의 목표고객들에게 가장 편한 위치이다. 인구조사나 기타 시장조사를 통해 기업가들은 그들의 고객이 가장 밀집해 있는 장소를 확인하여 결정 할 수 있다. 어떤 위치가 목표고객들이 지나가는 장소에 회사를 위치시키는가? 고객 밀집지역을 보여 주는 지도(인구조사 지도와 다른 출처에서 구입가능), 교통량, 특정 역을 사용하는 고객수와 시간대에 따른 고객 수, 기타 이와 비슷한 종류의 정보는 고객기반이 존재하는지에 대한 정보를 제공한다. 제조업의 경우, 회사의 위치는 종종 핵심 원재료를 가까이에서 구할 수 있는 곳이나 주 고객들이 가까이 위치하는 곳에 집중되어 있다. 인구학적 보고서와 시장조사를 사용하여 장소를 물색하는 것은 추측에 의해 좋은 위치라고 생각하는 것을 막아준다.

⑸ 가격책정

제품이나 서비스를 생산하거나 배달하는 데 드는 비용은 얼마인가? 예를 들어, 레스토랑을 열기 전에, 메뉴에 있는 각각의 음식을 만드는 데 드는 비용에 대해 정확히 알아야 한다(음식비용에 인건비, 임대료, 광고비, 기타 간접비를 포함한). 총비용을 알지 못하고 고객 앞에 내놓는 음식은 실패를 위한 처방전과 같다. 비용은 가격방정식의 한 부분을 구성한다. 또 하나 중요하게 생각해야 하는 요소는 회사가 시장에서 만들어지는 이미지이다. "가격은 비용을 만회하기 위한 수단이며 실제로 마케팅 수단에 해당되는 것이다. 사람들은 높은 가치의 제품이나 서비스에 대해 더 많이 지불하려고 한다. 따라서 당신의 제품이나 서비스가 갖는 총가치가 얼마인가를 확실히 살펴보라" 고 Peter Meyer는 말하고 있다.

(6) 기타 가격 관련 문제

회사의 전반적인 가격전략은 무엇인가? 계획하고 있는 가격은 회사의 전략을 지원하고 기대하는 이미지에 부응하는 것인가?(그림 5.1 참조)? 회사의 비용구조에서 가격은 이익을 발생시키는가? 가격은 유사한 제품이나 서비스와 비교해서 어떤가? 고객들은 기꺼이 지불하려고 하겠는가? 시장에는 이떤 계층이나 가격들이 형성되어 있는가? 고객들은 가격변화에 얼마나 민감한가? 외상판매를 할 것인가? 신용카드를 받을 것인가? 가격할인을 제공할 것인가? 제공한다면 어느 정도로 할 것인가?

(7) 유 통

제품이나 서비스를 어떻게 유통시킬 것인가? 유통망을 광범위하게 할 것인가, 선택적으로 할 것인가, 배타적으로 할 것인가? 평균 판매량은 얼마로 해야 하는가? 판매원의 수는 몇 명으로 해야 하는가? 판매원에게 어떤 보상을 해야 하는가? 판매원들에게 줄 수 있는 인센티브는 무엇인가? 하나의 판매를 달성하기 위해서 얼마나 많은 방문을 해야 하는가? 고객들의 구매편의를 최대로 하기 위해 회사가 할 수 있는 것은 무엇인가?

사업계획서의 이 부분은 회사가 사용하려고 하는 유통망(인터넷, 직접 메일발송, 방문판매원 수, 판매 대리점 수, 소매점 수, 기타)에 대해 설명하고 있어야 한다. 기업가는 회사의 전반적 가격전략과 제품이나 서비스의 보증이나 사후관리에 대해 요약해야 한다.

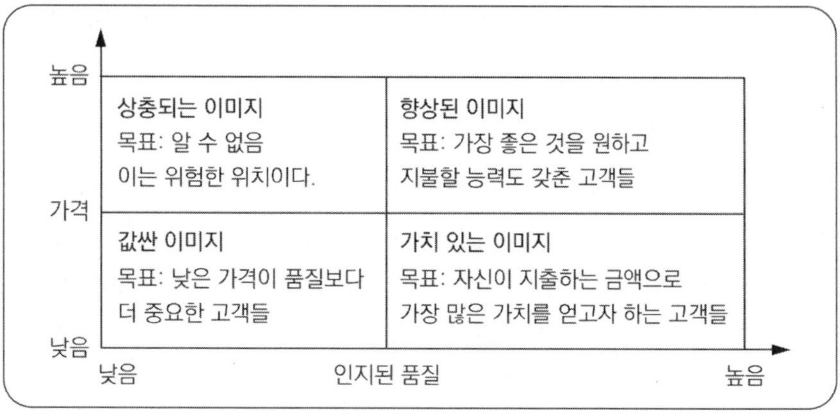

[그림 6-1] 가격, 인지된 품질, 회사, 이미지 간의 연결고리

8. 경쟁사 분석

기업가는 자기 회사가 직면하는 경쟁에 대해 정직하게 평가해야 한다. 사업계획서에서 경쟁자에 대한 실질적 평가를 제대로 하지 못한다면, 준비가 덜 되었거나 서툴고 정직하지 않다는 인상을 받는다. 경쟁사의 시장점유율, 제품, 전략에 대한 정보를 수집하는 것을 일반적으로 어려운 것이 아니다. 협회, 고객들, 산업 관련 잡지, 판매 대리인, 매출에 관한 정보지는 중요한 자료원이다. 사업계획서의 이 부분은 회사가 경쟁자에 대해 갖는 우위를 설명하는 데 초점을 맞추어야 한다. 회사의 핵심 경쟁자들은 누구인가? 그들의 강정과 약점은 무엇인가? 그들의 전략은 무엇인가? 시장에서 그들이 갖고 있는 이미지는 어떤 것인가? 그들은 어느 정도로 성공하고 있는가? 회사의 제품이나 서비스가 이미 시장에 나와 있는 것들과 비교하여 어떻게 구별되며 그러한 차별성이 어떻게 경쟁우위를 가져다주는가? 직접적인 경쟁자에 대한 조사는 특히 있는 것이다.

9. 소유주와 경영자의 이력서

사업의 성공에 가장 중요한 요소는 회사의 경영자이다. 재무적 결정을 할 때 투자가들은 회사 경영진의 능력에 큰 비중을 둔다. 사업계획서는 경영자, 핵심 이사 그리고 회사 지분의 20%를 갖는 사람들의 이력서를 포함하고 있어야 한다. 사업계획서의 이 부분은 기업가들이 자기 회사 경영진의 자질과 경험을 알릴 수 있는 기회를 제공한다. 자금제공자와 투자가들은 경험 있는 경영자들을 선호한다는 것을 잊지 마라. 그들은 적어도 2년 이상 해당산업에서 일한 경험을 갖고 있는 경영자들을 원한다.

이력서는 각 개인의 교육수준, 근무기록(그들이 맡았던 경영적 책임과 의무를 보여 주는), 관련된 사업경험 등을 요약하고 있어야 한다. 각 개인의 경력을 기록 할 때 기업가는 중소기업이 실패하는 주된 이유를 살펴보고, 자신의 경영진이 그러한 실패를 피할 수 있는 경영기법과 경험을 갖고 있다는 것을 보여 주어야 한다. 자금제공자들은 사업계획서에 활기를 불어넣어 줄 수 있는 경험 있고, 재능 있고 성실한 사람을 찾는다. 사업계획서의 이 부분은 회사를 성공시킬 수 있는 사람들로 구성되어 있다는 것을 보여 주어야 한다. 한 경험 있는 개인투자가는 기업가들이 다음과 같은 점을 기억할 것을 충고하고 있다.

- 아이디어나 제품 그 자체만으로 성공하지는 못한다. 사업의 성공은 사람들에 의해 이루어진다. 당신 경영 팀이 갖고 있는 강점을 보여라. 상위계층의 경영진은 증명된 다양한 경험을 갖고 있는 것이 매우 중요하다. 유명한 벤처투자가인 Arthur Rock은 "나는 사람들에게 투자하지 아이디어에 투자하지는 않는다."고 말했다.
- 핵심 근로자들의 강점을 보이고 그들을 어떻게 유지할 것인가를 보여라. 대부분의 중소기업들이 대기업과 동등한 수준의 봉급을 주지는 못하지만 스톡옵션이나 기타 인센티브를 통해 핵심 근로자들의 이탈을 줄 일수 있다.
- 경영진의 강점은 능력 있고 자격 있는 조언자를 확보함에 있다. 해당 산업의 전문가로 구성된 이사진이나 조언자들은 상대방에게 신뢰감을 주고 경영진의 경영능력을 보완해준다.

10. 운영계획

사업에 대한 설명을 완성하게 위해서 기업가는 회사의 핵심 자리와 그 자리를 차지하는 사람들을 나타내는 조직도를 만들어야 한다. 경영진을 적절한 자리에 배치하는 것은 어려운 일이지만 회사가 설립될 때까지 적절한 자리매김을 하지 않는 것은 더 어려운 일일 수 있다. 따라서 경영자는 중요한 사람들이 회사에 남아 있도록 하기 위해서 취하는 조치들에 대해 언급해야 한다. 일반적으로 고용계약, 소유지분의 배분, 기타 부가 혜택들이 핵심 근로자들을 회사에 남도록 동기를 부여하는 수단으로 이용된다.

마지막으로, 소유권의 형태(합명, 합자회사, 주식회사, 기타 등)에 대한 설명과 회사의 운영과 관련된 임대계약을 비롯한 여러 계약에 대해서도 설명이 있어야 한다.

11. 재무예측

잠재적 자금제공자와 투자가에게 있어서 사업계획서의 가장 중요한 부분 중 하나는 기업가가 생각하는 재무예측 부분이다. 자금제공자와 투자가는 기존 중소기업의 재무적 건설성과 부채지급 능력, 적절한 수익을 창출하는 능력을 판단하기 위해서 과거의 재무제표를 사용한다. 기존에 중소기업을 소유하고 있는 사람들은 최근 3년간의 회사의 주요 재무제표를 이들에게 보여 주어야 한다. 재무제표들은 외부감사를 받은 것이면 더 좋을 것이다. 왜냐하면 대부분의 금융기관들이 그러한 것에 대해 더 신뢰를 주기 때문이다. 그러나 때때로 회계사에 의한 재무적 의견서도 받아들여질 수 있을 것이다.

제안하는 사업에 대해 재무예측을 하는 것은 매우 어렵지만 기존의 공개된 자료, 협회를 통해 얻은 정보, 산업전문가들과의 의논, 다른 곳에서 유사한 사업을 하고 있는 사람들과의 논의 등을 통해 기업가는 처음 시작하는 회사에 대해 신뢰성 있는 재무예측을 할 수 있다.

기존 회사의 사업계획서를 만들거나 처음 출발하는 회사의 사업계획서를 만들거나 기업가는 처음 1년간은 1개월 당 추정재무제표를 만들어야 하며 2년이나 3년째의 재무예측은 분기별로 만들어야 한다. 과거의 실적, 공개된 통계치, 판단 등을 사용하여 만드는 이러한 재무제표에는 손익계산서, 대차대조표, 현금흐름 그리고 계획된 자본지출표가 포함되어야 한다. 대부분의 자금제공자들과 투자가들이 우선 살펴보는 것은 회사의 수입, 비용 그리고 그에 따른 손익을 나타내는 손익계산서이다. 처음 출발하는 회사들의 경우에 초기에는 손해를 발생시킬 것이라는 것을 그들은 예상하고 있지만 그들이 관심을 갖는 것은 손실이나 이익의 긍정적인 추세이다. 이들은 또한 추정된 매출, 총이익, 영업이익, 순이익이 산업의 평균치와 비교해서 어떤가를 살펴본다. 그 다음으로 투자가들은 회사가 상당 기간 생존 할 수 있는가를 판단하기 위해서 추정현금흐름표를 살펴본다. 이익을 내는 것이 중요하지만 사업을 계속하기 위해서 기업은 충분한 양의 현금흐름을 발생시켜야 한다. 회사를 유지 할 수 있는 충분한 현금흐름이 발생할 때 까지 회사를 지탱 할 수 있는 충분한 자금이 확보되어야 한다. 마지막으로, 자금제공자들과 투자가들은 회사가 예측하고 있는 자산과 부채 그리고 자기자본(자산과 부채의 차이)을 대차대조표를 통해 살펴본다. 이들은 특히 처음 시작하는 회사에 대해서는 무형자산의 가치에 대해 약간 의심스럽게 생각하여 회사의 현금을 감소시킬 수 있는 재고에 대해서 어떤 문제점이 없는가를 살펴본다.

비관적인 경우, 나타날 가능성이 큰 경우, 낙관적인 경우를 구별하고 그에 따른 불확실성을 반영하여 각 경우의 추정재무제표를 작성해야 한다. 재무예측을 한다는 것은 경험이 없는 기업가에게는 매우 힘든 일일수 있다. 그러나 스프레트시트는 그러한 작업을 보다 쉽게 할 수 있도록 해 준다. 재무에 대해 잘 익숙하지 않은 기업가들은 추정재무제표를 작성할 때 회계사나 컨설턴트의 도움을 받는 것을 망설 여서는 안 된다.

이러한 세 가지의 예측은 모두 현실적인 것이어야 한다. 기업가는 자신이 계획하는 사업의 전망이 좋게 보이도록 하기 위해 숫자를 이리저리 맞추는 행동을 하지 말아야 한다. 회사의 재무를 담당할 사람은 준비한 예측치를 산업평균치와 비교해 보고 예측이 비합리적으로 되어 있는지를 검토해야 한다. 실제로 일부 벤처투자가들은 기업가가 하는 재무적 예측을 최대로 50% 정도 평가절하 하여 받아들인다. 재무예측이 끝난 후에 기업가는 손익분기점 분석을 해야 한다. 어느 정도의 판매량에서 사업이 이익을 발생시키기 시작하는가? 더 중요하게는 회사의 현금흐름은 언제부터 양의 값을 갖게 되는가? 하는 것들을 살펴보아야 한다.

마지막으로, 재무제표들의 예측지가 어떤 가정에서 도출된 것인가를 설명해 주는 것도 중요하다. 자금제공자들과 투자가들은 매출, 매출원가, 영업비용, 외상매출금, 외상매출금 회수금액, 재고, 기타 항목의 수치가 어떻게 도출된 것인가를 알기 원한다. 어떤 가정에서 수치들이 예측되었는가를 설명해 주는 것은 사업계획의 신뢰성을 높여준다.

이러한 추정재무제표들은 자금제공자들과 투자가들에게 추가적인 정보를 제공해 줄 뿐만 아니라 기업가들이 자기 회사를 보다 효과적이고 보다 효율적으로 운영하는 데 도움을 준다. 이러한 추정치들은 회사의 재무적 성과의 중요한 목표를 설정해 주는 것이며 또한 기업가가 일상적인 비용이나 자본적 지출에 대한 통제를 보다 쉽게 해 준다. 그러나 추정재무제표들이 사업계획서의 다른 부분에 비해 너무 많은 비중을 차지해서는 안 된다. 특히 처음 시작하는 사업에 대한 사업계획서를 작성할 때 기업가들이 하는 가장 흔한 실수 중 하나는 사람, 마케팅 조사, 경영전략 등에 상대적으로 적은 시간을 할애하면서 재무예측에 대해서는 필요 이상으로 너무 많은 시간을 할애하는 것이다.

12. 필요자금에 대한 설명

필요한 외부자금조달에 대해서는 사업계획서의 대출과 투자제안 부분에 그 목적, 필요한 금액의 크기, 상환계획에 대해서 기술해야 한다. 사업계획서를 준비하면서 얻는 부산물 중 하나는 사업을 출발시키기 위해 얼마의 자금이 필요한가를 발견하게 되는 것이다. 대출의 목적을 기술할 때 기업가는 그 돈의 용도가 무엇이며 그 돈에 대해 어느 정도의 수익률을 가져다줄 수 있는지를 명시해야 한다. “많은 사람들이 특정한 금액의 대출을 요구하면서도 그 돈을 어떤 목적에 사용하려는 것인가를 자세하게 말하지 못하고 있다는 것을 알면 아마 당신은 놀랄 것이다.”라고 한 은행가가 말했다. 자금이 필요로 하는 이유로 ‘현대화를 위해서’, ‘운전자금’ 또는 ‘확장을 위해서’라고 한다면 자금을 제공받을 가능성이 적다. 그 대신, ‘보다 효율적인 직기 다섯 대를 구입하여 생산시설을 현대화하고, 생산성을 12% 올리기 위해서’라고 하든가 ‘가을 성수기를 대비하여 여름부터 재고를 비축하기 위해서’라고 한다면 필요한 자금을 제공받을 가능성이 크다. 기업가는 필요한 금액을 정확히 표시해야 하며 과거의 생산수준이라든가 추정 판매비용 등의 자료를 가지고 그 타당성을 증명할 수 있어야 한다. 필요한 자금을 요구할 때는 망설이지 말아야 하지만 매출이 적을 것이라는 것을 미리 예상하고 필요자금을 부풀리는 것은 실수를 하는 것이다. 사업가가 기억해야 할 것은 자금제공자들과 투자가들이 해당 산업의 비용구조에 대해서 이미 잘 알고 있는 사람들이라는 것이다.

대출이나 투자 제안을 하는 데 있어서 또 하나의 중요한 요소는 자금의 상환계획을 밝히는 것이다. 자금을 제공할 때 자금제공자가 갖는 주된 관심사는 제공해 준 자금이 약정된 이자와 함께 확실히 회수될 수 있는 것인가 하는 것이다. 한편 투자가의 경우에는 투자금액에 대해 적절한 투자수익을 달성할 수 있는가 하는 것이다. 재무예측은 자금제공자에게서 빌린 자금을 다시 돌려주고, 투자가들에게는 적절한 수익을 가져다 줄 수 있는 기업의 능력을 보여 줄 수 있어야 한다. 이러한 능력을 보이지 않고 자금의 지원을 요청하는 것은 거절되기 십상이다. 기업가는 채무를 갚을 수 있는 능력이나 매력적인 수익을 발생시킬 수 있는 증거를 보여 주어야 한다. 사업계획서는 회사를 더 큰 기업에게 판매한다거나 주식의 상장을 통해 투자가들이 그들이 투자한 돈을(상당한 수익과 함께) 다시 회수할 수 있다는 것을 제시하고 있어야 한다. 오랜 경험을 갖고 있는 한 투자가는 "내가 한 회사의 소유주와 마주 앉아 투자에 대해 이야기 할 때 나는 궁극적으로 내가 투자한 돈을 적절한 수익과 함께 회수할 수 있는 방법이 있는가에 대해 관심을 갖는다."고 말했다.

새로이 출발하는 사업의 경우에는 그 사업이 갖는 위험에 대한 평가를 포함하는 것이 도움이 된다. 사업계획서에 위험에 대한 평가를 포함할 때 기업가는 조심스럽게 해야 한다. 잘못될 수 있는 모든 것들에 대해 언급하는 것은 자금제공자들과 투자가들의 자금제공이나 투자를 위축시킬 수 있다. 그러나 또 한편으로 사업이 갖는 위험을 무시하는 경우에는 해당 사업에 대해 평가하는 자금제공자들과 투자가들로 하여금 기업가가 경험이 없거나, 부정직하거나, 준비가 안 되어 있다고 믿게 만든다. 따라서 가장 좋은 방법은 회사가 직면하는 가장 중요한 위험을 확인하고 그러한 위험을 피할 수 있는 계획이나, 좋지 않은 결과가 나올 때 그러한 결과를 최소화할 수 있는 계획에 대해 기술하는 것이다. 다음에 있는 '경쟁우위의 확보'는 간단한 두 개의 그림을 사용하여 회사가 갖는 위험과 보상에 대해 투자가들과 대화를 나눌 수 있는 방법에 대해 설명해 주고 있다.

마지막으로, 기업가는 계획을 이행할 시간표를 갖고 있어야 한다. 사업계획서는 사업을 시작할 것으로 예상하는 날짜와 중요한 상황이 발생할 수 있는 중대 시점에 대한 시간표를 갖고 있어야 한다. 기업가들은 낙관적인 경향을 가지므로 중대 시점에 대한 시간표를 작성할 때 현실적으로 작성하는 것이 중요하다.

한편, 사업가들이 활용하는 운영 사업계획서와 여기서 언급하고 있는 사업계획서처럼 필요한 자금을 끌어들이는 목적으로 작성하는 사업계획서에는 차이가 있다. 운영 사업계획서는 그때그때의 변화가 반영되어 수정된다고 하더라도 문제되지 않는다. 운영 사업계획서가 수정된다는 것은 사업가가 실제로 운영 사업계획서를 잘 활용하고 있다는 것을 말해주는 것이기도 하다. 사업계획서는 일반적으로 잠재적 자금제공자나 투자가들에게 첫인상을 좋게 하기 위해 기업가가 사용하는 도구이다. 좋은 인상을 받기 위해서 기업가는 다음과 같은 점에 유의해야 한다.

- 사업계획서에 오자나 어색한 표현이 들어가서는 안 되며 오타도 없어야 한다. 이는 전문적인 문서이므로 전문가의 문서처럼 보여야 한다.
- 내용의 배열을 보기 좋게 하여 상대방이 끌리도록 해야 한다. 중요한 점을 강조하기 위해서는 컬러도표, 그림, 사진, 그래프 등을 사용하라. 그러나 멋있게 꾸미는 것에만 신경 써서 만화책처럼 보이는 것을 피하라.
- 회사의 이름과 로고를 표지로 하여 멋있는(그러나 너무 거창하지 않은) 표지를 사용하라.
- 내용을 쉽게 찾아볼 수 있도록 내용의 목차를 작성하여 포함시켜라.
- 글이 잘 연결되어 말하는 스타일처럼 작성하고, 내용의 중요한 점을 항목별로 글머리 기호를 사용하여 정리하라.

- 주장하는 바를 사실로 증명하고 일반화된 표현은 피하라.
- 읽은 사람이 익숙하지 않은 해당 산업계의 전문용어를 과다하게 사용하는 것을 피하라.
- 재미있게 만들어라. 지루하게 엮어진 사업계획서는 사람들이 잘 읽지 않는다.
- 재무예측에는 스프레드시트를 사용하라. 이러한 프로그램을 사용하면 '각 상황'에 따른 분석을 바로 해 보일 수 있다.
- 항상 현금흐름에 대한 예측을 포함하는 것을 잊지 말라. 기업가들은 종종 이익의 예측지에만 초점을 맞추어 현금흐름에 대한 예측을 무시하는 경향이 있다. 수익성은 물론 중요한 것이지만 자금제공자들과 투자가들은 현금흐름에 훨씬 더 많은 관심을 갖는다. 왜냐하면 빌린 돈을 상환하거나 투자 금에 대한 적절한 보상은 회사에 현금이 있어야 이루어지기 때문이다.
- 이상적인 사업계획서는 설명할 내용을 충분히 담고 있으면서도 간결해야 하며 읽기에 지루할 정도로 길어서는 안 된다.
- 진실을 말하라. 절대적 정직은 사업계획서를 준비하는 데 가장 중요한 것이다.

이제 당신이 알 수 있듯이 사업계획서는 기업가가 계획하는 미래에 관한 예측서이다. 사업계획서를 작성하는 것은 한 전문가가 말했듯이 미지의 세계를 사진 찍는 아주 큰일과 같은 것이다. 미래는 불확실하여 예측하기 힘들지 모르지만, 사업계획서 없이 사업을 시작하는 것은 잘못된 것이다. William Sahlman은 Harvard Review의 한 논문에서 "최고의 사업계획서는 미래에 대한 영화와 같은 것이다. 사업계획서는 사람들에게 여러 각도에서 기업을 보여 주는 것이며, 미래에 대한 일관성 있고 가능성 있는 이야기를 해 주는 것이고, 작용과 반작용에 대한 가능성을 펼쳐 보이는 것이다."라고 말했다. 기업가는 사업계획서에서 마치 '영화'와 비슷한 한 편의 줄거리를 창조하려고 노력해야 한다.

제3절 사업계획의 세 가지 검증

건실한 사업계획서를 준비하는 데는 분명히 시간과 노력이 요구된다. 그러나 그로부터 발생하는 혜택은 비용을 훨씬 능가한다. 사업계획서를 작성한다는 것은 기업가로 하여금 자신의 사업 아이디어를 험한 현실에 비추어 보도록 만들며, 또한 기업가가 사업의 성공가능성에 대해 보다 객관적으로 평가해 보도록 만드는 것이다. 잘 정리된 사업계획서는 외부인들에게 사업 아이디어가 성공할 수 있다는 것을 증명하는 데 도움을 준다. 외부금융을 얻기 위하여 사업계획서는 잠재적 자금제공자들과 투자가들로부터 현실적 검증, 경쟁력 검증, 가치 검증이라는 세 가지 검증을 거쳐야 한다. 처음 두 가지 검증은 외부적인 것과 내부적인 것으로 구성된다.

1. 현실성 검증

현실성 검증의 외부적 부분은 해당 제품이나 서비스에 대한 시장이 실제로 존재하는가를 증명하는 것과 관련된 것이다. 이는 사업이 갖는 매력적, 틈새시장, 잠재적 고객, 시장규모, 경쟁 정도 등 이와 비슷한 요소들에 초점을 맞춘다. 이 부분의 현실성 검증을 통과하는 기업가들은 그들의 사업계획서의 마케팅 부분에서 자기 사업 아이디어에 대한 강한 수요가 존재한다는 것을 증명한다. 현실성 검증의 내부적 부분은 제품이나 서비스 그 자체에 초점을 맞춘다. 사업계획서에 적혀 있는 비용으로 생산될 수 있는가? 경쟁자가 이미 시장에서 팔고 있는 것과 정말로 다른가? 고객에게 어떤 가치를 제공하는가?

2. 경쟁력 검증

경쟁력 검증의 외부적 부분은 핵심 경쟁자와 비교한 회사의 상대적 위치를 평가한다. 경쟁에 대해 회사가 갖고 있는 강점과 약점은 무엇인가? 새로운 회사가 시장에 들어온다면 기존 경쟁자들은 어떻게 대응할 가능성이 있는가? 그러한 대응은 새로운 회사의 성공과 생존을 위협하는가? 경쟁력 검증의 내부적 부분은 기존 경쟁자에 대해 경쟁우위를 창조할 수 있는 회사 경영진의 능력에 초점을 맞춘다. 경쟁력 검증의 이 부분을 통과하기 위해서 사업계획서는 회사 경영진의 자질을 증명해야 한다. 시장에서 경쟁우위를 갖기 위하여 회사가 갖고 있어야 하는 다른 자원들은 무엇인가?

3. 가치 검증

자금제공자들과 투자가들이 그들의 자금을 새로운 회사에 투입하기 위해서 사업계획서는 그들에게 자금상환의 가능성과 매력적인 수입률을 발생시킬 가능성이 매우 높다는 것을 증명해야 한다. 일반적으로 기업가들은 자기 운명에 대한 스스로의 관리, 자신이 좋아하는 것을 하는 자유 등 회사를 소유할 때 얻는 무형적인 가치를 생각하기 때문에 자기 회사에 대한 투자를 좋은 것으로 보는 경향을 갖는다. 그러나 자금제공자들과 투자가들은 새로 출발하는 회사를 돈 내고 돈 먹기 식의 보다 냉철한 시각에서 본다. 사업계획서는 자금제공자들과 투자가들에게 그들이 투자한 돈에 대해 매력적인 수익을 달성할 수 있다는 것을 확신시켜야 한다.

제 4 절 사업계획서의 핵심 사항에 대한 이해

기업가가 자금제공이나 투자를 요청할 때 자금제공자들과 투자가들은 많은 정보를 갖고 있고 준비가 잘되어 있는 기업가에 대해 상당히 긍정적인 인상을 갖는다. 기업가들이 자금제공자들이나 투자가들로부터 자금을 확보하려고 그들을 직접 만나기 전에 사업계획서를 그들에게 건넨다. 서류로 된 사업계획서가 일차적으로 통과된 다음에 기업가는 사업계획에 대해 말할 기회를 갖는다. 일반적으로 사업기회를 발표하는 시간을 짧아서 몇 분을 넘지 않는다(벤처투자가 포럼에서 사업계획을 발표하는 데 할당되는 시간은 일반적으로 20분 미만이며 길어야 30분이다). 사업계획을 발표할 기회를 얻는 경우, 기업가는 잘 준비해 가야 한다. 발표 연습을 하고 또 하고 또 하는 것이 중요하다. 제품이나 서비스의 기초가 되는 기술에 대해 장황한 설명을 하는 것으로 발표를 시작하는 것은 좋지 않다. 몇 분 안 돼 참석자들의 대부분은 곧 흥미를 잃고 그에 따라 사업가는 자신이 원하는 자금을 획득할 수 있는 기회를 잃게 된다. 사업계획의 발표는 5가지 기본적인 측면에 대해 언급해야 한다.

- 회사의 배경과 그 제품이나 서비스 설명
- 시장분석과 시장기회에 대한 설명
- 회사가 갖는 경쟁우위와 회사가 사용할 마케팅전략
- 경영진과 그들의 자질 및 경험
- 자금제공자들과 투자가들에게 매력적인 투자기회를 알려 주는 재무 분석

사업계획서가 아무리 잘 작성되어 있다고 하더라도 자금제공자들과 투자가들 앞에서의 발표를 잘못하는 사업가는 자금을 확보할 수 있는 기회를 놓치는 것이다.

회사의 성장을 위한 자금을 확보하는 데 성공하는 기업가들은 매우 건실한 사업계획서를 갖고 있으며 또한 그 사업계획서의 내용에 대해 투자가들이 확신할 수 있도록 발표한다. 잠재적 자금제공자들과 투자가들에게 사업계획을 제대로 발표하는 데 도움이 되는 점들에는 다음과 같은 것들이 있다.

- 준비하라. 좋은 발표자는 자신이 발표할 내용을 사전에 잘 준비하여 청중에게 무엇을 전해야 하는지를 알고 있다.
- 사업에 대해서 몰입하고 있음을 보이되 너무 감성적인 태도는 보이지는 말라.
- 당신 제품이나 서비스의 세세한 내용과 그것을 개발하기 위해서 들어간 많은 노력에 대해서 긴 설명에 곧바로 들어가려는 유혹에서 벗어나라. 그 대신, 당신의 아이디어가 갖는 다양한 기회와 당신의 사업계획이 그것을 어떻게 자산화 할 수 있는지를 알려 주는 데 초점을 맞추라. 그렇게 하지 못하면, 보다 자세한 내용을 자금제공자들과 투자가들에게 설명할 기회는 갖기 못하게 될 것이다.
- 새 사업, 그것이 갖는 기회, 그리고 투자가들에게 돌아가는 혜택에 대한 설명에 투자가들을 바로 연결하라.
- 시각적 보조 장치를 활용하라. 시각적 보조 장치는 당신이 하는

발표를 사람들이 보다 쉽게 따라오게 한다. 그러나 전체를 시각적 보조 장치에 의존하는 실수는 하지 않아야 한다. 시각적 보조 장치는 말로 발표하는 내용을 강조하기 위해서 사용되어야 하고 당신이 말하고 있는 것에 청중이 집중하도록 돕는 역할을 하는 것으로 사용되어야 한다.

- 중요한 부분만 말하라. 특정한 질문을 통해 자세한 내용은 나중에 설명될 수 있다. 따라서 처음부터 자세한 내용을 설명하는 데 너무 많은 시간을 뺏기지 않도록 하라.
- 발표를 사업계획서처럼 간결하게 하라. 그렇게 하지 않으면 투자가는 혼란에 빠질 수도 있다.
- 대부분의 청중들이 이해 못하는 기술적 용어들을 사용하는 것을 피하라. 특별한 기술적 지식이 없는 사람 앞에서 적어도 한 번의 발표 연습을 하면서 그 사람이 이해하지 못하는 경우에 모두 지적해 달라고 부탁하라. 그러한 부분이 있으면 그 부분을 다시 작성하라.
- 당신과 대화하는 모든 잠재적 자금제공자와 투자가들이 "내게 이득이 되는 것이 어떤 것이 있는가?"라는 생각을 항상 하고 있다는 것을 기억하라. 발표내용에 그러한 질문에 대한 답이 있도록 하라.
- 어떤 종류의 기회가 있는지를 강조함으로써 발표를 마치도록 하라. 사업이 성공하면 투자가들에게 혜택이 돌아간다는 사실을 확실히 알려라.
- 질문에 대한 답을 준비하라. 많은 경우, 질의응답 시간을 갖는 경우는 거의 없다. 그러나 투자가들은 당신을 따로 만나 사업계획의 자세한 내용을 논의하기를 원할 수도 있다.
- 청중들이 질문할 가능성이 큰 질문내용을 예상하고 그에 대해 미리 준비하라.
- 자금제공자들과 투자가들의 질문유형을 살펴보면서 그들에게 가장 중요한 궁금증이 무엇인가를 빨리 감지하라. 예를 들어, 일부 투자가들은 경영진의 자질에 대해 관심을 가질 수도 있고 다른 일부는 마케팅전략에 더 관심을 보일 수 있다. 어느 경우에나 자세

한 대답을 할 수 있도록 준비하라.

- 당신이 사업계획을 발표한 모든 투자가들과 계속 접촉하라. 앉아서 기다리지 말고 능동적으로 행동하라. 그들이 당신이 필요로 하는 자본을 갖고 있는 사람들이다. 당신이 사업계획에 확신을 갖고 있고 사업을 성공시키는 데 필요한 것들을 앞장서서 해 나간다는 것을 보여라.

제 5 절 사업계획서의 중요성

사업계획서가 필요한 자본을 끌어들이는 데 성공할 가능성을 높이기 위해서 기업가들은 자금제공자들과 투자가들이 기업가들을 판단할 때 사용하는 기준들에 대해 알아야 한다. 자금제공자들과 투자가들은 이러한 기준들은 '신용의 다섯 가지 C(five Cs of credit)'라고 부르며, 이는 자본(capital), 능력(capacity), 담보(collateral), 성격(character), 여건(conditions)을 말한다.

1. 자 본

중소기업은 자금제공자로부터 자금을 받기 전에 어느 정도 소유주가 투자한 안정적인 자기자본을 보유하고 있어야 한다. 그렇지 않은 경우, 자금대여자는 실제로 그 회사의 자본금을 투자하는 자본투자가가 된다. 많은 자금제공자들은 자신이 빌린 자금이 자본적 투자가 되는 것을 꺼려한다. 왜냐하면 자금대여로부터 얻는 수익은 대여금에 대한 이자일 뿐이고 자금대여가 실질적으로 자본적 투자의 성격을 갖는 경우에 발생할 수 있는 손실은 그러한 이자를 초과할 가능성이 있기 때문이다. 실제로 은행들이 중소기업에 대한 대출을 거절하는 대부분의 이유는 중소기업들이 적절한 자본금 이하의 자본금을 갖고 있거나 너무 많은 부채를 갖고 있기 때문이다. 또한 투자가들은 기업가가 사업 초기의 힘든 기간을 잘 견딜 정도의 돈을 자기 스스로 충분히 투자해 놓고 있기를 원한다.

2. 능 력

능력은 현금흐름과 동의어이다. 자금제공자들과 투자가들은 회사가 일상적인 채무에 대해 상환할 능력을 갖추고 있고 은행으로부터 대출받은 돈을 지급할 능력을 갖고 있기를 원하며 그러한 능력을 갖고 있다는 것은 필요한 현금을 적절하게 발생시키고 있다는 것을 말한다.

회사가 이익을 발생시키고 있으면서도 현금을 갖고 있지 않을 수 있다. 이러한 상황을 기술적 도산이라고 부른다. 자금제공자는 회사가 유동성을 제대로 갖추고 있기를 기대한다. 특히 단기차입금을 지불할 수 있는 현금을 보유하고 있기를 기대한다. 자금제공자들은 중소기업이 사업을 성공적으로 운영하는 데 필요한 현금흐름(능력)을 갖고 있는가를 자세히 살펴본다.

3. 담 보

담보는 기업이 대출금의 상환을 보증하는 안전장치로 제공하는 모든 자산을 의미한다. 회사가 대출금을 상환하지 못한다면 은행은 담보를 팔 수 있는 권리를 가지며 담보물의 판매로부터 발생하는 금액이 상환금으로 이용된다. 새로 출발하는 회사에 대해서는 자금제공자들은 일반적으로 지급이 보증되는 않는(담보가 제공되지 않는) 대여는 하지 않는다. 은행은 기업가가 담보(개인적 자산이든, 회사의 자산이든)를 제공하려는 용의를 갖고 있는지를 가지고 그가 사업을 성공시키려는 노력을 할 것인가를 판단한다.

4. 성 격

중소기업에게 자금을 공급하기 전에 자금제공자들과 투자가들은 그 회사의 소유주의 성격이 만족스러운가를 판단한다. 소유주의 성격에 대한 평가는 정직, 유능, 품위, 결단력, 지식, 경험, 능력과 같은 무형의 요소들을 기초로 이루어진다. 성격에 대한 평가 결과가 질적인 것으로 추상적인 것이기는 하지만 그러한 결과는 자금제공자나 투자가의 의사결정에 매우 중대한 영향을 미친다.

자금제공자들과 투자가들은 대부분의 중소기업들이 어설픈 경영에 의해 실패한다는 것을 알고 있다. 따라서 그들은 매우 높은 위험을 갖는 기업가들에게 돈을 빌려 주거나 투자하는 것을 피하려고 한다. 건실한 사업계획을 마련하고 잘 정리된 발표를 하는 것은 자금제공자들과 투자가들로 하여금 기업가가 회사를 성공시킬 수 있는 자질을 갖고 있는 것으로 판단하는 데 도움을 준다.

5. 여 건

여건도 기업가가 필요한 자금을 공급받는 데 영향을 준다. 은행들은 회사의 성장가능성, 시장의 경쟁도, 회사의 위치, 회사 소유권의 형태, 자금의 사용목적 등 사업의 운영과 관련성을 갖는 요소들에 대한 고려도 자금제공 여부를 판단한다. 기업가는 이러한 것과 관련된 정보도 잘 정리된 상태로 사업계획서에 포함해야 한다. 은행의 판단에 영향을 주는 또 하나의 중요한 여건에는 이자율수준, 인플레이션율, 화폐의 수요 등과 같은 전반적인 거시경제상황이 포함된다. 이러한 요소들은 비록 기업가의 통제 밖에 있는 것들이지만 은행의 입장에서는 의사결정에 중요한 요소가 될 수 있는 것이다.

중소기업이 이러한 '신용의 다섯 가지 C'에 더 높은 점수를 얻을수록 대출받거나 투자를 유치할 수 있을 가능성을 더 높아진다. 현명한 기업가는 이러한 것을 잘 명심하면서 자신의 사업계획서를 작성하고 사업계획을 발표한다.

6. 결 론

새로운 사업이 성공한다는 보장은 그 어디에도 없지만 실패를 막는 데 가장 좋은 방법은 사업계획서를 작성하는 것이다. 좋은 계획서는 사업이 미지의 세계로 여행 갈 때 좋은 길잡이가 되는 전략적 나침판으로 기능한다. 또한 건실한 계획은 사업을 시작하는 데 필요한 자금을 끌어들이는 데 핵심적으로 요구되는 것이기도 하다. 자금제공자들과 투자가들은 사업계획서를 요구한다. 한 중소기업에 대한 전문가는 "포괄적이고, 조사로 잘 뒷받침된, 그리고 무엇보다도 신뢰성을 보여 주는 사업계획서를 작성하는 데 실패하는 것은 기업가가 자신이 필요로 하는 자본을 얻는 것을 스스로 막는 가장 쉬운 길이다." 라고 말했다. 물론, 사업계획서를 만드는 것은 사업을 출발시키는 과정의 첫 번째 단계일 뿐이다. 사업을 성공시키기 위해서 기업가는 사업계획을 행동으로 옮겨야 한다. 이 책의 나머지 부분은 당신의 사업계획을 행동으로 옮기는 것에 초점을 맞춘다.

제 6 절 바람직한 사업계획서

각 회사들의 사업계획서가 기업가 개인의 상황을 반영하면서 모두 제각각 다르겠지만 사업계획서가 갖추어야 하는 요소들에는 일반적인 요소들도 있다. 다음은 이러한 요소들에 대한 것을 요약한 것이다.

Ⅰ. 요약분(2쪽을 넘어서는 안 됨)

A. 회사명, 주소, 전화번호
B. 모든 핵심 임원들의 이름, 주소, 전화번호
C. 사업, 제품과 서비스, 이들이 해결해 주는 소비자의 문제에 대한 간단한 설명
D. 제품과 서비스 시장에 대한 간단한 전반적 설명
E. 사업을 성공시키는 전략에 대한 간단한 전반적 설명
F. 핵심임원들의 경영경험과 기술경험에 대한 간단한 기술
G. 필요자금과 자금의 사용처에 대한 간단한 설명
H. 재무예측의 중요한 점을 보여주는 차트나 도표

Ⅱ. 비전과 사명서

A. 기업가 회사에 대해 갖는 비전
B. "우리는 어떤 사업을 하는가?"
C. 회사의 기반이 되는 가치와 원칙들
D. 해당 사업을 유일하게 만드는 것들은 무엇인가? 경쟁우위의 원천은 무엇인가?

III. 회사의 역사(기존 기업에 한함)

A. 회사의 설립

B. 재무 및 영업활동의 주요점

C. 중요한 성과

IV. 산업에 대한 설명과 개관

A. 산업분석

1. 산업의 배경과 전반적 개관
2. 주요 고객그룹
3. 정부규제
4. 주요 추세
5. 성장률
6. 진입장벽과 퇴출장벽
7. 해당 산업에서의 핵심 성공요소
8. 미래에 대한 전망

B. 성장단계(창업, 성장, 성숙)

V. 경영전략

A. 희망하는 이미지와 시장에서의 위치

B. 회사의 목적과 목표

1. 운영측면
2. 재무측면
3. 기타

C. SWOT 분석

1. 강점
2. 약점
3. 기회
4. 위협

D. 경쟁전략

1. 비용리더십
2. 차별화
3. 초점

VI. 회사의 제품과 서비스

A. 설명
1. 제품이나 서비스의 특징
2. 고객이 얻는 혜택
3. 보증서
4. 독특함

B. 특허나 상표에 대한 보호

C. 생산과정에 대한 설명(해당되는 경우)
1. 원재료
2. 비용
3. 핵심 공급자
4. 발주에서 배달까지의 시간

D. 미래의 제품이나 서비스

VII. 마케팅전략

A. 목표시장
1. 해결해 주는 문제 또는 제공해 주는 혜택
2. 인구 통계적 여러 측면
3. 기타 중요한 고객 특성

B. 고객들의 구매동기

C. 시장규모와 추세
1. 시장은 얼마나 큰가?
2. 시장은 커지고 있는가, 작아지고 있는가? 얼마나 빨리?

D. 판매노력
1. 판매원의 규모, 채용, 훈련
2. 판매원에 대한 보상

3. 판매건당 방문수
4. 평균 판매량

E. 광고와 판촉
1. 구독자, 시청자, 청취자의 여러 측면
2. 매체 사용 비용
3. 사용빈도
4. 상품광고 계획

F. 가격책정
1. 비용구조
a. 고정비
b. 변동비
2. 구축하고자 하는 이미지
3. 경쟁자와의 가격비교
4. 할인
5. 매출 이익률

G. 유통전략
1. 사용하는 유통망
2. 판매기법과 중간상에 대한 인센티브

H. 시험시장 결과
1. 설문조사
2. 시제품에 대한 고객반응
3. 초점그룹

Ⅷ. 위치와 실내 배치

A. 위치
1. 위치와 목표고객을 비교한 인구 통계적 분석
2. 유동인구 조사
3. 임대료
4. 필요 종업원 수와 확보가능성
5. 임금수준

B. 실내 배치
   1. 요구되는 규모
   2. 장애인을 위한 시설 준수
   3. 인체공학적 문제
   4. 배치계획(부속물 설치의 적합 여부)

IX. 경쟁자 분석

A. 기존 경쟁자들
   1. 그들은 누구인가? 경쟁매트릭스의 작성
   2. 강점
   3. 약점

B. 잠재적 경쟁자들: 시장에 진입할 수 있는 회사들
   1. 그들은 누구인가?
   2. 그들이 시장에 진입할 경우의 영향

X. 경영진에 대한 설명

A. 핵심 경영자와 근로자
   1. 그들의 배경
   2. 회사에 기여하는 경험, 기술, 노하우

B. 핵심 경영자와 근로자의 이력서(부록에 포함하는 것이 적합)

C. 추후에 추가될 경영진

D. 이사와 고문

XI. 재무예측(부록에 포함하는 것이 적합)

A. 주요 가정들

B. 재무제표(첫해는 매달, 2년과 3년째는 매 분기마다)
   1. 손익계산서
   2. 대차대조표
   3. 현금흐름표

C. 손익분기점 분석

D. 산업표준치에 비교한 비율분석

XII. 대출, 투자 제안 및 부록

A. 요청금액

B. 자금의 사용목적과 사용처

C. 상환 및 지급 계획

D. 계획실천 시간과 사업출발 시점

E. 부록(시장조사, 재무제표, 조직도, 이력서, 기타 부가서류 등)

제 7 장

중소기업의 경영전략

기업이 성공하기 위해서는 기업이 처한 환경에서 가장 유리하다고 판단되는 전략을 수립하여 그 방향으로 기업을 이끌어 나가야 한다. 세계적으로 인정받은 초우량기업들은 확실한 그 기업의 전략방향을 설정하여 추진함으로써 경쟁력을 유지해 나가고 있다.

중소기업은 대기업에 비하여 여러 가지 불리한 환경에 처해 있기 때문에 더욱 더 분명한 전략의 방향을 설정할 필요가 있다. 올바른 전략이 수립되기 위해서는 기업이 보유한 여러 자원의 강점과 약점을 잘 분석하는 것이 우선 요구된다.

본 장에서는 중소기업이 수립할 수 있는 일반적인 전략의 내용을 중심으로 그 전략의 특징들을 살펴보았다.

제1절 중소기업의 외부환경분석

21세기는 불확실성과 단절의 시대로서 과거의 연장선상으로는 전혀 예측이 불가능하거나 현재의 강점이 미래에는 오히려 약점으로 바뀌는 경우가 있다. 이 같은 환경에 경영 패러다임과 전략을 재편하는 것이 중요하다.

또한 기업은 환경변화에 신속하게 적응할 수 있는 유연성을 필요로 한다. 그러나 유연성이란 적응을 가능하게 할 뿐 적응을 보증하는 것은 아니다. 따라서 내부 환경의 경영자원을 활성화하여 외부환경 변화에 능동적으로 대처하지 않으면 안된다. 이러한 적응활동이 경영전략이다.

기업의 환경요인은 갈수록 불확실성이 증가하고, 이러한 불확실성은 기업의 경영활동에 커다란 영향을 미치는데 최근에 일어나는 환경변화의 특징은 ① 변화의 동인이 과거에는 주로 동일분야, 동일 업종의 경쟁자로부터 이루어 졌는데, 현대는 전후방 좌우 어느 분야에서든 빠르게 일어난다. ② 기업의 존립과 발전에 중대한 영향력을 미치는 요인이 많아지고, ③ 환경변화의 속도가 매우 빠르므로 기업은 환경변화의 결과를 예측하기 어렵고, ④ 환경변동이 비연속적으로 이루어지고 있으므로 과거 실적의 연장선상에서는 파악하기 곤란하며, ⑤ 고려해야 할 환경요인이 복잡하기 때문에 미래를 예측하기가 힘들다, ⑥ 갈수록 제품·기술의 라이프 사이클이 짧아지고 있다.

이와 같은 경영환경은 외부환경과 내부 환경으로 구분되는데, 외부환경은 기업에게 기회와 위협을 주며, 내부 환경은 기업의 강점 및 약점을 결정한다. 따라서 환경 속에서 기업의 안정적인 성장과 발전을 확보하는 경영전략을 올바르게 수립하기 위해서는 제공하는 기회와 위협을 분석하고 내부 환경에 대한 강점과 약점을 평가하는 단계가 선행되어야 한다.

외부환경에서 기회란 성장요인이며 위협이란 제약요인인데, 유능한 경영자란 위협요인까지도 성장기회로 전환시킬 수 있어야 한다([그림] 참조).

오늘날의 모든 기업은 장기적이고 기업의 전체적인 조화를 위해 전략을 필요로 한다. 여기서 전략이란 기업이 처해 있는 환경변화의 대응을 의미하는 것이다. 불확실한 환경변화에 적극적으로 대응하기 위해 전략이 필요하며, 이러한 전략수립이 올바르게 형성되어졌을 때 전술이 올바르게 수립되어질 수 있는 것이다.

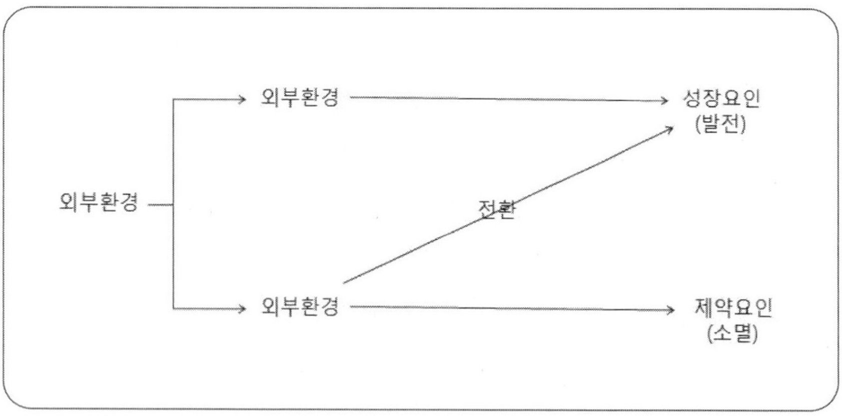

[그림 7-1] 경영자의 역할

따라서 전략이란 기업의 모든 부분을 포함하는 종합계획이며, 기업 전체의 조화를 추구하는 전체적인 계획으로서 기업이 나아갈 방향을 제시하는 것이다.

환경변동에 대한 기업의 적응활동의 예를 들면 임금의 상승에 대응하고자 이루어지는 생력화나 자동화 전략, 소비자 욕구의 고급화에 따른 품질강화전략, 기존제품의 사양화에 따른 신제품 개발전략, 간접비절감을 위한 물류개선활동, 종업원의 능력개발을 위한 교육, 경쟁사와의 경쟁에서 우위를 점하기 위한 차별화 전략 등이다. 이러한 내용들 중 상당한 부분이 과거에는 요즘과 같이 중요하게 인식되지 못하였다. 급변하는 환경변화에 보다 민첩하게 대응할 수 있는 전략이 요구된다.

제 2 절 중소기업의 경영자원과 핵심역량

경영전략의 수립을 위한 모델의 개발은 주로 대기업을 중심으로 전개되어 왔으며, 중소기업을 대상으로 하는 연구는 적었다. 왜냐하면 중소기업은 계획담당 부서나 전문요원이 확보되지 못한 경우가 많기 때문이며, 또한 시간적인 여유가 충분하지 않고, 더 큰 이유는 경영전략이란 마치 대기업에서만 사용되는 기구라고 인식하기 때문이다.

그러나 중소기업도 급변하는 경영환경에서 경쟁력을 확보하고 지속적인 성장을 위해서는 경영 전략의 중요성을 인식하고, 경영전략을 수립하여 운용하여야 한다. 일반적으로 경영전략은 다음과 같은 과정을 거치는 것이 바람직하다.

1. 기업환경의 분석

현재 기업이 당면한 환경을 분석한다는 것은 앞으로 전개되는 여러 전략에 중요한 기초가 된다. 잘 짜여진 전략에 따라 경영되고 있는 기업의 경우는 환경 분석과정이 수월하겠지만, 많은 중소기업의 경우에는 환경 분석방법이 엉성하거나 환경 분석방법의 내용을 경영자 자신만이 보유하고 운영하므로 객관성을 갖기가 어렵다. 이러한 경우에는 기업의 행동과 각 부문별 경영활동에서 기업의 경영전략이 어떤 것인가를 추리하여 파악할 수 있다.

이 단계에서 파악되어야 할 것은, 기업의 이념과 목표, 기업의 강·약점, 기존 전략의 방향, 목표시장, 판매방법, 경쟁회사의 전략 등이다.

[표 7-1] 경영자원: 유형 자원

경영자원	주요 특성	핵심지표
물적자원	• 공장과 설비의 규모와 위치, 기술의 정밀성과 유연성, 건물과 토지의 용도전환과 위치가 중요하다. • 원자재의 획득가능성이 기업의 생산가능성을 제한하며 비용 및 품질 우위를 결정한다.	• 고정자산의 재판매가치 • 자본설비의 수명 • 공장의 규모 • 고정자산의 용도전환가능성
금융자원	• 기업의 자금차입능력과 내부 자금의 운용 가능성이 기업의 투자능력을 결정한다.	• 부채/자본의 비율 • 자본지출에 대한 현금보유 비율 신용등급

[표 7-2] 경영자원: 무형자원

경영자원	주요 특성	핵심지표
기술자원	• 특허권, 저작권, 기업비밀 등의 독점기술과 노하우 등 전문기술을 포괄하는 기술자원, 기술혁신자원, 연구설비, 기술인력	• 특허권의 수와 중요성 • 독점 라이센스로부터 얻는 수익 • 전체종업원 중 연구개발인력의 비중
브랜드	• 소비자들에게 널리 알려진 상표를 기업이 보유함으로써 소비자들과 좋은 관계를 만들어 갈 수 있으며, 기업이 만드는 제품에 대하여 소비자들에게 신뢰감을 줄 수 있다.	• 브랜드 인지도 • 경쟁브랜드에 대한 가격프리미엄 • 재구매비율 • 제품품질에 대한 객관적인 측정

[표 7-3] 경영자원: 인적자원

경영자원	주요 특성	핵심지표
인적자원	• 종업원에 대한 훈련과 그들이 보유한 전문기술이 그 기업이 활용할 수 있는 기술수준을 결정한다. • 종업원들의 유연성이 기업이 계획한 전략의 유연성을 결정한다. • 종업원들의 충성과 헌신이 경쟁우위를 유지할 수 있는 기업의 능력을 결정한다.	• 종업원의 교육, 기술, 전문자격 • 산업평균대비 임금수준

2. 문제점의 파악

기업환경의 분석은 기업이 처한 현재의 문제점을 정확히 파악하여 미래에 대처하기 위함이다. 현행전략을 재평가할 때는 다음과 같은 내용을 중심으로 검토하여야 한다.

① 경영환경을 검토하여야 한다. 현재의 전략으로서 변화하는 환경에 그대로 적응할 수 있는지 또는 새로운 기회와 위협이 나타날 것인지를 검토한다.

② 현행전략에 입각하여 이루어진 부문별 업적과 기업의 재무 상태를 분석함으로써 기업의 경영 상태를 검토한다.

③ 기업의 마케팅, 생산, 연구개발 등에 관한 모든 방침과 경영조직을 재평가하여 현재 당면한 문제점을 파악한다.

3. 문제점의 원인분석

현행전략의 재평가 과정을 거쳐 문제점이 밝혀지면 그 문제점의 원인이 무엇인가를 파악해야 한다. 중점적으로 파악하여야 할 문제점으로는 ① 계획의 실패원인, ② 조직단위간의 갈등원인, ③ 시장점유율의 저하원인, ④ 경쟁우위의 상실원인, ⑤ 재무상태의 악화원인 등이며 이러한 문제점은 현행전략을 추진할 때 회사가 현재 지니고 있는 것보다 더 큰 경영자원(생산능력, 설비, 노동력 등)을 요구하고 있는지 여부, 경쟁상의 이점을 발휘하고 있는지 여부, 환경변동으로 나타나는 기회를 이용하지 못하거나 위협을 극복하는지의 여부, 현행전략의 일관성 여부 등을 파악하여 해결방법을 모색하여야 한다.

핵심역량(core competenc)

정의

- 기업의 여러 가지 경영자원들 중 경쟁기업에 비하여 경쟁우위를 가져다 주는 기업의 능력을 의미
- 핵심역량은 단순히 '잘하는' 활동이 아니라 경쟁기업과 비교하여 항상 그 기업이 더 잘할 수 있는 상대적인 경쟁능력을 의미

특징

- 다양한 시장으로 진출할 수 있는 가능성을 제공
- 최종제품으로부터 고객이 느끼는 편익을 증대
- 경쟁자들이 흉내내기 어려워야 한다.

[그림 7-2] 핵심역량

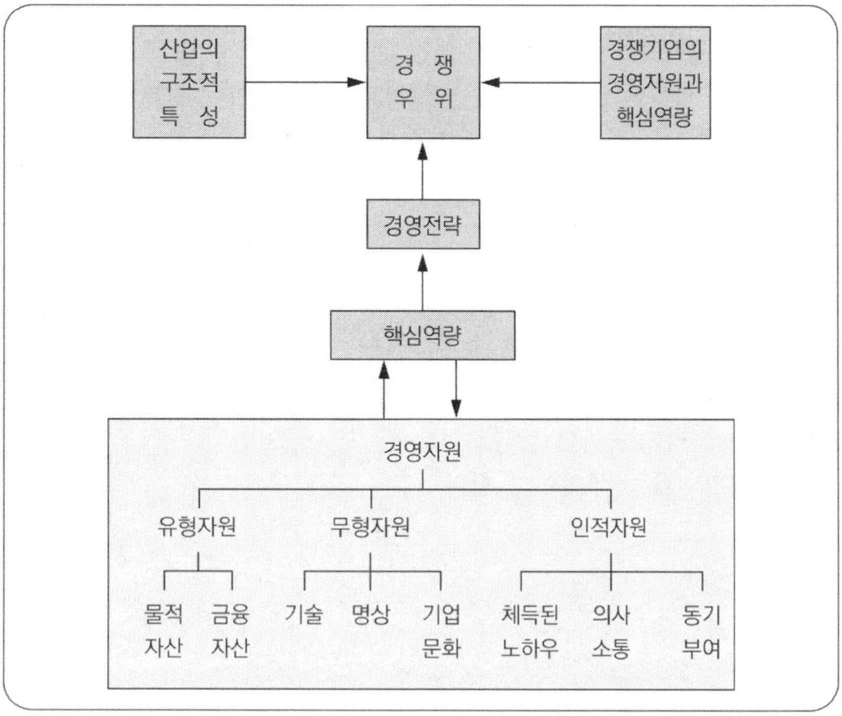

[그림 7-2] 경영자원, 핵심역량, 경쟁우위관계

핵심역량 접근법의 장점

- 핵심역량은 다각화에 대한 지침역할을 한다.
- 핵심역량을 파악하는 것은 수직적 통합 및 아웃소싱과 관련한 의사결정의 주요 판단근거가 된다.
- 핵심역량 접근방법은 기업의 글로벌화를 촉진시키는 역할을 한다.
- 핵심역량 접근방법은 전략적 제휴를 효과적으로 운용할 수 있도록 한다.

[그림 7-3] 핵심역량접근법의 직접

4. 해결방안의 입안

현행전략이 지니고 있는 문제점의 핵심을 파악한 다음에는 문제점을 해결하기 위한 방안, 즉 대체 안을 입안한다.

여기서는 가능한 한 모든 대체안(alternative)을 강구하게 되는데, 기업의 목표, 경영층의 가치기준, 부문별 능률, 기업의 내부 환경에 대한 강점과 약점 등을 충분히 고려하여 경쟁우위 요소를 발휘할 수 있도록 해야 한다. 그러나 해결방안의 입안과정은 반드시 부할·종합이며 혁신적인 사고과정이어야 한다.

5. 대체안의 평가

이 단계에서는 경영층의 가치관, 기업의 목표, 핵심역량을 이용한 경쟁우위 가능성, 기업의 성장 가능성, 경쟁사와의 경쟁에서 앞설 수 있는 능력 등에 의하여 어떤 대체방안이 타당성을 가지고 있는가를 평가하여야 한다.

모든 대체 안은 다음과 같은 요인에 의해 평가되어야 한다.

① 전략적 대체안의 성공 가능성

② 기업의 능력과 경영자원의 활용 가능성

③ 경쟁상의 상대적 이점
④ 사회적 책임감을 충족시키는 정도
⑤ 지속가능한 성장의 가능성

6. 최적안의 선택

마지막 단계로 경영층은 대체 안중에서 최적 안을 결정하여야 한다. 의사결정자가 최적 안을 결정할 때는 기업의 목표, 경영자의 철학(또는 가치관) 등을 바탕으로 기업의 자원이 최적 배분되고 기업내부의 여러 부문이 균형을 이룰 수 있고 종합적이고 성장가능성을 지닌 안을 채택하여야 한다.

또한 전략을 결정할 때는 상충효과(trade off effect)가 수반되므로 한 가지 요인의 우위는 다른 요인을 희생시킬 수도 있기 때문에 최적대체안은 여러 가지 이점을 극대화시키는 수준에서 결정되어야 한다.

제 3 절 중소기업의 경쟁우위

최고경영자는 기업을 환경에 적응시키기 위하여 적절한 경영전략을 수립하여야 한다. 전략을 전통적인 분류방식으로 구분하면 다음과 같다. 즉, 다음과 같은 질문을 제기하여 전략수립의 기본방향을 설정해야 한다.

① 우리 기업은 앞으로도 지금과 같은 사업을 계속해야 하는가?
② 현재의 기업규모와 시장을 확대할 필요가 있다면 어떤 전략이 동원되어야 하는가 또는 유사한 사업을 하는 기업을 획득하여 이 사업에서 성장하기 위한 노력을 하여야 하는가?
③ 경우에 따라서는 기업의 규모를 줄이는 축소전략이 필요한가?
④ 다른 기업과의 합병이 필요한가?
⑤ 지금 추진하는 전략은 더 효과적이고 능률적인 방법은 없는가?
⑥ 기업 내 서로 다른 부분에 서로 다른 전략들을 동원해야 하는가?

이러한 분석을 통하여 기업은 안정전략(stability strategy), 성장전략

(growth strategy), 축소전략(retrenchment strategy), 복합전략(combination strategy)을 채택할 수 있다.

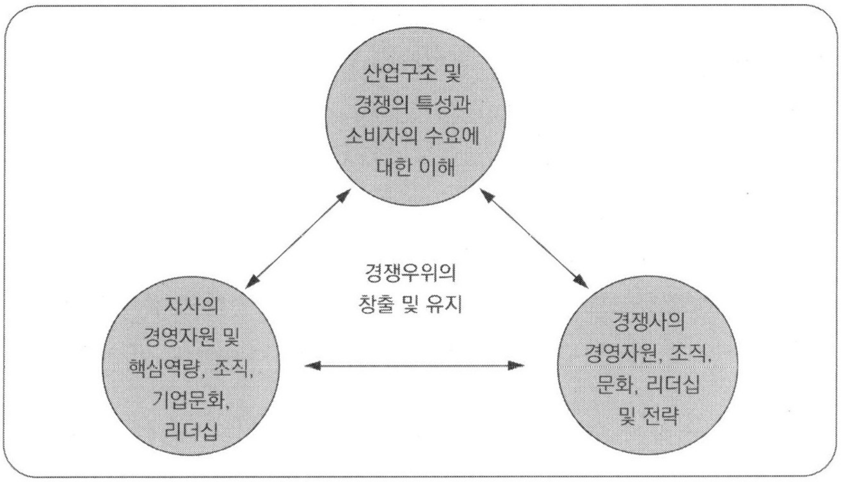

[그림 7-4] 경쟁전략 수립 시 고려요인

1. 안정전략

안정전략은 기업에서 생산하는 제품이나 서비스, 생산설비 등의 변경없이 지금까지 해왔던 대로 과거의 목표나 사업 및 전략을 그대로 유지하는 것이다. 안정전략은 장래에도 산업이 안정적이고 환경이 급격하게 변하지 않는 경우에 이용된다.

이 안정전략은 주로 '확대는 비능률을 초래하고 위험부담이 증대된다'고 믿는 경우에 채택되지만, 많은 경영자들은 안정전략을 추구하는 일이 더 쉽고 편안하다고 믿기 때문에 선호한다. 중소기업은 대기업보다 외부환경에 더 민감하며 자본력이 빈약하기 때문에 이같이 안정을 최우선으로 추구하는 경향이 있지만, 현대와 같이 급변하는 환경하에서는 지나치게 안일한 전략이다.

2. 성장전략

성장전략은 미래의 목표를 과거수준보다 높여 시장점유율이나 매출액을 확대시키려는 전략이다. 따라서 성장전략을 확대전략(expansion strategy)이라고도 한다.

최고경영자가 성장전략을 선호하는 이유는 다음과 같다.

① 성장은 기업의 존속을 위해 필요하다.
② 성장은 궁극적으로 사회에 유익하다.
③ 성장은 독점력을 얻게 한다.
④ 많은 경영자가 성장을 효과와 동일시하고 있다.
⑤ 사회적으로 유능한 경영자라고 인정을 받고자 하는 욕구는 기업의 성장을 통해 충족되어진다.
⑥ 기업의 성장을 통하여 기업의 규모가 커지고, 경험의 축적은 생산성을 높일 수 있다는 경험곡선(experience curve)을 믿는다.

이러한 성장전략이 모든 중소기업에 그대로 적용되는 것은 아니다. 가령 중소기업의 성장전략은 중소기업의 유형에 따라 달리 추진될 때 그 효과도 커질 수 있다. 즉, 중소기업이 독자적으로 자가제품을 생산하는 자가제품형 기업인 경우와 대기업의 하청업체로서 존속되는 하청형 기업의 성장전략은 서로 같이 추구될 수 없다.

똑같은 성장전략이라고 전다는 신제품개발, R&D, 기업가정신 등이 중시되는 반면, 후자는 비용절감, 생력화(labor saving)를 위한 설비투자, 관리자 정신 등이 더 중시되어야 할 것이다.

3. 축소전략

축소전략은 기업이 위기에 닥쳤을 때 위기극복을 위해 기업 활동을 축소하거나 청산·매각하는 전략이다. 축소전략은 경영자들이 추구하기 싫어하는 전략이 될 수도 있다. 그 이유는 기업을 매각하거나 축소하는 이 전략은 기업가의 기질에 위배되고 경영자 자신의 능력이 부족하다는 의미로 해석되기 때문이다.

그러나 경제구조 변화나 불황으로 인하여 불가피하게 축소를 추구하여야 할 경우가 있는데, 특히 자본력이 부족한 중소기업에서는 적절한 시기를 채택하여 한 분야의 축소를 통하여 전문화를 꾀한다면 유용할 수 있다.

4. 복합전략

복합전략이란 기업이 같은 시기에 여러 가지의 전략을 복합적으로 추구해 가면서 기업의 목표나 성장을 시도하는 전략이다.

현실적으로는 앞에서 설명한 안정·성장·축소전략이 동시에 복합적으로 이루어지는 경우가 많은데, 이는 급변하고 치열한 환경에서 한 가지 전략을 추구하는 것보다 기업이 처한 환경에 맞게 여러 가지 유형의 전략이 조화를 이루어 가는 것이 효과적이기 때문이다.

그러나 중소기업은 나름대로 독특한 제품을 생산하는 기업특성을 가질 때 더 경쟁적일 수 있기 때문에 어설픈 복합전략보다는 확실하게 하나의 전략을 추구하여 경쟁우위(competitive advantage)를 갖는 것이 더 유리 할 때가 많다.

제 4 절 중소기업의 경쟁전략

1. 중소기업의 환경변화

현대와 같이 급변하는 국내·외의 환경변화에 적극적으로 대처하기 위하여 중소기업은 과거와는 다른 여러 가지 전략을 필요로 한다. 예를 들면 시장의 고급화와 세분화, 융복합적인 사고의 요구, 짧아지는 제품과 기술의 라이프 사이클, 정보기술의 눈부신 발전 등은 기업에게 변화를 강요하고 있다. 특히 품질고급화, 기술 집약화, 고부가가치화의 환경변화는 중소기업이 과거의 경영형태로부터 탈피 할 수밖에 없는 외압이다.

이와 같이 환경변화에 적응하기 위해서 중소기업은 상당한 조정비용을 필요로 한다. 더욱이 자본력이 취약하고 기술수준이 낮고, 고급인력이 부족한 중소기업으로서는 이와 같은 대응을 쉽게 이행할 수 없는 안타까움이 있다.

또한 대기업과 중소기업의 수직적 분업체계에도 변화가 있는데, 국내·외의 경쟁심화는 대기업과 중소기업의 관계를 더욱 밀착시키고 있다. 이러한 변화는 대기업의 중소기업에 대한 지원을 촉진시켰으며, 대기업이 중소기업을 계열회사로 선정하는 과정은 과거보다 더욱 엄격하게 이루어지고 있다. 동시에 기술의 혁신적 발전은 과거의 분업구조를 크게 바꾸어 자작(自作)의 외주화(外注化)와 외주(外主)의 자작화(自作化)가 함께 진행되면서 중소기업의 기술경영면에서의 신축적인 적응력을 요구하고 있다.

또한 완성품을 만들어 시장에 직접 공급하는 경우, 전반적인 소득향상, 가치관의 변화, 소비의 개성화, 다양화, 성숙화가 함께 진행되고 있기 때문에, 소비자는 자신만의 독특한 요구, 기호, 편의를 강조하고 있다. 또한 가격은 물론 높은 수준의 품질을 동시에 요구하기 때문에 이러한 욕구를 충족시키기 위한 기업의 부담은 갈수록 커지고 있는 실정이다.

이와 같은 환경변화는 중소기업으로 하여금 전략적 경영의 필요성을 강조하게 된다.

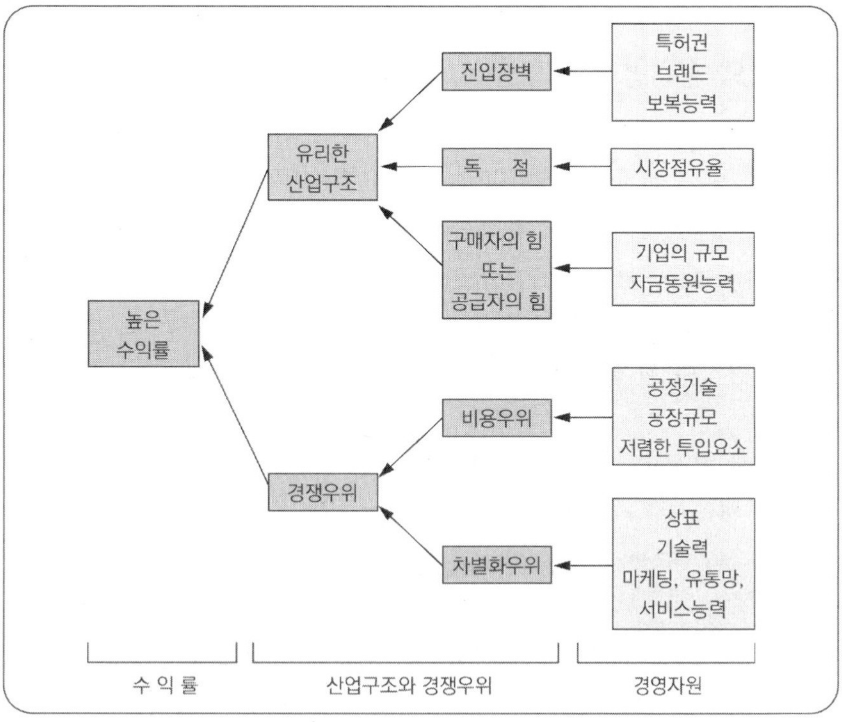

[그림 7-5] 수익률, 산업구조, 경쟁우위 및 경영자원의 관계

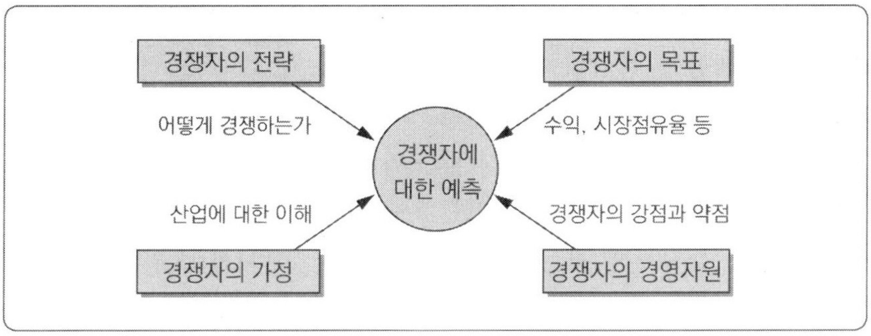

[그림 7-6] 경쟁자 분석틀

2. 중소기업의 경영전략의 유형

중소기업이 경쟁력 확보와 지속 성장을 하기 위하여 전략적 경영이 필요한데, 전략이란 기업과 환경과의 관계에서 경영자원의 최적배분을 의미하며, 최적배분을 통하여 기업이 경쟁우위(competitive advantage)를 얻기 위한 바탕이 된다.

전략적 경영의 첫 번째 시작은 여러 가지 기본적인 전략대안 중 기업이 속한 산업에서 경쟁우위의 가능성을 찾아내고 그 부문을 집중적으로 개척하는 것이다.

기업을 성공적으로 경영하는 원리나 전략은 대기업이나 중소기업이 기본적으로 차이가 없다. 그러나 일반적으로 중소기업은 대기업에 비하여 자금력, 기술력, 고급인력, 정보 등 제반 경영자원이 열세에 있는 반면 경영자의 능력에 따라 기동성, 창의성, 유연성을 발휘하여 변화에 신속하게 대응할 수 있는 강점을 가지고 있다.

중소기업이 성공적으로 발전하기 위한 전략은 여러 가지가 있는데, 경쟁력을 확보하기 위하여 추구할 수 있는 대표적인 전략은 원가우위전략, 차별화 전략, 경쟁력 강화전략, 전문화 전략, 고도화 전략, 이업종 교류 전략, 국제화 전략, 정보화 전략 등이 있다.

(1) 원가우위전략

경영여건의 변화에 대응하기 위한 전략으로 원가우위전략이 있다. 원가우위란 경영의 초점을 원가에 두어 경쟁기업보다 낮은 가격으로 시장에 진출하는 전략이다. 즉, 가치사슬의 모든 단계에서 원가나 비용의

항목을 최대한 축소하여, 경쟁사보다 낮은 원가를 실현하여 경쟁사보다 낮은 가격으로 제품을 공급하는 전략이다.

모든 기업들이 원가를 줄이기 위한 노력을 하지만 많은 경우 원가 정보에 관한 충분한 이해, 원가의 상대적 위치 및 그 이유 등을 충분히 반영하지 않고 있다. 즉, 제조원가에만 초점을 두고 마케팅, 서비스 및 하부구조의 활동이 원가에 미치는 상대적인 영향을 무시하여 원가에 영향을 미치는 활동과의 연결을 효과적으로 하지 못하는 경우가 많다.

원가분석에서 체계적인 분석방법이나 도구의 결여는 원가에 대한 단기적 관점, 편협한 문제에 국한된 분석, 원가의 인위적 분류에 따른 문제점들을 초래한다.

따라서 원가우위전략을 수행하기 위해서는 치밀한 원가분석을 통하여 기업에 맞는 최종적인 원가절감 전략이 수립되어야 한다.

(2) 차별화 전략

중소기업은 갈수록 치열해져 가고 있는 경영여건의 변화에 대응할 수 있는 대표적인 전략이 차별화 전략이다. 차별화 전략이란 경쟁사회보다 더 독특하거나 유리한 요소(품질, 납기, 융통성, 서비스, 신뢰성, 상표인지도(brand image), 디자인, 고부가가치 등)를 제공할 수 있을 때 가능한데, 차별화는 원가우위와 함께 기업이 취하는 대표적인 두 가지 형태의 경쟁우위전략 중의 하나이다.

규모의 경제(economy of scale)를 통한 유리한 가격으로 경쟁력을 확보하는 것은 대기업에게 유리하지만, 중소기업에게는 현실적으로 쉽지 않다. 따라서 중소기업에게는 오히려 소비자 욕구의 다양화, 제품 수명주기의 단축, 계층구조의 이질성, 신기술과 신제품의 신속한 결합 능력 등으로 차별화 전략의 가치를 부여 하는 것이 유리하다.

즉, 제품의 성능이나 품질 또는 축적된 생산기술이나 신제품의 개발, 기업의 이미지나 고객에 대한 서비스 능력, 독자적인 유통구조나 사업영역의 확보 등을 통하여 경쟁기업의 약점을 강점으로 가지고 있는 요소로 시장에 진출하는 전략으로서 차별화는 독특한 가치를 창조하는 것이다.

(3) 기술우위전략

경영여건의 변화에 대응하는 또 하나의 전략으로 중소기업이 보유한 기술 중에 자기만의 독특하고 전문화된 기술을 바탕으로 경쟁우위를 확보하는 전략이 있다. 이는 기술을 통하여 경쟁우위를 얻고 또한 그것이 계속 유지될 수 있는 기술적 가능성과 능력을 전제로 한다. 즉, 기업의 기술개발 및 기술의 활용과 관련된 가치 활동들이 경쟁력을 확보하는 원천이 되고 이익창출이라는 목적을 달성할 수 있는 경우이다. 따라서 계속적인 기술개발투자가 이루어져 시장에서 선도 기업 역할을 해 나가게 된다.

기업이 경쟁우위를 유지할 수 있는 기술전략은 경쟁의 심화에 대응하고 산업구조의 변화와 소비자의 욕구수준을 충족시킬 수 있는 전략이다.

중소기업이 기술전략을 추진할 때 중요하게 인식하여야 하는 것은 첨단기술도 중요하지만 당장 응용할 수 있는 기술을 개발하는 것이 성공의 확률도 높고 이익을 낼 수 있다는 것에 유의하여야 한다.

그러나 대부분의 기업들은 기술전략을 반드시 첨단으로만 국한하는 경우가 의외로 많고 저 기술보다는 고기술에서만 수익성을 보장받을 수 있다는 그릇된 생각을 하기도 한다.[1)]

기술변화는 그 자체로서가 아니고 경쟁우위확보와 산업구조의 영향요소로서 중요한 의미를 갖는 것이 사실이지만 여러 가지 한계를 가지고 있는 중소기업이 자신 만의 독특한 기술을 보유한다는 것은 생각보다 쉽지 않다.

(4) 전문화 전략

최근 경영환경의 변화는 중소기업과 대기업간의 새로운 관계를 정립하게 하고 있다. 즉, 최근 정보기술의 급격한 발전, 기술과 제품의 라이프 사이클 단축, 기술의 융복합화, 임금의 급격한 상승과 노사의 불안

---

1) 기술로 제품을 만든다는 것은 새로운 필요가 없는 경우가 많다. 수정시계의 원리는 1883년 프랑스의 피에르 큐리가 발견한 피에조 현상의 응용이고, 오늘날의 전자계산기나 개인용 컴퓨터(PC)에 사용되는 액정제품도 개발된 지 100년이 넘는 기술이다.

정합은 점차적으로 대기업과 중소기업의 업무영역을 나누어 주면서 중소기업에게 기회를 주는 경우가 많다.

전문화 전략이란 특정 분야, 기술이나 제품생산에서 확실한 자기의 전문영역을 구축하여 경쟁기업보다 유리한 경쟁우위를 확보하는 것이다.

중소기업이 전문화 전략을 추진할 때 만약 중소기업과 대기업과의 관계가 수평적 관계라면 중소기업의 특징을 살릴 수 있는 제품차별화나 시장분할과 같은 전문화로 대기업과의 직접적인 경쟁을 피하면서 자기 위치를 확보하는 것이 필요하다.

중소기업과 대기업이 수직적 관계라면 일방적인 도급관계에서 탈피하여 독자성을 갖는 외주기업(vendor)으로 시장을 형성해야 한다. 즉, 중소기업이 자기분야에서 전문화되어 있을 때 대기업은 스스로의 필요에 의하여 중소기업과 협력관계를 모색할 것이다. 중소기업은 전문화라는 강점을 활용하여 대기업과 분업적 협력관계를 유지할 수 있고 대기업의 일방적 요구에 대한 불만을 해소할 수 있다. 또한 중소기업은 이와 같은 전문화 전략으로 세분화된 시장(niche)을 구축하여 대기업과 경쟁을 피할 수도 있다.

우리나라의 중소기업과 대기업의 계열화 관계는 원만한 관계를 유지하며 성공하는 경우도 있었지만, 계열화가 원만하지 못하여 대기업과 중소기업이 마찰하고 대립하는 경우가 훨씬 더 많다.

(5) 고도화 전략

지난 1960년대와 1970년대 우리나라 경제의 주축이었던 산업들은 섬유, 신발, 합판, 전자, 건설 등이다. 이들 산업은 모두 노동집약적 산업이었는데 노동집약적 산업이 성공하기 위해서는 풍부하고 저렴한 노동력이 전제되어야 한다. 1970년대만 하더라도 우리나라의 노동력이 임금의 측면에서 유리한 위치를 점하고 있었기 때문에 노동집약적인 산업을 통한 발전이 가능했었다.

그러나 1980년대 후반과 1990년대에 진입하면서 우리나라 근로자의 임금수준이 급격히 상승하여 과거와 같은 단순 노동집약적 산업의 국제 경쟁력을 크게 약화시켰으며, 제조원가 중에서 인건비가 차지하는 비중이 높아져 단순 노동집약적 산업에서 기술집약적 산업으로의 전환이 절대적으로 필요해졌다. 즉, 과거와 같은 노동집약적 생산은 중국과 동남아시아 등 후진개발국들의 추격으로 앞으로는 더 이상의 경쟁력을 기대할 수 없는 실정이다.

기업에 따라서는 어려운 여건 속에서도 크게 성장하는 기업이 있는 반면 호황기에는 쇠퇴하는 기업이 있다. 이러한 경우 이들 두 기업 간의 차이를 일으키는 요인 중에 가장 중요한 것은 기술이다. 즉, 같은 노동집약적 산업이라도 기술을 집약화하고 지식을 축적한 기업은 계속 성장하고, 단순히 저렴한 임금만을 기반으로 단순 노동력에 의존한 생산방식을 계속 취하는 기업은 시간이 흐름에 따라 급속도로 쇠퇴하고 있다.

따라서 우리 기업도 노동집약적 산업에서 기술을 바탕으로 한 자본집약적 산업으로의 변화와 함께 지금까지의 저가격·저임금·저부가가치제품의 생산에서 탈피하여 고가격·고임금·고부가가치제품을 추구하는 고도화 전략으로 도약을 해야 한다.

(6) 협동화 전략

협동화란 동일한 업종의 다수 중소기업들이 상호 협력하여 집단화, 공동화, 협업화를 실시함으로써 개별기업의 노력과 능력으로는 추진하기 어려운 사업(공동상표, 공동기술개발, 공동물류, 필요자제의 공동구매 등)을 추진하는 것으로서, 원가절감, 품질향상, 생산성 향상, 기술수준향상 등을 촉진하는 전략이다.

이러한 협동과 전략은 개개의 중소기업으로는 감당하기 어려운 시설·사업 등 공통되는 기능을 여러 중소기업이 협력하여 구조적인 문제를 해결하거나 규모의 경제를 실현하여 경쟁력을 강화하는 것을 목적으로 한다.[2)]

---

2) 중소기업들이 상표를 같이 사용하는 공동상표제도는 광고비·판촉비절감, 디자인의 공동개발, 유통망의 공동구축 등으로 회사의 이미지를 높일 수 있는 방법이다. 우리나라 문구류업계의 '온 누리', 국수·당면 등 면류의 '노들국수'·'노들당면', 위생지 조합의 '아리랑', 가죽제품의 '가파치' 상표들이 공동 상표제도를 도입하였다. 특히 가파치 상표는 기호상사가 지갑·벨트·핸드백에, 범양글러브가 가죽장갑에, 훼이머스가 넥타이에, 세종우산이 우산에 각각 부착하고 있다. 또한 가죽제품 업체의 부운물산 등 4개사는 세계를 누비는 가죽업체들이라는 뜻의 '세누비'라는 공동상표를 사용한다.
체인본부연합단체인 한국연쇄회사업협동조합은 대형할인점에 맞서기 위하여 5만여 개에 달하는 회원점포의 상호를 'KC마트'로 통일하였다. 상품의 공동구매와 함

협동화 전략의 추진은 기술수준이 낮고 자본력이 빈약하고 고급인력이 부족한 중소기업에게는 상당히 유리한 방법이기도 하다. 예를 들면 업종별로 전문화된 단지를 조성하여 집단화를 꾀하고, 물류비용절감을 위한 물류공동화를 추진하고, 공해방지나 폐수처리를 위한 시설의 투자를 공동으로 하여 공동이용하거나, 부품공업이나 취약기술의 수준향상을 위하여 아파트형 공장을 세우는 등은 협동화 사업의 예로 볼 수 있다. [그림 11]은 협동화의 기대효과를 나타낸 것이다.

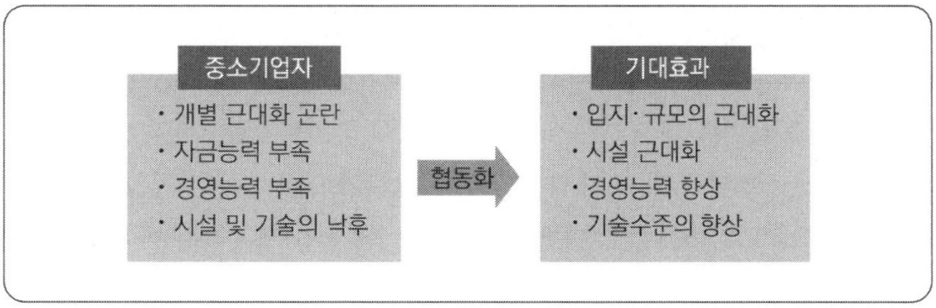

[그림 7-7] 협동화의 효과

⑺ 이업종 교류전략

이업종 교류 전략이란 다양한 시장의 욕구에 대응하기 위하여 서로 다른 제품, 기술, 시장체계, 노하우 등을 가진 기업들이 정보교환, 기술협력, 신제품개발, 공동사업 등을 통한 융복합적 접근을 통하여 경쟁우위를 확보하는 전략이다. 이업종 교류는 사업협동조합과 구별되는데, 사업협동조합은 규모의 경제(economy of scale)를 추구하는 데 비하여 이업종 교류는 범위의 경제(economy of scope)를 추구한다고 볼 수 있다.

이업종 교류 전략은 일반적으로 몇 개의 사전단계를 거쳐 이루어지는데, 첫째는 인적 자원의 교류를 통한 창립단계이며, 둘째는 정보교류와 이들 정보의 상호이해가 이루어지는 자원 공유단계이며, 셋째는 교류

께 물류활동을 효율적으로 운영하기 위하여 전국을 16개 권역별로 나누어 공동배송시스템을 구축하였다. 또한 1996년에는 'KC마트'란 공동상호를 개발하여 점포의 상품진열을 통일하는 CI(이미지통합)작업을 끝내고, 1997년부터 사용하기로 하였다. 이러한 영세 소매 점포들이 이름을 통일하는 것은 대형유통업체의 할인점과 슈퍼마켓, 전문점, 편의점 등이 전국으로 확산되는데 맞서 영세상인 들의 공동이익을 꾀하려는 것이다.

된 정보를 바탕으로 특정 분야의 공동개발이 이루어지는 공동 활동 단계이다. 이와 같은 단계를 거치면서 업종이 서로 다른 기업들이 경쟁력 있는 새로운 사업영역을 구축하게 되는 것이다.

이는 동일한 업종을 중심으로 이루어지는 협동화 전략과 근본적으로 차이가 있다. 즉, 동일한 업종끼리는 서로 경쟁관계이기 때문에 진실한 정보교류가 이루어지지 않는 반면 이업종끼리는 서로 직접적인 경쟁관계에 있지 않기 때문에 정보교류의 신뢰성이 증가한다.

그러나 이업종 교류 전략이 성공하기 위해서는 사업목적을 명확하게 규정한 전략적인 목표설정이 이루어져야 하며 상호 신뢰관계를 유지하고 정확한 역할분담을 통하여 책임을 명확히 하고 공정한 이익배분이 이루어져야 한다.

이러한 이업종 교류가 원활하게 추진된다면 신제품개발, 공정혁신을 통한 새로운 생산기술, 공동수주, 공동판매가 가능하게 될 것이다. 기술과 자원의 한계성을 가진 중소기업은 이업종 교류를 통하여 넓은 사업영역을 구축할 수 있는데, 이와 같은 이업종 교류 전략은 중소기업이 경쟁력을 확보할 수 있는 전략방안 중의 하나가 분명하다.

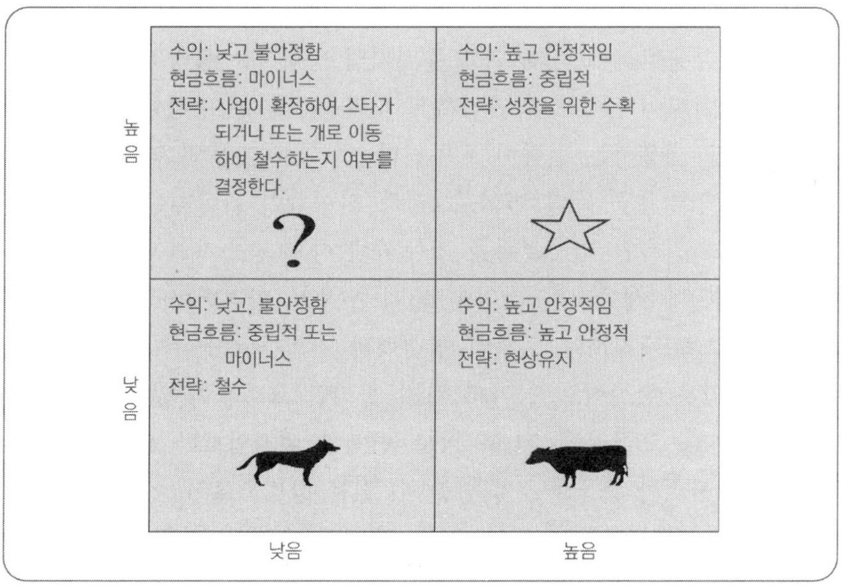

[그림 7-8] BCG 매트릭스

제5절 중소기업의 경영전략 방향

우리나라 중소기업이 직면하게 된 주요한 환경의 변화는 급격하게 변화는 기술, 첨단 정보기술의 발전, 경쟁의 심화현상, 소비자의 소득수준 향상으로 인한 소비형태의 다양화와 품질고급화의 요구, 안정적인 자원 확보의 애로, 기업의 도덕·윤리성의 강조, 급격한 임금인상, 노동력 부족 현상 등이다.

중소기업이 이와 같은 환경의 변화에 적극적이며 능동적으로 대처하는 것은 쉽지 않지만, 오히려 중소기업이기 때문에 더 빠르게 적응할 수도 있다. 이렇게 치열한 경쟁 환경에서 중소기업이 자기의 고유한 경쟁우위 요소를 확보하여 경쟁력을 가지려면 반드시 기업에 맞는 경영전략을 수립해야 하는데 그 방향은 다음과 같다.

① 중소기업은 양적인 성장보다는 질적인 내실화를 기할 수 있는 전략을 수립해야 한다. 이러한 내실화는 새로운 기술로 신제품을 생산하거나 경영합리화로 원가절감을 할 수 있는 경영전략을 통해 가능하다. 다시 말해서 경영의 효율을 통한 부가가치 향상에 기업의 전략적 목표를 두어야 한다.

② 최근 급격하게 변하는 기업의 외부환경 변화는 중소기업에게 유리하게 작용될 수도 있으므로 중소기업 경영자는 독창적인 제품이나 아이디어가 있으며 과감하게 투자를 행하여 경영환경에 적극적으로 대응하는 전략이 요구된다. 즉, 소비자들의 제품 구매동기나 구매욕구 등의 변화, 제품의 사이클이 짧아지는 현실은 기동력과 신속한 의사결정을 가능하게 하는 중소기업에게 유리하기 때문에 성공적인 기업이 되기 위해서 환경변화에 빠르고 능동적으로 대처하여 오히려 경쟁력과 기회를 잡을 수 있다.

③ 중소기업은 현실적으로 여러 가지 불리한 요소들이 많다. 예를 들면 자본, 고급인력, 기술, 정보 면에서 대기업보다 불리하다. 이러한 불리한 요소들을 해결할 수 있는 방법으로서, 기업의 공동·협동·집단 활동을 할 수 있는 전략도 유리하다. 즉 동종 또는 관련업종간의 협동화로 기술의 공동개발, 공동구매, 공동물류, 공해문제, 지역사회와의 문제, 종업원의 복지문제등을 공동

으로 협력하여 대처할 수 있다. 공동화는 동일업종과의 공동화도 있지만 업종이 다른 이업종 간의 교류를 통해 기술, 정보교환, 연구개발활동으로 경쟁력을 높이는 융합화 전략을 추진할 수도 있다. 또한 중소기업이 제품, 시장, 신기술 또는 여러 가지 기업경영에 관련 있는 정보를 공동으로 대처하는 방법이다.

④ 소비자의 기호가 과거에는 규격화·표준화·동질화된 수요를 나타냈으나 이러한 경향은 개성화·다양화·고급화된 수요형태로 바뀌고 있는데, 이와 같은 소비 형태는 곧 중소기업에게 사업기회를 제공하게 된다. 따라서 중소기업 경영자는 중소기업만이 갖고 있는 융통성과 신속성을 발휘할 수 있는 기회를 포착할 수 있는 전략을 수립하여야 한다.

⑤ 전문화도 경쟁우위를 확보하는 철저한 차별화 전략이다. 전문화되지 않으면 규모가 작은 중소기업은 그들의 이점을 발휘할 수 없다. 대기업보다 중소기업은 제품생산에 유연성을 발휘할 수 있고 전문화도 유리한 면이 있다. 전문화로 경쟁우위를 확보하기 위해서는 전문기술 및 독자적 생산기술을 축적하고 항상 최고의 품질을 지향해야 한다.

이장에서 중소기업이 환경에 적극적으로 대응하여 성장·발전을 할 수 있는 전략을 살펴보았다.

오늘날 환경의 변화가 중소기업 경영에 불리한 요인으로 작용하는 경우도 있을 수 있으나, 토플러(A. Toffler)는 규격화·중앙집권화로 특징지어지는 대기업의 대량생산체제는 앞으로 다품종 소량생산체제 혹은 전문품 생산체제인 중소기업에게 유리한 형태로 변화되어야 한다고 주장하였다. 따라서 중소기업의 경영전략은 미래 환경의 변화를 강점으로 전환시키는 방향으로 전개되어야 하다.

제 8 장

중소기업의 마케팅전략

많은 경우에는 비즈니스 전략들은 기업가가 무엇을 달성해야 하는가에 대해 설명하면서 막상 그 목표들을 달성하는 데 필요한 전략에 대해서는 기술하지 않고 있다. 대다수 기업가들이 목표시장을 확인하고 사업전략을 세우는 데 시간과 에너지를 투자하기 아까워하여 처참하게 실패한다. 이런 기업가들은 자본, 직원, 제품, 서비스를 모으는 데 엄청난 에너지를 집중한 나머지 수익을 가져다주는 고객층을 확보하고 유지하게 하는 것이 무엇인가 소홀히 한다. 건실한 사업계획서에는 재무 계획과 마케팅 계획이 포함되어야 한다. 재무 계획처럼 효과적인 마케팅 계획도 수치들을 이용하고 그것들을 분석하지만 재무 계획과 다른 점은 그것들을 전혀 다른 관점에서 본다는 것이다. 마케팅 계획은 현금흐름, 순이익, 자기자본에 집중하기보다는 고객에게 초첨을 맞춘다.

이 장은 효과적인 마케팅전략 세우기에 대한 것이며, 이는 총체적 사업계획서(business plan)에 반드시 포함되어야 하는 부분이다. 재무적 결과를 추정하기 위해 컴퓨터로 처리된 다량의 정보를 수집하기 전에 기업가는 무엇을, 누구에게 판매하고, 또한 얼마나 자주, 어떤 가격에서 판매하며, 고객에게 제품이나 서비스를 어떻게 전달하지를 결정해야 한다. 간단히 말해, 마케팅전략이란 회사의 목표고객을 정의하고, 그들을 어떻게 확보하고 유지하는지를 설명하는 것이다.

제1절 마케팅 계획의 구성요소 및 이점

마케팅(marketing)이란 고객이 원하는 제품과 서비스들을 창조하여 배달하는 과정이며, 충직한 고객을 얻고 유지하는 것과 관련된 모든 활동을 포함한 것이다. 성공적인 마케팅의 비밀은 다른 회사보다 먼저 목표고객의 필요와 욕구를 제대로 파악하는 것, 고객의 필요와 욕구를 충족시킬 수 있는 제품과 서비스를 제공하는 것, 고객에게 품질, 서비스, 편리함, 가치를 제공함으로써 고객이 계속 오게 하는 것에 있다. 마케팅 기능은 재무와 생산에서 고용과 구매까지 조직의 모든 면에 영향을 미친다. 국제 비즈니스 환경이 날이 갈수록 거칠어지고 사나워지는 이 시점에서 중소기업들은 적절한 마케팅전략이 갖는 중요성을 이해해야만

한다. 마케팅전략은 세계 시장에서 경쟁하는 대기업만을 위한 것은 아니다. 비록 중소기업이 대기업과 비교해서 규모가 훨씬 작고 마케팅 예산도 훨씬 적지만, 중소기업도 효과적인 마케팅전략을 세울 수 있다. 비전통적이고 비용이 적게 드는 창의적인 기법들을 사용하여 게릴라 마케팅을 세움으로써 중소기업들도 대기업만큼 시장경쟁력을 가질 수가 있다.

성공적인 마케팅전략을 세우기 위해서는 세 가지 요소, 즉 고객(people),기술(technology), 정보(information)에 대해 잘 알아야 한다. 성공적인 마케팅전략을 세우는 데 있어서 가장 중요한 요소는 사람이다. 창의적이고, 능력 있고, 잘 훈련된 인재를 고용하고 유지시키는 것은 성공적인 마케팅전략을 개발하고 수행하는 첫 단계이다. 스포츠와 마찬가지로 성공적인 마케팅전략을 수행하기 위해서는 재능 있는 인재들을 구하고 교육시키고 팀으로서 일할 수 있도록 도와주는 기업가의 능력이 중요하다.

오늘날과 같이 매우 복잡하고 정교해진 경쟁시장에서, 성공적인 마케팅의 여부는 정보를 획득하고, 그것들을 유용하고 의미 있는 정보로 전환하는 회사의 능력에 달려 있다. 정보는 마케팅이라는 엔진에 공급되는 연료와 같은 것이다. 정보 없는 마케팅전략은 곧 덜컹거리면서 멈추게 된다. 경쟁자보다 더 많은 정보를 모으고, 그것들을 의미 있는 형태로 보다 빨리 전환하고, 회사의 모든 구성원들에게 전달하고, 특히 고객과 직접 대면하는 직원들에게 전달하는 것은 회사에게 경쟁우위를 가져다준다. 그러나 많은 중소기업 기업가들이 성공적적인 마케팅전략 수립에서 정보 수집이 갖는 중요성을 이해하지 못하고 있다.

기술도 마케팅 있어서 매우 강력한 무기가 될 수 있다는 것이 증명되었다. 그러나 기술 그 자체가 성공적인 마케팅의 핵심 요소는 될 수 없다. 경쟁기업들은 기술을 복제할 수도 있고 또한 중소기업보다 훨씬 많은 금액을 기술개발에 투자할 수도 있지만 그 자체가 성공적인 마케팅을 보장해 주지는 않는다. 중요한 것은 기술을 회사의 전반적인 마케팅전략에 어떻게 융화시키는가 하는 것이다.

마케팅 계획은 고객에게 초점을 맞추고, 고객을 만족시키는 것이 사업의 기본임을 인식하는 데서 출발한다. 따라서 마케팅 계획의 목적은 고객의 입장에 사업의 성공전략을 세우는 것이다. 실제로 고객은 모든 사업에서 가장 중심적인 역할자이다. 마케팅 분야의 대가인 Theodore Levitt 교수는 "사업의 궁극적인 목표는 이윤을 얻는 것이 아니라 고객을 창조하고 유지하는 것이다. 나머지 부분은 어느 정도의 감각만 있다면 저절로 해결될 수 있는 것들이다."라고 말하고 있다.

사업의 모든 계획과 행동에서 고객을 최우선으로 생각하는 관행이 확립되어야 한다. 마케팅 계획(marketing plan)은 다음과 같은 네 가지 목표를 달성해야 한다.

① 중소기업이 공략할 수 있는 목표시장을 정밀하게 십어내야 한다.

② 고객의 필요, 욕구, 성격을 시장조사를 통해서 파악해야 한다.

③ 회사가 갖는 경쟁우위를 분석하여 그것을 중심으로 마케팅전략을 세워야 한다.

④ 고객의 필요와 욕구를 충족시킬 수 있는 마케팅 믹스를 창조하는 데 도움을 주어야 한다.

이 장은 중소기업의 마케팅 계획이 갖는 이러한 네 가지 목표에 맞추어 고객지향성을 구축하는 데 초점을 맞추고 있다.

제 2 절 목표시장을 정확하게 정하는 방법

마케팅 계획을 세우는 첫 단계는 중소기업의 목표시장(즉 회사가 자사의 제품과 서비스를 판매하고자 하는 고객집단)을 확인하는 것이다. 시장조사를 통해서 자신의 시장구역, 그 구역의 고객, 그들의 소비습관과 선호를 더 많이 파악할수록 기업은 더 정확히 자사의 제품과 서비스를 구매할 가능성이 큰 잠재적 고객에게 초점을 맞추어 자신의 마케팅 노력을 집중시킬 수 있다.

비록 Nordahl은 창의적인 마케팅 접근방법을 불법적인 이익을 얻는 데 사용했지만, 중소기업들도 이와 유사한 접근방법을 사용하여 사업을 성공적으로 만들 수 있다. 대부분의 마케팅 전문가들은 중소기업들이 저지르는 가장 큰 실수가 자신들의 목표시장을 제대로 정확하게 확인하지 못하는 데 있다고 말하고 있다. 달리 말해, 대부분의 중소기업들은 '산탄총 접근법(shotgun approach)' 을 따른다. 즉 보이는 모든 고객에게 접근하고 혹시나 그 중에 아무나 걸리기를 바란다는 것이다. 규모가 크고, 더 많은 자금을 갖고 있는 큰 기업을 상대로 경쟁하면서 이러한 산탄총 접근법을 사용한다면 대부분의 중소기업은 실패하기 마련이다. 이런 중소기업들은 특정한 고객의 욕구에 자신을 맞추지 못하므로 신제품을 만들고도 제대로 판매하지 못한다. 그들은 소중한 자원을 쓰면서 그다지 이익이 되지 않는 고객에게 접근하려고 한다. 또한 그나마 그들이 끌어들인 고객 중 상당수가 회사가 어떤 것을 표방하고 있는 회사인지를 알지 못해 결국 떠나가 버린다.

중소기업들이 목표시장을 정확히 하지 못하는 것은 아이러닉한 것이다. 왜냐하면 대기업들이 그냥 지나치거나 이익을 내기에는 너무 작은 시장이라고 생각하는 틈새시장이 중소기업들에게 가장 이상적인 시장이기 때문이다. 그런데도 산탄총 접근법이 인기를 갖는 이유는 무엇일까? 그것은 이 접근법이 사용하기 쉽고 시장조사나 마케팅전략을 요구하지 않기 때문이다. 산탄총 접근법의 문제는 이 접근법이 판매 지향적이지 고객 지향적이 아니라는 점에 있다. 고객 지향적이 되기 위해서 마케팅 프로그램은 목표고객에 대한 명확하고 간결한 정의에 기초해야 한다.

"한 사이즈가 모두에게 맞는다."는 마케팅 접근방법은 이제 더 이상은 안 먹힌다. 왜냐하면 단일화 된 대중시장이 급속도로 사라지고 있기 때문이다. 미국의 인구는 다른 국가와 마찬가지로 점점 더 다양화되어 가고 있다. 30년 전에 나타났던 대중시장은 다양한 문화적 배경을 가진 고객으로 점점 쪼개지고 있다. 미국의 인구는 스페인계, 아프리카계, 아시아계, 아프리카 원주민, 그리고 기타 문화권의 인구들로 구성되어 있다. 미국의 경우, 2010년까지 스페인계, 아프라카계, 아시아계, 그리고 기타 소수민족들이 미국의 인구의 3분의 1을 차지하게 된다. 사업을 성공시키기 위해서는 사업을 이와 같은 현대 시장의 다문화적 구조와 조화를 이루게 해야 한다. 이러한 다문화적 시장의 독특한 욕구, 경험, 선호를 이해하려고 노력하고 그리고 이런 것에 맞추어 서비스를 제공하려고 시간을 들이는 중소기업들은 언젠가는 거대한 보상을 받을 것이다.

이렇게 다양성이 커지는 인구 구성은 회사가 특정한 고객을 목표로 삼고 그들에게 접근하려는 방법을 연구하고, 그들만을 위해 디자인된 제품이나 서비스를 제공하기만 하면 다양한 분야와 크기의 비즈니스 마케팅 기회를 무한히 제공한다. 성공의 열쇠는 그러한 목표고객의 독특한 필요, 욕구, 선호를 이해하는 데 있다. 미국에서 가증 급속도로 성장하는 소수민족은 스페인계 인구이다. 아프리카계를 제쳐서 이제 3,500만의 스페인계 인구가 미국에서 가장 큰 단일 소수민족 그룹을 이루고 있다. 9,260억 달러의 구매력을 가진 스페인계 미국인은 시품, 향수에서 주택, 엔터테인먼트에 이르기까지 다양한 상품이나 서비스를 팔려는 기업들에게 매우 매력적인 목표시장이 되고 있다.

Montalvo 부부처럼, 대부분의 성공한 사업가들은 그들이 끌어들이고자 하는 고객에 대해 잘 파악하고 있다. 시장조사를 통해서 그들은 고객의 소득수준, 생활양식, 구매패턴, 선호, 비선호, 심지어는 심리적 측면까지도 파악한다. 예를 들어, 스페인계를 겨냥한 기업들은 광고를 스페인어로 해야 한다. 비록 대부분 스페인계 미국인들은 영어를 잘 수가하고 있지만 이들은 자신들의 문화적 정체성에 자부심을 가지고 있으며 회사가 그에 맞춘 노력을 하고 있다는 것을 인정해 준다. 간단히 말해, 성공적인 기업들에게 목표고객에 대한 배려는 구매제품, 광고, 가게의 실내장식 등 회사 사업 전체에 스며들어 있다. 그들은 목표고객에게 호감을 주는 회사의 이미지를 만들고 있기 때문에 경쟁자들보다 경쟁우위를 가지고 번영할 수 있는 것이다.

제 3 절 시장조사를 통한 고객의 욕구파악

미국의 인구 변화는 사업의 향방을 변화시키는 강력한 힘이 되고 있다. 연령, 소득, 교육, 인종, 기타 인구적 특징들은 기업, 그들의 고객, 그들의 고객을 상대로 사업을 하는 방식에 막대한 영향을 미치고 있다. 인구 통계적 변화를 무시하고 그에 맞추어 그들의 전략을 변화 시키지 못하는 기업가들은 회사의 경쟁력을 잃게 만든다. 한 소매업 컨설턴트는 "조직의 최고 수뇌부들이 새로운 아이디어를 창출해 내기 위해 시간을 쏟는 것이 매우 중요하다."고 말한다.

인구통계학적인 추세는 마치 기차와도 같다. 기업가는 가치가 어디로 향하는지 그리고 언제 승차해야 하는지를 미리 정해야 한다. 기차가 출발할 때까지 기다리는 것은 이미 그 기차에 탈 수 있는 시간을 놓치는 것이다. 하지만 미리 스케줄을 확인하고 사전에 계획을 세운다면 기업가는 기차를 놓치지 않고 안전하게 승차할 수 있다. 이와 마찬가지로, 중소기업들이 이런 인구통계학적 추세를 사전에 확인하고 그에 따라 대응한다면 시장에서 우위를 가질 수 있다. 기업가는 그의 사업을 인구통계학적, 사회적, 문화적 추세와 가능한 한 같은 선에 위치시켜야 한다. 추세를 따라간다는 것은 시장이 시간에 따라 변화하고 이동할 때 그에 맞추어 사업을 동기화한다는 것이다. 사업을 추세에 더 밀착시킬수록 사업의 성공 가능성은 높아진다. 반대로, 사회의 중요한 추세로부터 멀어지는 방향으로 사업을 한다는 것은 고객층을 잃어버릴 수 있는 위험을 안는 것이다.

기본적인 시장조사를 통하여, 기업가들은 인구통계학적, 사회적, 문화적 핵심추세를 간파할 수 있고 그에 따라 목표고객의 필요, 욕구, 선호, 욕망에 초점을 맞출 수 있다. 기업이 시장, 고객, 경쟁자들을 잘 이해한다면 거기에서 이득을 얻을 수가 있는 것이다. 시장조사(market research)는 마케팅 계획의 근본을 이루는 정보들을 모으는 수단이다. 시장조사란 해당 기업의 시장, 고객, 경쟁자들과 관련 있는 정보를 체계적으로 수집, 분석, 해석하는 것을 말한다. 오늘날, 기업들은 매우 세분화된 시장에 접근해야 한다는 도전에 직면해 있으며 시장조사는 기업들이 그렇게 할 수 있도록 도와주는 역할을 하는 것이다. 시장조사는 기업가들에게 다음과 같은 질문에 대한 답을 제공해 준다. 누가 나의 고객이고 누가 잠재고객인가? 그들의 성별은 어떤가? 그들은 어느 나이 그룹에 속하는가? 그들의 소득수준은 어느 정도인가? 그들은 어떤 종류의 사람들인가? 그들은 어디 사는가? 그들은 세들어 살고 있는가? 집을 소유하고 있는가? 그들은 내가 파는 제품이나 서비스에 무엇을 찾고 있는가? 그들은 얼마나 자주 나의 제품이나 서비스를 구입하는가? 그들은 어떤 모델, 스타일, 색깔 맛, 냄새를 좋아하는가? 그들이 내 상점에서 사든가 안사는 이유는 무엇인가? 내 제품이나 서비스의 어떤 강점들이 그들의 필요나 욕구를 만족시키는가? 어떤 시간대에 쇼핑하기를 선호하는가? 그들은 나의 사업에 대해 어떻게 인지하고 있는가? 어떤 광고매체가 그들에게 가장 잘 접근할 수 있는가? 그들이 나를 경쟁자와 비교해서 어떻게 인지하고 있는가? 이러한 정보들은 효과적인 마케팅 계획을 작성하는 데 중요하다.

자사의 제품이나 서비스들을 마케팅할 때, 중소기업들은 자금이 부족하고 예산이 빠듯하기 때문에 실수를 피해야 한다. 중소기업들은 그들의 목표시장을 놓쳐서는 안 된다. 회사를 출발시키기 진에 시장조사를 사전적으로 해야 한다는 것이다. 중소기업가들이 흔히 하는 실수 중 하나는 자기 제품이나 서비스에 대한 시장이 존재한다고 착각하는 것이다. 시장조사를 함으로써 기업가들은 충분한 고객층이 있는지를 알 수 있고, 또한 그들이 자사제품과 서비스를 구매할 가능성이 어느 정도인가를 알 수 있다. 목표고객에 대한 인구통계학적 자료를 수집하고 분석하는 것에 더하여, 기업가들은 실제로 고객을 관찰하고, 쇼핑하는 고객과 대화를 함으로써 많은 것들을 추가적으로 알아 낼 수 있다.

많은 기업가들이 웹을 통해서 시장조사를 하는 이유는 신속성, 편의성, 용이성, 저렴하다는 장점이 있기 때문이다. 뿐만 아니라 온라인 설문조사, 고객 여론조사, 기타 조사들이 웹을 통해 쉽게 수행 될 수 있고 또한 비용도 거의 들지 않으며, 기업과 고객을 연결시켜 주는 데 도움을 준다. 웹을 통해 시장조사를 하는 기업들은 실시간으로 고객으로부터 피드백을 얻을 수 있다.

제 4 절 시장조사의 단계별 방법

시장조사의 목적은 사업상의 의사결정을 하는 데 따른 위험을 줄이는 데 있다. 시장조사는 잘못된 정보와 증거 없는 가설을 근거 있는 사실로 대체해 준다. 의견이나 풍문에 기초해서는 건실한 마케팅전략이 세워지지 않는다. 성공적인 시장조사는 다음과 같은 네 가지 단계로 이루어져 있다.

1. 목적의 정의

시장조사는 첫 번째 단계이면서 가장 중요한 단계는 시장조사의 목적을 확실하고 간단한 게 정의하는 것이다. 이 단계에서 저지를 수 있는 흔한 실수 중 하나가 증상과 진짜 문제를 혼동하는 것이다. 예를 들어, 판매 위축은 문제가 아니라 증상이다. 문제의 본질에 닿기 위해서는, 기업가는 그러한 증상(상황)을 나타나게 할 수 있는 모든 가능한 요소들을 생각해 보아야 한다. 새로운 경쟁자가 나타났는가? 판매 대리인들이 불친절하거나 지식이 부족한가? 고객의 기호가 바꾸었는가? 제품의 종류가 너무 적은가? 고객이 원하는 것을 찾는 데 어려움을 갖는가? 한편 다른 경우들에 있어서는 특정한 질문을 던지고 그에 대해 조사해 보는 것도 좋은 방법이다. 내 고객의 특징은 무엇인가? 그들의 소득수준은 어느 정도인가? 어떤 라디오 방송을 주로 듣는가? 내 상점에 와서 구입하는 이유는 무엇인가? 그들의 구매 의사결정에서 어떤 요소들이 가장 중요시되는가? 내 상점의 진열방식이 구매패턴에 어떤 영향을 미치는가? 상점에서 즐겁게 쇼핑하는가? 만약 그렇다면 그 이유는 무엇인가? 만약 그렇지 못한다면 그 이유는 무엇인가? 상점에서 어떤 다른 점을 보기 원하는가?

기업가들은 시장조사를 통해서 새로운 시장기회를 발견할 수도 있다. 예를 들어, 어떤 헬스클럽의 주인은 고객을 조사하여 많은 고객이 에어로빅 운동에 많은 관심을 갖고 있다는 것을 발견할 수가 있었다. 그에 따라 에어로빅 프로그램을 추가했으며 1년도 안 되어 그이 수입은 25%나 상승했다.

2. 정보의 수집

어떤 크기의 기업이든 간에 모든 기업들이 궁극적으로 달성하고자 하는 것은 개인화된(또는 일대일) 마케팅(individualized marketing)이다. 소비자 개개인에 대한 정보를 수집하고 그에 따라 그들의 필요, 기호, 선호에 맞게 설계된 마케팅 계획을 세우는 시스템이다. 개인화된 마케팅의 목적은 고객을 끌어들이는 것뿐만 아니라 고객을 유지하고 그들이 더 많이 구매하도록 만드는 것이다. 사람들이 서로에게 너무나 고립되어 있고, 거래도 너무나 기계적으로 이루어지는 사회에서 일대일 마케팅은 기업에게 경쟁우위를 가져다준다. 개인화된 마케팅을 택하는 회사들은 그들의 고객을 알게 되고, 그들이 원하는 가치를 어떻게 제공할 수 있는가를 이해하고 되고, 그리고 가장 중요하게는 어떻게 그들로 하여금 자신들이 특별하고 중요한 사람으로 느끼게 할 수 있는 방법을 알 수 있게 된다. 일대일 마케팅의 목적은 고객 한 사람 한 사람을 개별적으로 다루는 것이다. 힐튼호텔은 광대한 컴퓨터 네트워크를 이용하여 손님 개개인들의 선호와 소비습관을 그 계열 호텔 전부에 알려 주고 각 손님들에게 개별적인 관심을 가질 수 있게 정보를 제공해 준다. 힐턴은 또 거대한 데이터베이스를 이용해서 고객이 반응을 보일 가능성이 높은 맞춤식 판매촉진 전략도 사용하고 있다.

개인화된 마케팅을 위해서는 기업이 자신의 고객에 대해 상세한 정보를 수집해야 한다. 다행이도, 기술의 발전은 이제는 중소기업들도 그들의 고객과 일대일의 가까운 관계를 맺을 수 있는 전산화된 데이터베이스를 만들어 관리할 수 있게 해 주고 있다. 사람들에게 발견되기를 기다리고 있는 땅속의 금덩어리처럼, 고객과 그들의 소비습관에 대한 상당한 양의 가치 있는 정보가 중소기업 자체의 전산화된 데이터베이스 내에 숨겨져 있다. 대부분의 중소기업들은 이제 회사 내에 어딘가에 이미 떠돌아다니는 자료를 단순히 정리정돈하기만 함으로써도 그들의 고객에 대한 새로운 유용한 정보를 얻고, 잠재력 있는 새로운 제품과 시장에 대한 유용한 정보를 얻을 수 있다. 한 마케팅 전문가는 "대부분의 회사들이 자료는 충분히 가지고 있으면서도 그를 활용할 정보를 얻는 데는 매우 취약한 상황이다."라고 말하고 있다. 문제의 핵심은 고객으로부터 환심을 살 수 있는 특별한 제품, 서비스, 광고를 개발하는데 사용할 수 있는 유용한 정보를 전환하는 데 있다.

기업이 할 수 있는 시장조사에는 기본적으로 1차 시장조사법(직접 자료를 수집하고 분석 하는 것)과 2차 시장조사법(무료 또는 저렴한 비용으로 축적된 자료를 분석하는 것)의 두 가지 종류가 있다.

1차 시장조사방법에는 다음과 같은 것들이 있다.

⑴ 고객조사와 설문조사

간결하게 만들어져야 한다. 단어 하나하나를 신중하게 선택해서 결과에 선입견이 개입되는 것을 방지하고, 간단한 순위 매기기를 이용하라(예를 들어 1은 매우 나쁜 것, 5는 매우 좋은 것을 나타내는 5단 계법 이용). 실제로 조사하기 전에 조사내용에 문제가 없는지를 확인하기 위해서 소수의 사람들을 대상으로 실시해 보라. 웹을 이용하면 저렴하고, 쉽게 할 수 있고, 빠른 피드백을 받을 수 있다. Femail Creations 는 의류, 잡화, 여성 선물들을 다루는 통신판매 회사인데 이 회사는 웹을 이용해 고객에 대한 인구통계학적 자료를 수집하고, 고객으로부터 새로운 제품에 대한 아이디어도 얻고 있다. 이 회사는 고객의 반응으로 신제품을 개발할 수 있었다.

⑵ 초점 그룹

사업의 특정한 부분(품질, 편의성, 개점시간, 서비스 등)에 대해 피드백을 줄 수 있는 소수의 고객 집단을 형성하라. 새로운 시장 기회를 놓치지 않기 위하여 고객 또는 잠재고객이 자신들의 생각을 말할 때 귀를 기울여라. 다시 말하지만, 웹을 잘 활용하라. 어느 한 작은 자전거 회사는 거의 비용을 들이지 않고 10개의 초점 그룹을 이용해서 매년 가치 있는 마케팅 정보를 얻고 있다.

⑶ 일일 거래

고객보증서, 개인 수표, 단골 구매집단, 신용거래 등 현재 회사가 갖고 있는 기록들과 매일의 거래에서 최대한의 정보를 추려내라.

⑷ 기타 아이디어

고객과 직원이 제안할 수 있는 시스템을 만들고 그것을 이용하라. 회사가 고객의 필요를 얼마나 잘 충족시키고 있는지를 파악하기 위해서 고객 자문단을 만들어라. 회사가 속해 있는 산업이 어떤 추세에 있는지 공급업자와 대화를 나누어라. 장시간 구매를 하지 않는 고객과 연락을 취해서 왜 그들이 구매하지 않는가를 알아보라. 고객이 아닌 사람들과 접촉하여 그들이 고객이 되지 않는 이유를 살펴보라. 직원들도 하여금 고객의 소리에 귀를 기울이고 하고 고객으로부터 들은 것을 물어보라.

2차 시장조사법은 1차 시장조사법보다 비용이 적게 들며 다음과 같은 정보원을 이용할 수 있다.

(1) 사업체 목록

미국의 경우에 사업자협회를 알기 위해서는 Business Information Sources(University of California Press), Encyclopedia of Associations (Gale Research)와 같은 자료를 이용하라. 공급업자에 대해 알아보기 위해서는 The Thomas Register of American Manufacturers(Thomas Publishing Company), Standard and Poor's Register of Corporations, Executives, and Industries(Standard and Poor Corporation), The American Wholesalers and Distributors Directory에서 18,000개 이상의 도매업체와 유통 업체에 대한 정보를 제공하고 있다.

(2) 직접 메일 목록

모든 사업과 관련된 직접 메일 목록을 구입할 수 있다. The Standard Rates and Data Service(SRDS) Directory of Mailing Lists(Standard Rates and Data)와 같은 것이 좋은 출발점이 될 수 있을 것이다.

(3) 인구통계학적 자료

고객의 인구학적 특징들에 대해 살펴보기를 원할 경우에는 The Statistical Abstract of the United States(U.S Government Printing Office)와 같은 자료들을 이용하라. 특정 지역에 대한 것을 알고 싶다면 The State and Metropolitan Data Book(U.S Government Printing Office)을 살펴보라. The Sourcebook of Zip Code Demographics(CACI, Inc.)는 미국의 우편번호 단위에 따른 인구수에 대해 자세한 정보를 제공하고 있다. Sales and Marketing Management's Survey of Buying Power(Bill Communications)는 소비자, 소매업체, 기업 구매에 관한 통계자료를 제공하고 있다.

(4) 센서스 자료

미국 통계청(The Bureau of the Census)은 총인구조사에서 나타나는 다양한 정보를 제공하고 있다. 이 자료들은 대부분의 도서관과 미국 통계청의 웹사이트(www.census.gov)에서 살펴볼 수 있다.

(5) 예측 자료

U.S Global Outlook은 200개 산업의 성장을 추적하고 이들 각 산업에 관한 5년간의 예측 정보를 제공하고 있다. 미 상무성(Department of Commerce)을 포함한 미국의 많은 정부 기관들은 금리에서부터 주택건축 수에 이르는 다양한 것들에 대한 예측 자료를 제공하고 있다. 미국의 경우, 국가자료 도우미로부터 도움을 받을 수도 있다.

(6) 시장조사

당신이 필요로 하는 시장조사를 누군가 벌써 해 놓았을 수도 있다. The FINDex Worldwide Directory of Market Research Reports, Studies, and Surveys (Cambridge Information Group)는 10,600개 이상의 시장조사 내용을 판매하고 있다. 사업 분석과 관련된 다른 목적들로는 Simmons Study of Media and Markets(Simmons Market Research Inc.)와 A.C. Neilsen Retail Index(A.C. Neilsen Company)와 같은 것이 있다.

(7) 기 사

잡지와 정기 간행물의 기사들은 당신 사업과 관련된 중요한 정보를 제공하는 정보 원천이 될 수 있다. Reader's Guide to Periodicals와 같은 자료들을 이용해 당신이 필요한 장보를 찾아라.

(8) 지역 자료

지역의 상공회의소는 관심 있어 하는 시장에 대한 정보를 가지고 있을 것이다. 그들에게 전화해서 필요한 정보를 가지고 있는지 알아보라.

(9) 웹(World Wide Web)

대부분의 기업가들은 웹에서 제공되고 있는 많은 마케팅 정보를 보고 놀라움을 금치 못한다. 당신은 이런 검색엔진들을 이용해서 무한한 정보를 얻을 수가 있다.

컴퓨터 하드웨어, 소프트웨어, 데이터 마이닝 기술의 발달로 인해서 한때는 거대한 컴퓨터 용량을 갖춘 대기업들만이 이용할 수 있었던 정보들을 이제는 모든 중소기업들도 접근 할 수 있게 되었다. 데이터 마이닝(data mining)은 통계적 분석, 데이터베이스 기술, 인공지능 기능을 갖춘 소프트웨어를 사용하여 패턴, 추세, 동향, 데이터끼리의 연관성을 찾아 기업가들이 더 나은 마케팅 의사결정을 내릴 수 있도록 도와주고 고객의 행동을 예상할 수 있도록 도와주는 처리 과정이다. 데이터 마이닝은 많은 구성요소들끼리의 연관성을 발견하고, 유사한 소비습관을 가진 고객집단을 확인해 주고, 고객의 소비패턴을 예측하게 해주므로 기업가들에게 엄청난 마케팅 힘을 가져다준다. 요즘 인기 있는 데이터 마이닝 소프트웨어에는 ACT, Clementine, Datacops Pro, GoldMind, Mineset, Nuggets) 등이 있다.

개인화된 마케팅 캠페인이 성공적이기 위해서는 다음과 같은 세 가지 종류의 정보를 모으고 발굴해야 한다.

① 지리학적

고객은 어디에 있는가? 그들은 한 지역에 집중되는 경향을 보이고 있나?

② 인구통계학적

고객의 특징은 어떠한가?(나이, 교육수준, 소득, 성별, 결혼 여부 등)

③ 심리통계학적

고객이 보이는 소비행동의 원동력은 무엇인가? 그들은 신제품을 빨리 수용하는가, 늦게 수용하는가? 그들에게 가장 중요한 가치는 무엇인가?

[그림 8-1]은 효과적인 개인화된 마케팅을 어떻게 할 수 있는가를 설명해 주고 있다.

3. 자료의 분석과 해석

시장조사만으로 문제에 대한 답을 구할 수 없지만 기업가는 시장조사에 의미를 부여해야 한다. 시장조사로 나타난 사실들이 무엇을 의미하는가? 결과에 어떠한 공통점이 있는가? 시장조사의 결과가 현재의 사업방식에 어떤 변화를 줄 것인가? 시장조사 결과가 어떤 새로운 기회를 말해 주고 있는가? 시장조사의 결과를 해석해 주는 어떤 엄밀한 규칙은 존재하지 않는다. 기업가는 자신의 판단력과 상식을 이용하여 그 수치들의 의미를 찾아야 한다.

4. 정보의 이용

시장조사 과정은 기업가가 수집된 정보를 근거로 행동을 취하기 전까지는 끝난 것이 아니다. 시장조사의 결과가 실제로 무엇을 의미하는 것인지에 대한 이해를 바탕으로 기업가들은 이 정보들을 어떻게 이용할 것인지를 결정해야 한다. 예를 들어, 어떤 소매상 주인은 시장조사를 통해서 소비자들이 이른 아침 시간보다는 늦은 저녁 시간에 쇼핑하는 것을 더 선호한다는 것을 알게 되었다. 그에 따라 주인은 스케줄을 조정하면서 매상이 올라가기 시작했다.

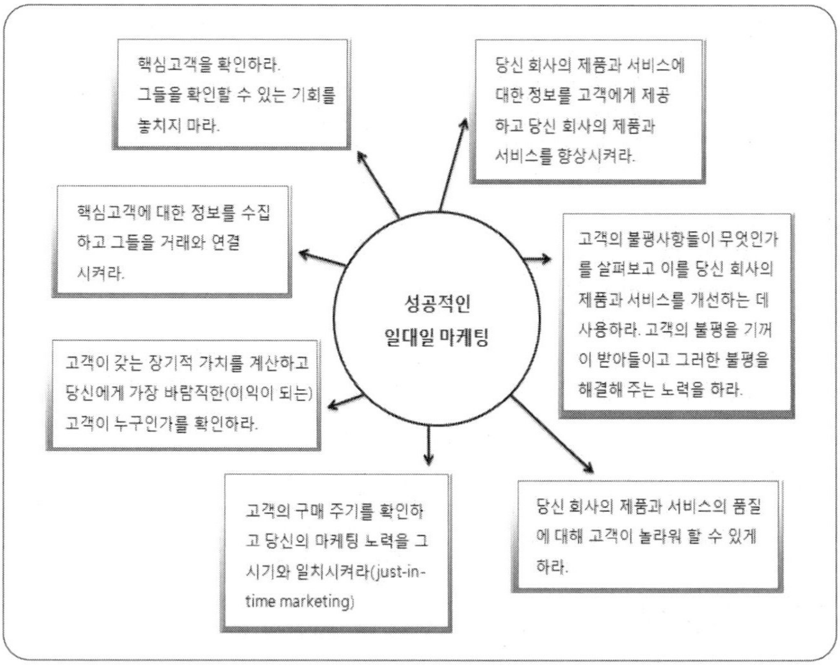

[그림 8-1] 효과적인 일대일 마케팅

제5절 마케팅전략을 통한 경쟁 우위

경쟁우위의 확보는 사업을 성공시키는 데 절대적으로 중요하다. 중소기업은 소비자들이 자사의 제품이나 서비스가 타 경쟁자의 것보다 더 월등하다고 인지할 때 경쟁우위를 갖는다. 기업의 규모나 자금력이 아닌, 올바른 마케팅전략이 중소기업이 경쟁우위를 달성하는데 있어서 핵심적인 요소이다. 비록 경쟁자 회사들에 비해서 규모가 작고 마케팅 예산도 적을 수 있지만, 중소기업들은 독창적이고 창의적인 저가의 게릴라 마케팅전략을 이용해서 목표고객을 강타하여 경쟁우위를 확보할 수 있다. 거대 체인점을 형성하고 있는 서점은 대량구매력을 이용해서 책을 할인하여 매입하여 개별 독립 서점들보다 더 낮은 가격에 책을 팔고 있다. 그러나 개별 독립 서점들은 특별주문, 성인독서그룹, 아이들을 위한 소설 읽어주기 시간, 회보, 작가 사인전과 독특한 틈새시장에 대한 판매활동과 같은 새로운 방법을 모색함으로써 자신들의 서점을 차별화하고 충직한 고객을 확보해 나가고 있다. 이러한 기업가들은 고객이 다른 곳에서는 얻을 수 없는 그들이 원하는 것을 제공함으로써 자신들의 경쟁우위를 확보하는 최선의 방법을 찾고 있다.

성공한 중소기업들은 자신보다 큰 경쟁자들을 상대로 경쟁우위를 갖기 위해서 자신들이 갖고 있는 특별한 강점들을 활용한다. 고객과의 친분, 개인적 관심, 충실한 서비스, 조직적 흡혈성, 경영적 유연성은 이들에게 단단한 기반을 제공하고 있으며, 이들이 시장에서 경쟁우위를 확보할 수 있도록 해준다. 중소기업들은 자신들의 크기를 이용하여 거대기업들보다 더 효과적인 관계마케팅(relationship marketing), 즉 고객관계관리(customer relationship management : CRM)를 통해 고객과의 관계를 개발, 유지시켜 고객과의 관계를 관리함으로써 그들이 반복구매를 하고 싶도록 만들 수 있다. CRM은 회사의 생각, 계획, 행동의 중심에 고객을 위치시키고, 제품이나 서비스에 초점을 맞추기보다 고객과 고객의 욕구와 필요에 초점을 맞춘다. CRM은 다음과 같은 것들을 요구한다.

(1) 기존 고객에 대한 의미 있는 정보를 수집하고 그러한 정보를 데이터베이스에 축적한다.

(2) 회사에게 가장 좋은, 가장 이익이 되는 고객과 그들의 욕구, 구

매습관을 확인하기 위해서 데이터베이스를 발굴한다. 대부분의 경우에 고객 중에서 낮은 비율을 차지하는 고객이 회사 전반의 매출과 이익에 주된 기여를 한다. 이러한 고객에게 회사의 관심과 노력이 집중되어야 한다.

(3) 고객과 발전적이고 정기적인 관계를 개선하는 데 초점을 맞춘다. 이러한 것은 고객관리에 드는 비용이 회사에 가져다주는 수입보다 더 큰 고객을 구별하고 그들을 제거함으로써 가능해진다. 이렇게 하지 못할 경우에 회사는 CRM을 위한 노력에 대해 적절한 보상을 받지 못한다.

(4) 회사에 좋은 고객이 될 수 있는 고객을 더 많이 확보한다.

기업들은 비록 고객에게 만족스러운 서비스와 가치를 제공하더라도 많은 고객이 타사의 제품을 구매하여 자사에게 충직하지 않다는 것을 발견하고 있다. 따라서 고객에게 좋지 않은 서비스를 제공하는 기업들은 중대한 위험에 처하게 된다. 고객유지율을 측정하는 데 전문성을 갖고 있는 컨설팅 회사인 Hepworth 는 좋지 않은 서비스로 인하여 잃게 되는 고객의 비율을 측정하고 그로 인해 잃게 되는 회사의 수입을 계산하여 고객의 수입위험도(revenue at risk)를 측정하고 있다. Hepworth의 연구에 의하면 고객충성도에서 상위 25%에 속하는 기업의 경우에 수입위험도가 3%밖에 되지 않지만, 고객충성도가 하위 25%에 속하는 회사들의 경우, 좋지 않은 서비스로 인해 나타나는 수입위험도의 평균치는 12% 이상이 되는 것으로 나타났다. 오늘날, 고객으로부터 그들의 충성심을 얻기 위해서는 고객과 그들에 대한 서비스에 전례 없이 높은 수준의 노력을 기울이고, 고객과 장기적인 관계를 구축하는 것이 기업들에게 요구되고 있다.

1. 11가지의 마케팅 원칙

성공적인 게릴라 마케터가 되기 위해서, 기업가는 자신의 신제품이나 신서비스를 개발할 때만큼 자신의 마케팅전략을 개발하는 데도 혁신적이어야 한다. 다음과 같은 11가지의 게릴라 마케팅 원칙은 기업가가 경쟁우위를 개발하는 데 도움을 줄 것이다. 이것은 다음과 같은 것들이다. 틈새시장의 선택, 엔터테일링(entertailing), 일관성 있는 브랜드전략의 확립, 독특함의 강조, 고객과 관계 맺기, 고객의 요구에 초점 맞추기, 품질의 강조, 편의성에 관심 두기, 혁신에 집중하기, 서비스에 대한 헌신, 신속성의 강조.

(1) 틈새시장의 선택

제2장의 '전략적 경영과 기업가'에서 보았듯이, 많은 성공적인 중소기업들이 큰 기업들과 직접 대결하기보다는 틈새시장을 조심성 있게 선택하고 그 시장을 완강하게 방어하는 입장을 취한다. 틈새전략(niche strategy)은 중소기업들이 규모가 작다는 점을 최대한 활용할 수 있게 하여 대기업들이 지배하고 있는 산업에서 그들과 효과적으로 대응하고 경쟁하도록 해 준다. 규모가 작아서 대기업들이 매력을 못 느끼는 시장, 또는 중소기업가들의 전문지식을 갖고 있는 시장은 많은 중소기업들을 성공시킬 수 있는 공통적인 처방전이 되고 있다.

(2) 엔터테일링

많은 연구조사에 의하면 소비자들이 쇼핑에 지루해하고 있으며 여가시간을 쇼핑에 투자하는 것을 꺼린다는 것이다. 오늘날, 고객을 확보하기 위해서는 저가판매나 다양한 제품을 제공해야 한다. 점점 더 많은 기업들이 엔터테일링(entertailing)에 기초한 전략을 채택하고 있다. 이는 만화경(kaleidoscope)과 같이 변화무쌍한 광경, 소리, 향기, 활동들을 만들어 고객을 상점으로 끌어당기는 것이다. 이러한 것들은 고객에게 재미를 주기 위해서—그리고 물론, 판매도 하기 위해서(디즈니랜드를 떠올리면 이해가 쉬울 것이다)—이용되는 것이다. 엔터테일링의 주목적은 고객의 관심을 유발시키고 그들이 오락적 경험을 하도록 만들면서 더 오래 쇼핑하도록 하여 더 많은 제품과 서비스를 구입하도록 하는 것이다. "엔터네일링은 쇼핑을 더 즐겁게, 더 교육적으로, 더 상호작용적으로 만드는 것이다"라고 한 소매 컨설턴트는 말한다. 많은 연구결과가 판매에 있어서 엔터테일링이 갖는 직접 참여, 상호작용, 교육적 판매가 가져다주는 혜택을 인정하고 있다. 한 연구에 의하면 34%의 고객이 값이나 편의성과 같은 논리적인 요소 보다는 즐거움, 감동과 같은 감정에 더 이끌려 구매를 하는 것으로 나타났다.

⑶ 일관성 있는 브랜드 전략의 확립

브랜드는 회사의 독특한 정체성을 창조하고, 회사 구성원 간에 긴밀한 협조를 요구한다. 수많은 경쟁회사들로 인해 나날이 더 어려워지고 있는 현 시대에서, 브랜드 전략이 갖는 중요성은 더욱 커져가고 있다. 이를 달성하는 한 가지 방법은 고객이 직면하는 문제점을 회사의 제품이나 서비스가 어떻게 해결해 주는지를 확실히 정의하는 것이다. 가급적이면 독특한 방식으로 말이다. 비록 기업가들이 코카콜라나 나이키(나이키 브랜드는 10억 달러가 넘는 것으로 추정되고 있다)와 같은 브랜드를 확립하기 위한 자원을 갖고 있지 않더라도 브랜드를 통해서 자기 회사의 이미지 가치를 높일 수 있는 행동을 취할 수가 있다. 한 가지 방법은 회사가 원하는 이미지, 가치, 개성을 한눈에 전달할 수 있는 시각적으로 작용 할 수 있는 로고, 편지지 위쪽의 인쇄 문구, 그래픽 등을 만드는 것이다. 성공적인 브랜드를 개발하는 데 있어서 도 하나의 중요한 방법은 기존 고객을 계속 만족시켜 줌으로써 그들은 회사와 회사의 제품을 선전하는 전도자로 만드는 것이다. 유명인들을 고객으로 두는 것도 도움이 된다. 자신만의 티셔츠, 액세서리 등을 판매하는, 로스앤젤레스에 위치한 My-Tee사의 창립자 Chrissy Azzaro는 Courtney Cox, Hilary Duff 같은 유명인들의 자신을 My-Tee사 제품에 넣어 판매했을 때 회사의 브랜드 가치가 증가하는 것을 목격할 수 있었다. 가장 이상적인 방법으로는, 사업계획서에 회사의 브랜드 전략을 명확히 삽입해야 한다.

⑷ 독특함의 강조

가장 효과적인 게릴라 마케팅 기법 중 하나는 자신만의 독특한 비즈니스 이미지를 창조하는 것이다. 기업가들은 그들이 제공하는 제품이나 서비스, 그들이 사용하는 마케팅이나 판매촉진 캠페인, 상점의 레이아웃, 그들이 적용하는 사업전략 등 다양한 방법으로 수많은 경쟁회사들의 무리 속에서도 눈에 띄는 것이다. '나도 따라한다(me-too)'는 사업방식만큼 고객의 호감을 얻지 못하는 방법은 없다.

⑸ 고객과의 관계 맺기

시장에서 막강한 마케팅 능력을 가진 회사들은 그들이 누구이며 그들이 무엇을 대변하고, 그들이 왜 존재하는지에 대해 확실한 이해를 하고 있다. 그들이 회사의 비전을 의미 있게 정의한다는 것은 기업가들이 직면하는 가장 어려운 과제 중 하나이다. 제2장에서 보았듯이, 비전은 기업가의 믿음과 가치에서 나오며, 기업문화, 기업윤리, 사업전략에 반영된다. 비록 실체가 없는 무형의 것이지만 비전은 성공적인 마케팅 활동에 절대적으로 필요한 요소이다. 비전이 확실하게 심어지면, 비전을 이용하여 회사는 고객과 관계를 맺을 수 있다.

고객과 깊은 관계를 확립하는 기업은 단지 판매만 하는 기업보다 훨씬 큰 게릴라 마케팅 능력을 갖게 된다. 이러한 기업들이 성공적일 수 밖에 없는 이유는 고객이 이러한 회사의 제품이나 서비스를 구매할 때마다 감성적인 자극을 받기 때문이다. 이러한 기업은 고객이 중요하게 생각하는 것을 지지하고, 고객에게 특별한 관심을 쏟고, 그들과 거래하는 것을 고객이 재미있고 즐거운 것으로 생각하게 만듦으로써 고객과 감성적인 관계를 만든다. 묵직하고 부릉거리는 배기음이 트레이드마크가 된 클래식 모터사이클 제조회사인 Harley Davidson은 다른 회사들이 질투할 정도로 고객과의 높은 감성적 관계(emotional connection)를 확립하고 있다.

⑹ 고객에게 집중하라

너무나 많은 기업들이 사업에서 가장 핵심적인 요소를 놓치고 있다. 그것은 바로 고객이다. 한 연구에 의하면 미국 회사들은 평균적으로 5년마다 고객기반(customer base)의 약반 정도를 잃고 있는 것으로 나타났다. 고객 이탈이 일어나게 하는 주된 이유는 회사들이 고객을 잘 관리하지 못하고 있기 때문이다. 기업들은 고객과의 관계를 제대로 유지하지 못함으로써 발생하는 비용에 대해서 이제 겨우 인지하기 시작했다. 한 연구에 의하면 고객이탈의 원인을 다음과 같이 지적하고 있다.

① 67%의 고객이 직원의 냉담한 태도로 인하여 특정 상점의 단골이 되지 않고 있다.

② 품질이나 가격 때문에 고객을 잃는 것보다 서비스 불량으로 인하여 고객을 잃을 확률이 5배나 크다.

③ 96%의 고객은 그들이 받은 버릇없는 행동이나 무례한 서비스에

관해서 불평을 하지 않는다.

④ 이러한 불만족 고객 중 91%는 다시는 그곳에서 구매를 하지 않는다.

⑤ 이러한 불만족 고객이 자신이 겪었던 '좋지 않은 서비스'를 최소한 9명의 다른 사람에게 이야기할 확률은 100%이다.

⑥ 이러한 불만족 고객이 자신이 겪었던 '좋지 않은 서비스'를 최소한 20명의 다른 사람에게 이야기할 확률은 13%이다.

(7) 품질에 대한 헌신

오늘날과 같은 경쟁이 치열한 세계 기업환경에서는 제품과 서비스의 품질 또한 기업의 성공과 심지어 생존에 필수적인 요소이다. 마케팅과 관련된 한 격언에 의하면, 마케팅 실패 중에서 가장 나쁜 실패는 우수한 광고와 저질 제품의 결합이라고 한다. 요즘 고객은 높은 품질의 제품과 서비스를 기대하고 요구하고 있으며 그러한 것을 일관성이 있게 제공하는 기업들은 경쟁우위를 갖게 된다.

오늘날, 품질은 단순히 회사 게시판에 붙이는 모토가 아니라 그 이상의 것이다. 세계적 수준의 기업들은 품질을 전략적 목표이면서 또한 기업문화의 일부분으로 취급하고 있다. 이러한 철학을 전사적 품질경영(Total Quality Management : TQM)이라고 부른다. 이는 단순히 제품과 서비스 자체의 품질뿐만 아니라, 회사와 고객 간의 관계 그리고 품질개선을 위한 지속적인 노력 등 모든 측변에서의 품질관리를 말하는 것이다. 기업들은 통계적 기술을 이용하여 문제를 발견하고, 그 원인을 파악하며, 해결함으로써 지속적인 개선을 달성할 수 있다. 또한 그러한 과정에서 습득한 것을 개선내용에 포함시킨다. 이는 그림6.2이 보여주고 있는 품질관리 과정을 따라 끝없이 반복되는 과정이다.

품질관리에서 가장 앞서고 있는 기업들은 품질 측정을 위한 새로운 방법을 개발하고 있다. 제조회사들이 맨 처음으로 TQM 기술을 적용하기 시작했지만, 소매회사, 도매회사, 서비스 회사들이 품질관리의 챔피언이 됨으로써 혜택을 독특히 누리고 있다. 그들은 고객의 불평사항들을 추적하고, 잃어 버렸던 고객에게 연락을 하고, 품질관리의 비용과 품질관리에 따른 수익률(return on quality : ROQ)을 파악하고 있다. 비록 어떠한 품질개선이든지 회사의 경쟁력을 높여주는 것은 사실이지만 ROQ는 어느 정도 합당한 수익률을 가져다주는 개선들이 어떤 것들인가를 확인하게 해 준다. 간단히 말해, ROQ는 경영자들이 품질개선에 드는 비용보다 품질개선에 따른 수입이 더 큰 품질관리에 초점을 맞추도록 해 준다.

성공적인 TQM 기법을 확립시켜 가는 데 있어서 핵심적인 것은 세상을 고객의 입장에서 바라보는 것이다. 달리 말해, 품질은 고객의 필요와 요구를 반영해야 한다는 것이다. 고객은 품질을 어떻게 정의할까? 한 조사에 의하면, 미국인들은 신뢰성(고장 날 때까지의 평균시간), 견고성(얼마나 오래 사용할 수 있는가), 사용의 간편성, 잘 알려져 있거나 신뢰받고 있는 브랜드, 가격의 순서로 품질에 대해 판단하는 것으로 나타났다. 서비스 분야에서도 고객은 다음과 같은 비슷한 특징을 살펴볼 가능성이 있다. 유형물(장비, 시설, 사람), 신뢰성(말하는 것을 지키는 것), 반응 정도(고객을 돕는 데 보여주는 신속성), 보증과 공감대 형성(관심 있는 태도), 좋은 품질과 서비스를 제공하고 있는 것으로 평판이 난 회사들은 "시작할 때부터 바로 하자"라는 정신을 갖고 그들을 위한 몇 가지 가이드라인을 따르고 있다.

(8) 편의성에 관심을 두라

고객에게 기업의 제품에 대해 그들이 원하는 것이 무엇인지를 물어보면 가장 일반적이 답변 중 하나가 '편의성'이다. 맞벌이 부부들이 많고 출퇴근에 긴 시간을 소비해야 하는 소비자들은 전보다 더 높은 소득을 갖고 있음에도 그것을 사용할 충분한 시간을 갖고 있지 않다. 한 세대 전만 해도 결혼한 부부가 일 년에 평균 3,331시간 정도 일을 했지만, 오늘날에는 평균 3,719시간, 일주일에 평균 71.5시간 일을 한다. 고객에 대한 편의성을 조금이라도 높여 주는 기업은 경쟁력을 얻을 수가 있을 것이다. 여러 연구들을 통해서 밝혀진 것은 고객이 구매를 결정하는 데 있어서 가장 우선하는 기준 중 하나가 제품이나 서비스에 대한 쉬운 접근이다. 불행하게도 적절한 수준의 편의성을 제공하고 있는 기업이 많지 않아 많은 기업이 고객을 끌어들이고 유지하는 데 실패하고 있다. 예를 들어, 복사와 사진들을 판매 하는 어느 상점은 가게 문을 닫음으로써 잠재적 고객을 멀리하고 있었다. 일부 회사들은 상품교환, 환불, 수표발행 및 기타 여러 거래 절차를 복잡하게 만들고 있다. 성공적인 회사들은 고객이 거래를 쉽게 하도록 해 주기 위해서 그러한 복잡한 절차들을 제거하고 있다.

(9) 혁신에 집중하라

혁신은 미래의 성공을 가져다주는 핵심이다. 중소기업이 가만히 있으면서 경쟁력을 갖기에는 시장은 너무 빨리 변하고 경쟁회사들도 너무 빨리 움직인다. 중소기업들은 조직과 경영의 유연성으로 인해 대기업보다 더 빠르게 새로운 기회를 포착하고 빠르게 행동한다. 혁신은 기업가들이 가질 수 있는 가장 큰 장점 중 하나이며, 혁신은 신상품, 유일한 기술, 독특한 접근방법 등에 반영되어 나타난다. 5.000만 달러 미만의 매출을 갖고 있는 회사들을 대상으로 Coopers와 Lybrand가 실시한 조사에 의하면 이들 회사들의 2/3에 가까운 CEO들이 자기 회사가 갖고 있는 주된 경쟁력이 신제품 개발능력이라고 생각하고 있는 것으로 나타났다.

제한된 자금력에도 불구하고 중소기업은 많은 경우에 혁신의 선도자 역할을 담당하고 있다. 예를 들어, 컴퓨터 산업에서의 획기적인 발전은 포켓용 컴퓨터(팜), 초소형 컴퓨터(애플 컴퓨터), 소형컴퓨터(디지털)를 포함한 중소기업들에 의해 이루어졌다. 또한 매 세대의 컴퓨터 디스크 드라이브의 개발은 신생 중소기업에 의해 선도되었다. 경쟁적인 제약산업 분야에서도 여러 약품시장에서의 대표적 약들은 Merck나 GlaxoSmithKline 와 같이 수백만 달러의 연구비를 지출하고 있는 제약업계의 거인이 아닌 중소기업에 의해 개발된 것들이다.

중소기업의 성공에 있어서 제품과 서비스의 혁신보다 더 중요한 것은 없다. 또한 혁신을 하는 것이 점점 더 도전적인 일이 되지 않은 적도 없었다. 회사의 규모에 관계없이 모든 규모의 회사들이 느끼고 있는 신제품을 개발하여 시장에 빨리 내놓아야 한다는 압박감은 점점 더 커지고 있다. 더 격렬해진 국내외 경쟁, 급속한 기술변화, 통신의 발달은 혁신을 사업의 성공에 더 핵심적인 요소로 만들고 있다. 어느 기업관계자는 "오늘 혁신이 발생하면 바로 내일 모방품이 나오고 다음 달에는 제품이 나온다."고 말한다. 미국 기업을 대상으로 한 조사에 의하면 기업의 경영자들은 신제품이 5년 동안 회사가 발생시키는 이익의 39%를 기여하는 것으로 생각하고 있다. 이수치는 과거에는 25%정도이었다. 잘 알려져 있는 Big Bertha 골프클럽을 생산하는 Callaway Golf 설립자인 Ely Callaway는 "혁신은 내게 우선순위 1위이며, 우리 회사 사명서의 핵심가치이다. 우리 회사가 장시간에 걸쳐 성공한 이유는 끊임없이 혁신적인 새로운 골프채를 개발함으로써 고객에게 만족을 주어왔기 때문이다."라고 말했다.

혁신은 단순히 거액의 돈을 연구개발에 투자하는 것만으로 이루어지는 것은 아니다. 중소기업은 어떻게 끊임없이 신제품과 새로운 서비스를 내놓는 혁신을 유지할 수 있을까? 무술전문가가 자신보다 큰 경쟁 상대를 만났을 때 하는 것처럼 중소기업들은 속도와 유연성을 유지하는 데 그들의 규모가 주는 이점을 사용하고 있다. 고객과 가까이 할 수 있다는 점은 그들에게 시장의 아주 작은 변화도 읽을 수 있고, 추세를 미리 예측할 수 있는 능력을 준다. 그들이 노력을 한 곳에 집중할 수 있다는 것도 중소기업이 혁신에서 우위를 차지하게 해주는 요인 중 하나이다. 한 벤처캐피털 리스트는 "중소기업은 경쟁우위를 갖는다. 그들은 오로지 신제품에만 몰입하여 초점을 맞추는 경영진을 갖고 있기 때문이다."라고 말했다.

⑽ 서비스와 고객만족에 헌신하라

중소기업은 고객이 스스로 알아서 해야 하는 대기업의 상점들과는 다르게, 우수한 고객에 대한 서비스를 제공하는 것이 자신들의 강력한 전략적 무기가 될 수 있다는 것을 알고 있다. 특히, 경쟁기업인 대기업보다 자금능력이 부족한 중소기업은 특별한 고객서비스를 제공하는 것이 자신을 효과적으로 차별화시키고 고객기반을 늘려가는 데 있어서 가장 효과적인 방법 중 하나라는 것을 인식하고 있다. 한 소기업 사장은 "고객에게 좋은 서비스를 제공하는 데는 돈보다는 몰입과 헌신이 요구된다."고 말했다. 불행하게도, 대부분의 중소기업의 서비스 수준은 낮은 편이다. 고객서비스를 개선하지 않는 기업은 결국 실패하며, 우수한 고객서비스를 제공하는 기업은 다른 기업을 능가하게 된다.

성공한 회사는 월등한 고객 서비스가 고객만족이라는 목적에 이르는 중간단계일 뿐이라는 것을 알고 있다. 이러한 회사는 고객만족을 넘어서 고객감탄(customer astonishment)을 향해 가고 있다. 그들은 고객에게 품질, 편의성, 서비스를 제공하는 데 초점을 맞추고 있다. 가장 비용이 적게 들면서도 가장 효과적으로 고객만족을 달성하는 확실한 방법은 친밀한 개인적인 서비스를 공급하는 것이다. 제조업에서부터는 은행, 첨단기술 산업까지 다양한 산업에서 이루어지고 있는 고객에 대한 연구의 결론은 서비스의 요체가 결국 '개인적인 터치(personal touch)'라는 것이다. 시장조사 회사인 NFO WorldGroup의 한 연구는 손님들이 식당을 다시 찾도록 만드는 주된 이유는 음식이 아니라 친절한 서비스라는 것을 밝혀 주고 있다. 어떤 종류의 사업을 하든지 고객의 이름을 부르고, 고객에게 신경 쓰면서 친절하게 대하고, 고객의 욕구와 요구에 부응하는 것은 편의성, 품질, 신속성보다 훨씬 더 중요한 요소이다.

우수한 고객서비스와 고객만족을 달성하기 위해서 회사는 어떻게 해야 할까?

1) 고객의 소리에 귀를 기울여라.
2) 우수한 서비스가 어떤 서비스인가를 정의하라.
3) 기준을 세우고 성과를 측정하라.
4) 회사의 서비스 절차를 검토해 보라.
5) 적합한 직원을 고용하라.
6) 우수한 서비스를 제공하기 위해서 직원들을 교육시켜라.
7) 우수한 서비스를 제공할 수 있는 권한을
8) 서비스 향상을 위해서 기술을 활용하라.
9) 우수한 서비스에 대해 보상하라.
10) 최고경영진의 지원을 확보하라.
11) 신속성을 강조하라.

2. 웹을 통한 마케팅 기회와 활동

전화기, 팩스, TV홈쇼핑처럼 인터넷의 웹(World Wide Web : WWW)은 이제 혁명적인 사업 도구가 되어 버렸다. 많은 기업가들이 전 세계 컴퓨터를 서로 연결시켜 주고 그 사용자들에게 끝없는 정보의 바다를 제공해 주는 웹에 대해 많이 들어보았다. 하지만 아직도 기업가들은 그것이 정확히 무엇인지, 그것을 어떻게 이용하면 이득이 되는지, 어떻게 웹상에서 자기 회사를 나타나게 할 수 있는지를 잘 모르고 있다. 회사를 웹상에 나타나게 하려면 수천 가지의 '연결통로(gateway)' 중 하나를 이용하여 자기 회사의 주소를 만들어야 한다. 창조적이고 매력 있는 웹사이트를 만드는 것은 웹상에 회사를 차리는 것이며 그렇게 함으로써 아무리 작은 회사라도 전 세계를 대상으로 사업을 할 수 있게 된다. 화려한 그래픽, 사운드, 애니메이션, 비디오를 웹상에 올리고, 또한 문구를 올릴 수 있는 능력을 갖고 있는 중소기업들은 자신보다 규모가 큰 경쟁기업보다 더 잘 웹상에서 자신의 위치를 구축할 수 있다. 자기보다 큰 기업들에 비해 마케팅을 수행할 능력이 부족한 중소기업에게 웹은 전 세계 시장을 대상으로 그러한 열세를 만회할 수 있게 해 줄 수 있다. 웹은 중소기업들에게 믿기지 않을 정도로 활동 범위를 넓혀 준다. 웹을 사용하는 경우에 회사는 1년 내내 전 세계 고객과 연결될 수 있다. 캘리포니아 있는 10,000에이커 규모의 Alice L Ranch 농장의 소유주인 Dean Talbert는 이제 웹을 이용하여 소를 사고판다. 이는 전통적인 방식대로 서로 만나서 거래하는 대부분의 농장 주인들이 택하고 있는 거래방법과 매우 다른 것이다. Talbert는 "나는 인터넷을 이용하여 전혀 거래하지 않던 동부지역 사람들에게도 소를 팔고 있다."고 말했다.

이제 웹을 주된 마케팅 수단으로 자리 잡고 있으며 중소기업에게 엄청난 힘과 넓은 시장을 제공하고 있다. 2004년에는 미국 주민의 30%가 온라인 구매를 했고, 2008년에는 기 비율이 50%가 될 것이라고 전문가들은 추정하고 있다. 이는 웹을 잘 알고 이용할 수 있는 기업들에게는 엄청난 기회가 존재함을 말해 주는 것이다. 미국의 경우, 온라인을 통한 소매판매는 2004년에 650억 달러이었는데, 2008년에는 1,170억 달러가 될 것으로 예상하고 있다. 기업과 소비자 간에 이루어지는 전자상거래(Business to Consumer : B to C)의 거래역이 인상적이기는 하지만 기업과 기업(Business to Business : B to B)간에 이루어지는 전자상거래에는 이보다 훨씬 크다. 미국의 경우, 실제로 모든 전자상거래(e-commerce)의 93%가 B to B 거래이다. 불행하게도 대부분의 중소기업은 웹이 갖고 있는 엄청난 잠재력을 제대로 이용하지 못하고 있다. 중소기업의 43%만이 자신의 웹사이트를 갖고 있을 뿐이다. 웹사이트를 갖고 있는 중소기업 중에서도 약 40%만이 온라인을 통해 판매를 하고 있다. 웹상에서 자사의 존재를 알리지 않는 이유로 대부분의 중소기업들이 지적하는 것은 자신들의 제품이나 서비스가 온라인 판매에는 적합하지 않다는 것과 온라인을 통해 판매로 이득을 발생시키지 못할 것으로 생각하고 있다는 것이다. 이런 이유로 인해 중소기업이 웹을 통한 사업에서 차지하는 비중은 의외로 적다. Forrester Research의 조사에 의하면 미국의 소매업에서 중소기업이 차지하는 비율이 거의 50%에 달하는 데도 모든 온라인 판매에서 중소기업이 차지하는 비중은 겨우 6%밖에 되지 않는 것으로 나타났다.

웹을 이용한 온라인 판매에서 성공한 중소기업은 그들이 갖고 있는 현재의 강점과 핵심능력을 강조하는 마케팅전략를 갖고 있다. 그들의 웹 마케팅전략은 판매만을 위한 것이 아니라 그들의 고객과 관계를 쌓은 데 초점을 맞추는 전통적인 방식의 마케팅 방법을 반영하고 있다. 이런 기업들은 그들의 목표고객을 이해하고 웹을 이용해서 어떻게 접근하는지를 알고 있다. 그들은 웹사이트는 고객이 실제로 상점에 들러서 물건을 살 때 가질 수 있는 신뢰감과 개인적 관심을 받을 수 있도록 만들어져 있다.

잘 만들어진 웹 사이트는 고객이 회사의 제품과 서비스, 회사의 역사에 대해서 알 수 있도록 해 줄 뿐만 아니라 전문가와 질의응답을 하거나 회사 임원과 온라인으로 또는 전자 우편을 통해서 대화할 수 있도록 상호작용적인 특징을 갖고 있다. International Customer Service Association과 e-Satisfy Ltd. 가 행산 조사에 의하면 웹사이트 방문객의 94%가 구매를 회피하는 이유로 판매원과 대화를 할 수 없어서라고 응답함에도 불구하고, 웹사이트들 중 4%만이 실시간 채팅이 가능하도록 되어 있는 것으로 나타났다. 온라인 채팅 기능을 갖고 있는 웹사이트를 운영하는 작은 공업용품 공급업체인 Spill 911 Inc.의 소유주인 John Moore는 그러한 기능으로 인해 구매를 포기하려는 고객의 60%나 줄일 수 있었다고 말했다. Moor는 그러한 기능은 고객에게 제품에 대한 특정한 질문들을 할 수 있게 해 줌으로써 고객이 좋은 회사와 거래를 한다는 것을 알게 해 준다고 말했다.

웹은 회사의 홈페이지를 다른 웹사이트와 연결시켜 주는데 이것은 기존 광고매체에서는 제공할 수 없는 기능이다. 예를 들어 주방용 요리기구를 판매하는 회사는 자신의 웹사이트에 다양한 요리법, 요리책, 식품, 기타 요리와 관련된 것을 알려 주는 다른 사이트와 연결되도록 할 수 있다. 이렇게 함으로써 해당 중소기업은 자신의 제품과 함께 보완적인 제품이나 서비스를 판매하는 다른 회사와 교차 마케팅을 펼칠 수도 있다. 웹은 또한 우수고객에게 최저의 비용으로 고객서비스를 제공할 수 있다. 혁신적인 웹사이트는 고객에게 제품이나 서비스에 관한 정보를 제공해 주고, 그들의 질문에 답해 주고, 도표나 사진을 다운로드 할 수 있게끔 되어 있어야 하며, 고객이 주문 상태를 추적할 수 있게 해 주는 기능도 제공해야 한다.

물건을 파는 모든 회사에서 해당되는 말이기는 하지만, 웹을 통한 판매가 성공하기 위한 핵심은 올바른 목표고객을 설정하고, 적절한 가격에, 올바른 제품과 서비스를 판매하는 것이다. 하지만 웹을 통해 판매하는 기업가들은 두 가지의 추가적인 도전에 직면하게 된다. 그것은 웹 이용자들을 자기 회사의 홈페이지로 유인하는 것과 그들을 고객으로 전환시키는 것이다. 그렇게 하기 위해서는 유혹적이고, 살펴보기 쉽고, 상호작용적이고, 지루하게 물품 목록을 나열하는 것 이상의 무언가를 제공하는 웹사이트를 마련해야 한다. 이런 것들을 제대로 구현하고 있는 기업가들은 와인이나 여행상품에서부터 보석류, 전자 물품 등에 이르기까지 많은 것들을 온라인을 통해 성공적으로 판매하고 있다. 온라인을 통해 가장 잘 팔리는 제품에는 여행상품, 컴퓨터와 컴퓨터 관련 부품, 책, 가전제품, 의류, 음악 등이 있다.

3. 마케팅 믹스

마케팅전략의 핵심요소는 마케팅의 4P－제품(Product), 유통(Place), 가격(Price), 판매촉진(Promotion)이다. 이 네 가지 핵심요소들은 그 자체로서도 힘을 갖지만 이들을 서로 잘 조화시킬 경우에 제품이나 서비스의 판매를 증가시킨다. 중소기업 경영자들은 자기 회사의 제품이나 서비스가 고객에게 주는 영향력을 최대화하기 위해서 네 가지 요소들을 하나로 묶어야 한다. 이 네 가지 요소들로 고객에게 회사의 제품이나 서비스의 이미지를 강화 시켜야 한다. 오랜 기간 동안 소매업을 해 온 한 사업가는 "전산화된 재고관리나 판매시장에서의 재고 확인과 같은 전자통신 기술의 경이로운 발전도 고객을 이해하고 고객에 대한 이해를 적절한 마케팅 믹스로 전환하는 기업가의 능력을 대체하지 못한다."고 말했다.

(1) 제 품

제품은 그 자체가 마케팅의 주요 요소 중 하나이다. 제품은 형태와 모양을 가질 수도 있고, 물리적 형태를 갖지 않는 서비스도 될 수 있다. 제품은 시간이 지나감에 따라 여러 단계를 거쳐 간다. 제품수명주기(product life cycle, 그림 8-2 참조)는 제품이 성장 단계를 측정하게해 주고 그러한 측정된 수치를 가지고 경영자들은 해당 제품을 계속 판매할 것인지 아니면 새로운 후속 제품들을 시장에 내놓을지를 결정한다.

제품의 도입기(introductory stage)에서, 마케터들은 잠재적인 소비자에게 그들의 제품을 소개한다. 처음부터 고객이 제품을 높게 평가하는 경우는 드물다. 일반적으로 신제품은 기존시장을 뚫고 들어가 기존에 시장에서 터를 잡고 있는 제품들과 경쟁을 해야 한다. 제품과 해당제품이 그들의 욕구를 충족시켜 줄 있는가에 대한 정보를 알아야 한다. 제품수명주기에서 이 단계에서는 마케팅 비용이 일반적으로 많이 든다. 중소기업은 고객의 저항과 타성을 극복해야 한다. 따라서 도입기 단계에서 이익은 일반적으로 낮거나 때로는 음(−)의 값을 갖기도 한다.

도입기 단계가 지난 후에 제품은 성장과 수용 단계(growth and acceptance stage)에 들어서게 된다. 성장기에서는 많은 소비자들이 해당 제품을 비교해 보기 시작하고 그에 따라 판매와 이익은 증가하기 시작한다. 하지만 이 단계에 도달한 제품이라고 하더라도 반드시 성공하는 것은 아니다. 도입기나 성장기에서 해당 제품이 소비자의 욕구를 충족시키지 못하면, 결국 팔리지 않아 해당 제품은 시장에서 사라진다. 성공적인 상품의 경우에는 판매량과 이익률이 이 단계에서 증가한다.

성숙과 경쟁 단계(maturity and competition)에서는 판매량은 증가하지만 이익률은 최고점에 달한 후 경쟁자들이 시장에 들어옴에 따라 하락하기 시작한다. 이러한 상황에서 기업들은 일반적으로 경쟁에 대처하고 또한 시장점유율을 유지하기 위하여 제품가격을 인하한다.

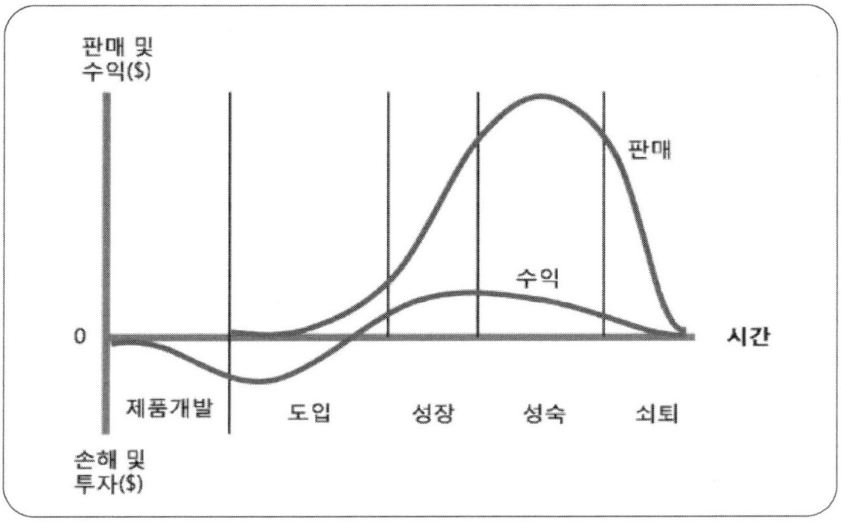

[그림 8-2] 제품 수명주기

제품수명주기의 시장 포화 단계(market saturation stage)에서는 판매량이 최고점에 도달하지만 포화기는 마케터에게 제품혁신을 시작할 때라는 것을 알려 준다.

제품수명주기의 마지막 단계는 제품 쇠퇴 단계(product decline stage)이다. 쇠퇴기에서 제품의 판매량은 지속적으로 하락하고 이익은 현저하게 떨어진다. 하지만 제품이 이 단계에 달했다고 해서 생명을 다하는 것은 아니다. 인기를 얻고 있는 제품들은 항상 개선되어 왔다. 어떤 기업도 제품에 혁신과 변화를 주지 않고는 시장에서 자기 위치를 지킬 수 없다. 1950년 국제 장난감 전시회에서 처음 소개된 silly putty(실리콘으로 만든 진흙; 지금까지 3억 개 이상이 팔렸다)를 만드는 회사도 최근에 야광 제품을 새로 내놓았다. 이러한 혁신으로 인해 이 장난감의 매출은 60% 이상 증가했다.

제품수명주기 각 단계의 기간은 제품의 성격에 따라 다르다. 골프 장비의 수명주기는 지난 10년 동안은 3~4년에서 최근에는 1년 미만으로 단축되었다. 유행성이 높은 의류의 경우에 제품수명주기는 이보다 더 짧아서 4주나 6주에 그치는 경우도 많다. 제품수명주기가 긴 제품의 경우에 제품수명주기가 끝날 때 까지 몇 년이 걸릴 수도 있다. MIT 대학에 의해 조사된 바에 의하면 전형적인 제품의 수명주기는 10년 내지 14년으로 나타났다.

제품수명주기를 이해하는 것은 신제품을 개발할 시기를 판단하는데 도움을 준다. 기존제품을 이어나갈 신제품을 제때에 개발하여 시장에 내놓지 못하는 기업들이 매우 많다. 그 결과, 경쟁자가 '더 나은 제품'을 생산하는 것에 전혀 대비가 되어 있지 않아 결국 판매는 하락하게 된다. 신제품읠 개발해야 하는 가장 적절한 시기는 기존제품의 제품수명주기의 초기 단계이다(그림 8-3 참조). 기존제품이 포화나 쇠퇴단계에 이를 때까지 기다리는 것은 마치 죽기 얼마 전까지의 시간을 사는 것과 같다.

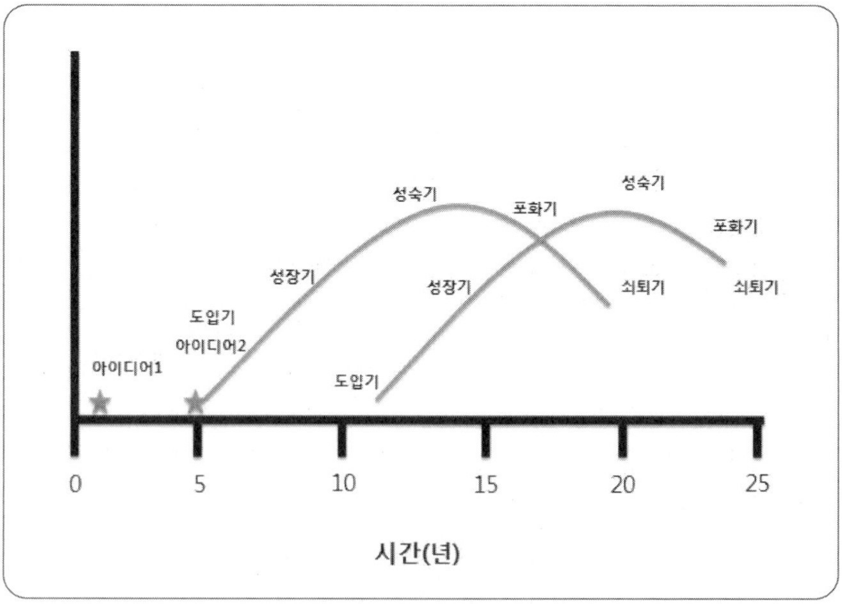

[그림 8-3] 제품 도입시기의 간격

(2) 유 통

유통(또는 장소)은 고객이 더 좋은 서비스와 더 큰 편의성을 기대함에 따라 그 중요성이 커지고 있다. 이러한 추세 때문에 통신판매, TV를 이용한 홈쇼핑, 홈쇼핑 파티, 웹을 통한 판매가 최고의 편의성－집에 앉아서 쇼핑하는 것－을 제공함으로써 최근에 급증하고 있다. 게다가 전통적으로 한 장소에 고정되어 있으면서 장사를 하던 사업들도 이제 이동하면서 사업을 하고 있다. 이러한 것에는 이동식 동물병원, 이동식 컴퓨터 수리점, 이동식 치과병원이 있다. 유통은 분배채널, 즉 제품이나 서비스가 생산지에서 소비자까지 이동경로와 직결되어 있다.

또한 Mary Kay Ash와 같은 선구자들에 의해서 개척된 홈쇼핑 파티 방식으로 되돌아가고 있기도 하다. 홈 파티는 제품을 파는 사람이 친구들을 집으로 초대하여 친근감을 쌓으면서 한편으로는 물건을 파는 것인데 이라한 방식의 판매는 미국의 경우 연간 약 83억 달러의 매출을 기록하고 있다. Bill Blass는 이제 자신의 뉴욕 시장을 겨냥한 여성복(75달러에서 1,000달러에 이르는 가격)을 100명의 판매원 망을 이용해서 그들의 집에서 또는 호텔을 이용해서 '쇼핑할 시간이 없지만 개인적인 서비스를 받기 원하는' 여성 고객을 대상으로 판매하고 있다.

유통경로에는 통상적으로 제품이나 서비스에 가치를 증가시킬 수 있는 전문적 기능을 가진 많은 수의 중간 매개인이 존재하게 된다. 좀 더 자세히 말하면, 이런 중간 매개인 들은 시간적 효용성(고객이 구매를 원하는 때에 제품을 제공하는 기능)과 장소적 효용성(고객이 구매를 원하는 장소에서 제품을 제공하는 기능)을 제공한다.

소비재의 경우에는 흔히 다음과 같은 네 가지의 유통 경로가 있다. (그림 8－4 참조).

① 제조업자 → 소비자

일부 시장에서는 제조업자들이 직접 소비자에게 제품이나 서비스를 판매한다. 서비스의 경우에는 그 특징상 이와 같은 유통경로를 따른다. 예를 들어, 치과진료나 이발 서비스는 의사나 이발사로부터 직접 소비자로 넘어간다.

② 제조업자 → 소매업자 → 소비자

또 하나의 일반적인 경로로는 소매업자를 중계인으로 이용하는 것이다. 많은 의류, 도서, 신발, 기타 소비재들이 이러한 방식으로 분배되고 있다.

③ 제조업자 → 도매업자 → 소매업자 → 소비자

이 경로는 가장 일반적인 경로이다. 포장된 식품, 하드웨어, 장난감, 기타 여러 제품들이 이러한 경로를 이용해서 유통되고 있다.

④ 제조업자 → 도매업자 → 도매업자 → 소매업자 → 소비자

일부 소비재(예를 들어, 농산품, 전자제품 부품)가 이러한 경로로 유통되고 있다.

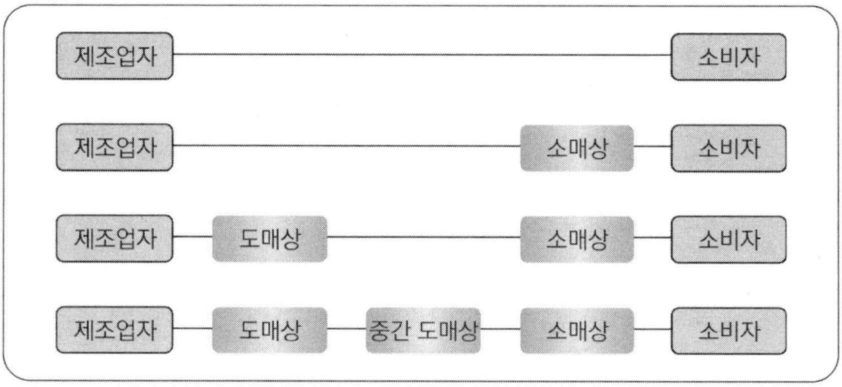

[그림 8-4] 소비재의 유통경로

생산재의 경우에는 일반적으로 다음과 같은 두 가지 경로가 이용되고 있다(그림 8-5 참조).

① 제조업자 → 생산재 사용자

생산재는 대부분 제조업자부터 최종 사용자까지 직접 분배된다. 또한 생산재는 최종 소비자가 정한 내용에 맞추어 제품이나 서비스가 제조된다.

② 제조업자 → 도매업자 → 생산재 사용자

회사들이 흔히 많이 사용하는 대부분의 소모품(종이 클립, 종이, 고무 밴드, 청소용 세재)은 도매업자를 통해 유통된다. 중소기업의 경우에

는 대부분 기존 도매업자나 대리점을 이용하는 것이 가장 효과적인 유통방법이다. 제한적인 자원으로 인해, 중소기업들은 때때로 전통적이지 않은 유통채널에 통해 나름대로의 창의적인 방법으로 자신의 제품이 고객의 손에 도달하도록 해야 한다.

(3) 가 격

많은 사람들이 상품이나 서비스의 구입 여부를 결정하는 데 가격이 가장 중요한 요소라는데 동의하고 있다. 가격은 판매량과 판매이익 모두에 영향을 끼친다. 따라서 적정하지 않은 가격은 판매나 이익의 감소를 가져다준다. 제품이나 서비스의 적정가격은 다음과 같은 세 가지 요소에 의해 달라진다. ① 중소기업의 비용구조, ② 시장이 받아들일 수 있는 가격수준에 대한 평가, ③ 고객의 마음에 회사가 심어주고 있는 회사의 이미지이다.

중소기업은 많은 경우에 대기업과 가격경쟁을 하는 것보다는 가격이외의 비가격 요소들에 초점을 맞추는 것이 더 효과적인 전략이 될 수 있다. 시제품 제공, 무료배달, 긴 보증기간, 만족하지 않은 경우에 환불보장 등과 같은 비가격경쟁은 가격의 의미를 낮추고 제품의 내구성, 품질, 명성, 특성 등을 강조하는 것이다.

(4) 판매촉진

판매촉진은 광고나 개인적 판매 모두에 관련되어 있다. 광고는 대중적 매체를 통해 제품이나 서비스의 장점을 잠재적 고객에게 알리는 것이다. 개인적 판매에서는 일대일의 대면을 통해 매입을 설득하는 기술이 요구된다.

중소기업의 판매촉진은 브랜드 이미지를 창조하는 것, 고객의 구매를 설득하는 것, 고객이 브랜드에 대한 충성심을 갖도록 하는 것을 목적으로 한다. 판매촉진은 여러 형태로 여러 매체를 통해 이루어질 수 있다. 중소기업가들은 종종 비용이 적게 드는 전략을 사용하여 지역이나 전국적인 매체로부터 회사가 주목을 받게 함으로써 판매촉진을 만들어 내는 방법을 발견해야 한다.

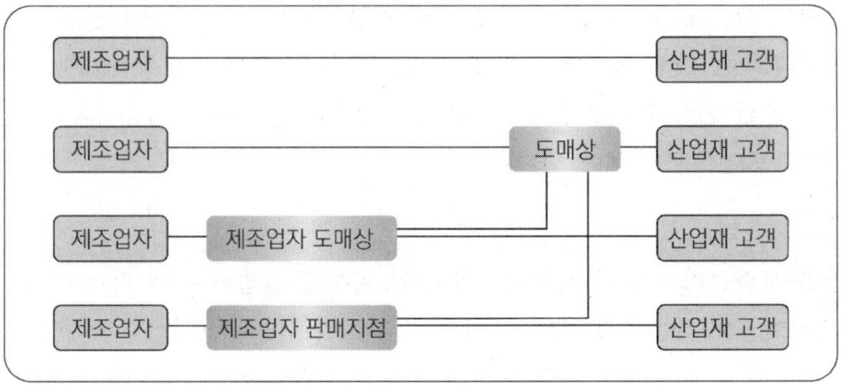

[그림 8-5] 산업재의 유통경로

제 9 장

중소기업의 의사소통 전략

제1절 중소기업의 의사소통

1. 의사소통의 의의

의사소통은 조직내부 및 이해관계자로부터 접수되는 공문, 우편물, 전화, 통신문, 팩시밀리, PC－통신, 방송 및 기타 정보 매체를 통하여 조직의 계층 간 및 이해관계자와 정보를 상호 교환하는 행위이며, 전달자가 수신자에게 어떤 반응 행동을 일으키기 위한 행동 과정이다

2. 의사소통의 중요성

한 공동체 안에서 지도자와의 의사소통이 매우 중요하다는 것은 모든 사람들이 이제 알고 있는 부분들이라고 생각한다. 한 공동체를 이끄는 지도자라고 하더라도 이제는 의사소통이 없이 지시만 하는 시대는 지났다. 함께 공존하는 사회가 된 만큼 의사소통의 중요성은 시간이 갈수록 더 커지고 있다는 생각을 한다. 의사소통의 중요성

(1) 협동의 전제조건이며 조정의 수

다양한 사람들과 이야기를 하고 의견을 수렴하다 보면 내가 생각을 하는 것 그 이상으로 더 나은 결과를 만들 수 있는 가능성이 생긴다고 말을 한다. 그렇기 때문에 한 가지 주제에 대해서 결과를 만들어 내려고 할 때 더 나은 결과를 만들 수 있는 의사소통을 통해 서로의 생각을 종합 한다면 더 나은 것들을 얻을 수 있다

(2) 정보의 제공과 합리적 의사결정의 수단

조직의 활동은 연속적인 의사결정의 과정이다. 의사소통의 내용을 전달할 때 전달의 질이 우수해야한다.

(3) 갈등해소의 수단

조직에서 갈등이 생기는 원인에는 여러 가지가 있다. 갈등해소에 의사소통이 사용된다.

(4) 사기진작 및 리더십의 수단

의사소통은 사기진작을 시키는 수단이 된다. 조직원들은 의사소통

함으로서 유대감이 좋아지고 심리적인 만족을 추구하며, 사기가 앙양되고 근무환경에 동기유발을 일으켜 리더십을 발휘할 수 있다.

3. 의사소통의 목적

중소기업내부와 이해 관계자로부터 정보화 경영에 대한 관련 정보를 접수하고 문서화하여 조직내부의 여러 계층 및 외부와 의사소통을 원활히 하고 필요시 외부로 회신하기 위함

4. 의사소통의 기능

정보의 수집대상 및 경로

(1) 정부발행 관보

(2) 계약자 및 공급자의 의견

(3) 언론기관(방송사, 신문사 등)

(4) 조직내부의 경영관련 정보

(5) 공공기관(중소기업청, 환경부, 지방 환경

(6) 관리청, 지역, 환경출장소, 도청, 시청,

(7) 협회, 소방서, 노동부, 산업안전 관리공단 등 기타 관련 단체)

(8) 인터넷

정보의 접수시간 : 24시간 개방하여 운영

정보의 접수처 : 관리부서

제2절 중소기업 의사소통의 유형

1. 언어(구두)적 방법

언어로 의사소통하는 방법은 가장 오래된 방법이다. 언어는 실로 위대한 힘을 가지고 있다. 상대에게 희망과 용기를 주는 기분 좋은 말이 있는 반면 상처를 주는 말도 있다. 병은 음식을 잘못 먹어 생기고 화는 말을 잘못해서 생기는 것이다.

(1) 언어적 의사소통의 장점

대면적인 접촉을 통해 요점을 분명히 할 수 있다. 계획된 모임 에서 해결해야 할 문제점을 공유 할 수 있다.언어적인 표현, 동의 얼굴표정 등의 방법으로 즉각적인 피드백을 받을 수 있다.전달속도가 빠르며 쉽다. 인간적인 방법이다.

(2) 언어적 의사소통의 단점

잘못된 어휘나 주변의 소음 때문에 부정확할 수 있다. 쌍방 소통의 경우 무슨 말을 했는지 기록이 없다. 각자가 해석을 달리 하므로 왜곡이 심할 수 있다.빨리 종결할 수 없고 문서화를 위한 노력이 추가된다.

2. 문서적 방법

문서적인 방법은 꼭 필요한 것이기는 하지만, 혼란과 왜곡을 일으킬 수도 있다.

(1) 문서적 의사소통의 장점

많은 대중에게 동시에 전달 할 수 있다.절차상의 일치를 높힐 수 있다. 명백성과 영구성을 보장한다. 적은노력으로 널리 보급할 수 있다.발신자로서 사전에 문서를 숙고할 수 있다

(2) 문서적 의사소통의 단점

문서취급 능력이 없는 자에 의한 표현의 오류가될 수 있다. 문서전달 결과를 확인하는데 많은 시간이 필요하다. 회신시스템이 없다. 비인간적인 방법이다.

3. 비언어적 의사소통

언어를 사용하지 않고 의사전달을 하는 방법으로 언어가 아닌 다른 방법으로 의사소통하는 방법으로 행동의 언어 무언의 언어라고 말하기도 한다. 조사에 의하면 오직 7%만이 언어적인 방법에 의해 의사소통 되었고 55%의 문서는 얼굴 표정과 육체 언어에 의해 그리고 38%의 38%의 문서는 음성의 변화와 그의 강약에 의해 소통 되었다는 결과를 종합하여 65%에서 93%의 의사소통이 비언어적인 방법에 의하여 이루어진다

고 한다. 결국 무엇을 말하는가가 중요한 게 아니고 어떻게 말하는가를 중요하게 봐야한다.

(1) 신체적인 것과 상징적인 것으로 구분
(2) 대인적인 의사소통에서 얼굴표정과 음성
(3) 자세 및 제스처

제3절 의사소통의 원칙

1. 명료성

누구든지 의사소통의 내용을 이해하는데 가능한 쉽게 정확하게 정보를 명료하게 전달해야 한다. 의사소통 상대가 누구이든 내용 을 이해하는데 어려움이 있거나 지장을 주어서는 안 된다. 그러므로 의사나 정보를 명료하게 전달하지 않으면 안 된다.

2. 일관성

의사소통 내용은 끝까지 일관성을 유지 하여야 한다. 의사소통 내용이 수시로 변한다면 혼선을 일으켜 의사소통을 할 수 없다. 의사전달 사항이 수시로 변경 된다면 수신자는 혼선을 일으켜 정확한 의사소통이 이루어지지 못하게 된다.

3. 적기적시성

경영 의사결정은 의사소통을 통하여 이루어지므로 효율적인 업무처리를 위해서 때를 맞추어 적기에 이루어져야만 효율성이 높아진다. 의사소통이 너무 이르다거나 너무 늦게 이루어지면 안 된다.

4. 경로성

의사소통은 일정한 경로에 의하여 정확하게 전달되어야 한다. 의사소통 내용이 중간에서 차단되어 전달되지 않으면 큰 혼란이 야기될 수 있다. 전달과정에서 손실현상이 나타나는 경우가 있는데 이는 의사소통

전달 경로가 길어지기 때문이다.

5. 타당성

의사소통 내용은 타당성을 유지 할 수 있어야 한다. 의사소통은 수신자가 무리 없이 수용할 수 있는 것이어야 한다. 의사소통 내용이 수신자가 수용하기 어려운 정도가 되었을 경우 효과적인 소통을 기대하기 어렵다. 의사소통의 내용은 타당성을 유지할 수 있어야 한다.

6. 적용성과 통일성

의사소동 내용은 현실성이 인정 되어야 한다. 그리고 조직 전체를 대상으로 할 때는 통일된 같은 표현이어야 한다.

7. 관심과 수용성

수신자와 의사소통은 관심을 끌면서 수용되는 것이 바람직하다. 수신자가 관심을 나타내는 가운데 의사소통이 이루어 질 수 있도록 노력해야 한다. 그렇지 않으면 전달자 위주의 의사소통이 되어 의사소통의 효과성은 떨어지게 된다.

제4절 의사소통의 장애요인

1. 언어상 장애

의사소통에 사용되는 말의 내용이 다르게 해석되는 데서 오는 장애를 말하는데 이런 장애를 말하는 요인은 아래와 같다.

(1) 추상적 개념 때문에 어의상 장애가 발생한다. 언어는 추상적 일수록 어의상 장벽이 높아진다.

(2) 상대가 의도하거나 알고 있는 의도를 잘 알지 못하기 때문에 어의상의 장애가 나타난다.

(3) 상대를 평가하려는 경향 때문에 어의상의 장애가 나타난다.

(4) 전문적인 특수 용어 때문에 어의상의 장애가 나타난다.

2. 지각상 장애

(1) 고정관념

(2) 선택적 지각

(3) 현혹 효과

3. 비언어적 장애

(1) 언어적인 메세이지 반복

(2) 언어적인 메시지를 추가하여 보충설명

(3) 언어적인 메시지를 강조

(4) 행동과 표정 자리를 옮겨가면서 언어교환을 조정

(5) 한마디 말도 없이 행동과 표정으로 언어적 메시지를 대신함

(6) 언어적 메시지를 부인

제 5 절 의사소통의 활성화를 위한 방안

의사소통의 연속으로 이루어지는 것이 현대를 살아가는 중소기업의 의사소통이다. 복잡해지는 비즈니스의 세계는 의사소통의 의식적인 실천은 기업의 안정과 발전에 크게 기여된다.

1. 적극적인 경청

(1) 눈을 맞추어라

(2) 고개를 끄덕이며 적절한 표정을 지어라

(3) 주위를 산만 하게하는 행동과 표정은 피하라

(4) 질문하라

(5) 내가 생각하기로 당신이 말하는 바는 …식의 표현으로 부연하라

(6) 대화 사이에 끼어들지 마라

(7) 말을 너무 많이 하지 마라

(8) 역할 전환을 자연스럽게 하라

2. 분위기 조성

(1) 가능한 화가 난 상태에서는 대화하지 말 것
(2) 사실대로 대화하고 인신공격은 하지 않는다.
(3) 대화할 내용을 사전에 알리지 말 것
(4) 이 세상에 모든 일은 양면성이 있다는 것을 이해할 것
(5) 가능한 조직의 계통을 따라야 한다.
(6) 하위자의 건의사항은 신중하게 경청한다.
(7) 상대가 무엇을 원하고 있는지를 판단해야 한다.
(8) 건의사항에 대하여는 비밀보장과 불이익을 주어서는 안 된다.
(9) 폭넓은 의논 전에 어떠한 의사결정도 해서는 안 된다.

3. 방법개선

(1) 상위하달식 의사소통 수단으로 많이 사용하고 있는 명령, 지시의 경우 하위자의 사기를 저하시키지 않도록
(2) 의사소통 대상자가 그 뜻을 분명히 이해할 수 있도록 해야 한다.
(3) 명령, 지시는 지시계통에 따라 하되 많은 분량을 한꺼번에 하는 것은 곤란함
(4) 신뢰분위기가 유지되고 있는 상황에서 이루어져야 한다.
(5) 상위자는 하위자의 의사를 최대한 많이 수용하고 실천에 옮겨야 한다.
(6) 하위상달 의사소통 개선책으로는 사기조사, 태도조사 제안제도, 인사상담제도 등을 최대한 활용하여 문제점 해결에 최선을 다해야 한다.

제10장

중소기업의 부문 경영관리

제1절 중소기업의 인사부문 전략

1. 인사관리 의의

중소기업에서 인사관리는 중소기업의 목적을 달성하기 위하여 필요한 인적자원을 확보하고 그들의 현재적·잠재적 능력을 최대 한 개발하여 경영활동에 활용하기 위한 조직적이고 계획적인 관리활동을 말한다.

2. 인사관리의 특성

(1) 중소기업과 종업원은 집단구성원으로서의 일체감을 갖고 있다.
(2) 중소기업은 기업규모가 소규모이기 때문에 고용주와 종업원의 의사소통이 비교적 쉽다.
(3) 중소기업에서는 경영자와 근로자가 동시에 업무성과를 파악할 수 있다.
(4) 종업원에게 다양한 직무와 기회를 제공할 수 있다.
(5) 종업원의 의견이 즉시 의사결정에 반영될 수 있다.
(6) 중소기업의 장점을 잘 이용하면 대기업에 상응하는 임금을 지급할 수 있다.
(7) 적정한 이익분배 제도로 조직의 팀워크와 사기를 기대이상 높일 수 있다.
(8) 특히 종업원 지주제도를 효과적으로 적용할 수 있다.

3. 인사관리 활동의 주요내용

인사관리의 활동 핵심내용은 채용·교육개발·인사고과·임금정책·부서배치 등이 대표적인데 모든 인사영역에서 객관적인 기준이나 제도가 운영 되는 것이 가장 중요하다. 고용관리·개발관리·보상·임금관리·인간관계관리·이직관리·노사관계관리

(1) 채 용

중소기업에서 인적자원의 중요성은 현재도 중요한 요소이며, 갈수록 중요해 지고 있다. 중소기업은 사람의 숫자가 매우 적다. 산업환경이

빠르게 변화하고 있지만 기계가 대신 할 수 없는 창의력, 사고능력, 경험에 따르는 노하우, 등은 인간이 가지고 있기 때문에 조직에서 요구되는 사람은 어떤 부류인가? 조직에서 필요한 사람이란 누구인가? 여기에서는 대기업보다 중소기업에서 종사하는 사람이 더 많은 게 현실인바 중소기업 조직특성이나 문제점을 먼저 이해한 후 채용 문제를 다루어야 한다. 중소기업에서 종업원 채용이란 기업 활동의 시작이기도 하며, 주체가 된다. 따라서 중소기업은 대기업보다 종업원 채용에 더욱더 신중을 기해야 한다. 중소기업에서 인적자원의 중요성은 갈수록 중요해 지고 있다. 중소기업에서 사람을 채용할 때 고려해야 하는 사항은 다음과 같다.

① 중소기업은 적은 인원으로 경영 활동을 추진해야 하기 때문에 전문성을 가지고 동시에 다양한 일을 처리할 수 있는 사람 을 선호한다. 한사람이 자기의 전문분야와 함께 주변업무도 동시에 처리할 수 있는 능력을 겸비한 사람을 말한다. 이런 능력의 소유자라면 모든 조직에서 선호하는 사람이 되겠지만 중소기업에서 요구하는 인적자원이 되어야 할 것이다.

② 중소기업이 인원을 채용할 때에는 학연, 지연, 혈연을 배제 하는 게 중요하다. 이러한 연에 의하여 채용 된다면 조직에서 필요한 능력이나 전문성을 고려할 수 없는 것은 당연하다. 또한 그들의 자질이나 능력을 객관적으로 파악할 수 없을 뿐더러 시간이 지날수록 파벌을 유발하여 결집 능력을 떨어뜨리게 되어 조직 전체를 어렵게 만든다.

③ 중소기업의 속성을 이해하고 있는 사람을 채용해야 한다. 채용되는 사람은 조직의 속성을 알고 입사 후에도 업무에 대한 자부심과 자기 개발과 근무 만족을 느낄 수 있어야 장기근속의 기반이 생기게 된다. 중소기업은 높은 이직률 때문에 힘들어하는데 이직은 개인만으로 끝나는 게 아니라 조직전체 구성원의 사기저하 로 이어지기 때문이다. 중소기업에서 종업원채용이란 모든 경영활동의 시작이기도 하며, 활동의 주체가 된다. 중소기업은 대기업 보다 더욱 인원채용에 신중을 기해야 한다.

선발방법으로는 다음과 같은 도구 들이 이용된다.

- 사원채용의뢰서 및 지원서와 개인자료
- 면접
- 추천서와 신원조사
- 선발시험
- 종합평가
- 연봉 근로 계약서

[표 10-1] 사원채용의뢰서

<table>
<tr><td colspan="6" rowspan="2">사원채용의뢰서</td><td rowspan="2">의
뢰
부
서</td><td>담당</td><td>팀장</td><td></td><td></td><td>사장</td></tr>
<tr><td></td><td></td><td></td><td></td><td></td></tr>
<tr><td>채용
부서</td><td colspan="6"></td><td colspan="3">작성일</td><td colspan="2">년 월 일</td></tr>
<tr><td rowspan="2">직종</td><td rowspan="2">직위</td><td rowspan="2">직책</td><td colspan="3">채용인원(명)</td><td rowspan="2">채용후
인 원</td><td colspan="3">자격요건</td><td colspan="2" rowspan="2">희 망
근무일</td></tr>
<tr><td>신규</td><td>보충</td><td>계</td><td>학력</td><td>전공</td><td>기타
자격</td></tr>
<tr><td></td><td></td><td></td><td></td><td></td><td></td><td></td><td></td><td></td><td></td><td colspan="2"></td></tr>
<tr><td></td><td></td><td></td><td></td><td></td><td></td><td></td><td></td><td></td><td></td><td colspan="2"></td></tr>
<tr><td></td><td></td><td></td><td></td><td></td><td></td><td></td><td></td><td></td><td></td><td colspan="2"></td></tr>
<tr><td></td><td></td><td></td><td></td><td></td><td></td><td></td><td></td><td></td><td></td><td colspan="2"></td></tr>
<tr><td></td><td></td><td></td><td></td><td></td><td></td><td></td><td></td><td></td><td></td><td colspan="2"></td></tr>
<tr><td>채용
사유</td><td colspan="5"></td><td>직무
내용</td><td colspan="5"></td></tr>
<tr><td>산출
근거
(정량
DATA)</td><td colspan="11"></td></tr>
<tr><td>효과
분석</td><td colspan="11"></td></tr>
<tr><td rowspan="2">관련
부서
확인</td><td></td><td rowspan="2">협조</td><td></td><td rowspan="2">인
사
부
서</td><td>담당</td><td>팀장</td><td></td><td>장</td><td colspan="3">대표
이사</td></tr>
<tr><td></td><td></td><td></td><td></td><td></td><td></td><td colspan="3"></td></tr>
<tr><td colspan="12">주) 1. 위 각 항목은 반드시 기재 할 것
2. 산출근거란은 필요인원 산출근거 이며 직무내용을 상세히 기재할 것
3. 본 의뢰서는 희망 근무일 4주(28일) 이전에 인사부서로 제출하여 주십시오.</td></tr>
</table>

[표 10-2] 경력채용면접표

<table>
<tr><td colspan="5" rowspan="2">경력채용면접표</td><td>면 접 자</td><td colspan="2"></td></tr>
<tr><td>면 접 일</td><td colspan="2">20 .</td></tr>
<tr><td>수험번호</td><td>성명</td><td>남·여</td><td colspan="2">세</td><td>최종 출신학교</td><td colspan="2">전공과목</td></tr>
<tr><td colspan="8">거주 지역 ( )</td></tr>
<tr><td rowspan="4">경
력</td><td>년도</td><td>회 사 명</td><td colspan="3">직 무 내 용</td><td colspan="2">퇴 직 이 유</td></tr>
<tr><td></td><td></td><td colspan="3"></td><td colspan="2"></td></tr>
<tr><td></td><td></td><td colspan="3"></td><td colspan="2"></td></tr>
<tr><td></td><td></td><td colspan="3"></td><td colspan="2"></td></tr>
<tr><td colspan="8">면접질문기재사항 희망직종( )</td></tr>
<tr><td colspan="3">질 문 사 항</td><td colspan="3">답 변</td><td colspan="2">평 가</td></tr>
<tr><td colspan="3" rowspan="2"></td><td colspan="3" rowspan="2"></td><td colspan="2">5 4 3 2 1</td></tr>
<tr><td>이유</td><td></td></tr>
<tr><td colspan="3" rowspan="2"></td><td colspan="3" rowspan="2"></td><td colspan="2">5 4 3 2 1</td></tr>
<tr><td>이유</td><td></td></tr>
<tr><td colspan="3" rowspan="2"></td><td colspan="3" rowspan="2"></td><td colspan="2">5 4 3 2 1</td></tr>
<tr><td>이유</td><td></td></tr>
<tr><td colspan="8">느낌에 대한 평가</td></tr>
<tr><td colspan="2">내 용</td><td colspan="2">평 가</td><td colspan="2">내 용</td><td colspan="2">평 가</td></tr>
<tr><td colspan="2">1. 첫인상(느낌의 정도)</td><td colspan="2">5 4 3 2 1</td><td colspan="2">7. 예의 바름</td><td colspan="2">5 4 3 2 1</td></tr>
<tr><td colspan="2">2. 명 랑</td><td colspan="2">5 4 3 2 1</td><td colspan="2">8. 의욕적</td><td colspan="2">5 4 3 2 1</td></tr>
<tr><td colspan="2">3. 외견상의 깨끗함</td><td colspan="2">5 4 3 2 1</td><td colspan="2">9. 말투(분명한 정도)</td><td colspan="2">5 4 3 2 1</td></tr>
<tr><td colspan="2">4. 응모의 동기</td><td colspan="2">5 4 3 2 1</td><td colspan="2">10. 근무시간의 적절정도</td><td colspan="2">5 4 3 2 1</td></tr>
<tr><td colspan="2">5. 건 강</td><td colspan="2">5 4 3 2 1</td><td colspan="2">11. 가족환경</td><td colspan="2">5 4 3 2 1</td></tr>
<tr><td colspan="2">6. 신뢰감(성실)</td><td colspan="2">5 4 3 2 1</td><td colspan="2">12. 경 험</td><td colspan="2">5 4 3 2 1</td></tr>
<tr><td colspan="6">종합평가</td><td colspan="2">합계 점수</td></tr>
</table>

[표 10-3] 연봉근로계약서

연봉근로계약서

(주) 대표이사 과 는 다음과 같이 상호 합의한 근로조건을 근로계약으로 체결하고 상호 성실히 이행할 것을 약정합니다.

당사자의 표시

갑(사용자)	사업자 명칭	
	소재지	
	대표이사	
을(근로자)	성명	
	주민등록번호	
	주소	

B. 근로조건의 표시

1. 직종 :

2. 연봉액 : 일금 원

2-1. 연봉액 내역

① 기본급(연 소정근로시간) 일금 원 (월 원)
② 연 시간외 근로 시간*12= 시간 원 (월 원)
③ 연차수당 15개 원 (월 원)
④ 연 상여금 % 원 (월 원)
⑤ 퇴직금 원 (월 원)
⑥ 조정수당 원 (월 원)
⑦ 식 대 월 만원*12개월 원 (월 원)
⑧

총액 일금 원 (월 원)

2-2. 연봉지급대상기간 : 201 . 1 . 01 .~201 .(1년 간)

① 상기기간 중 결근, 휴직, 정직 등 을의 귀책사유로 인하여 을이 근로를 제공하지 못할 경우 그 기간만큼 연봉을 일할 지급하지 아니한다.
법정공휴일은 근무한 것으로 본다.
② 상기 기간 중 출장근무가 필요하다고 인정할 경우 규정에 의한 출장비를 지급한다.

2-3. 연봉지급방법

(1) 총연봉내역중 본봉, 상여, 퇴직금의 1/13 한 금액을 매월 다음 달1일~이번 달31일 까지 기간으로 하여 매월 일에 지급한다.
단, 월차사용및 근태에 의한 미발생월차는 지급치 않는다.

(2) 총연봉중 연차수당 및 퇴직금(⑤+④)[원]은 1년 근속기간이 만료되는 날에 지급한다.

(3) 연봉액 지급방법 : 본인지급 또는 통장 입금

3. 근로계약기간 : 201. ~ 20 .(1년간)

4. 근로시간

4-1. 소정근로시간 : 1일 8시간 주 40시간

평일 : ~

토요일 : ~

4-2. 갑과 을은 1항의 소정근로시간외에 월 시간(년 시간)의 시간외 근무에 동의하며 갑은 을에게 시간외수당을 연봉산정시 포함하여 매월 지급한다.

평 일 : ~ (시간)

토요일 : ~ (시간)

5. 휴게시간 : 60분

6. 휴일 : 일요일 법정공휴일

7. 휴가 : 회사의 규정에 따라 동일하게 휴가하며 휴가기간은 근무한 것으로 한다.

8. 취업장소 : 회사 사업장 및 파견현장 또는 출장현장

9. 목표달성에 따른 성과배분 : 목표달성에 적극참여하며
매월 “을“이 수립하고 수행한 목표달성 수행성과를 분기별(3개월 단위)로
합산 평가하여 성과배분 기준에 의거 성과배분을 행한다.

10. 기타 : 당사 취업규칙 및 업무관련규정과 관례에 따른다.

갑과 을은 상기와 같이 연봉근로계약에 합의합니다.

20 .

갑 :
(인)

을 :
(인)

(2) 교육훈련

중소기업의 지속적 발전과 경쟁력을 유지하고 지속적 발전을 위해서는 지속적인 교육훈련을 통해서 능력 개발을 해야 한다.많은 중소기업은 교육과 훈련의 중요성을 인식하고 있으면서도 적극적인 투자를 하지 못하는 실정이다. 지속적인 교육훈련을 통하여 기업은 지속적 성장을 가능하게 한다. 많은 중소기업들은 교육훈련의 중요성을 인식하고 있음에도 적극적인 투자를 하고 있지 못하고 있는 실정이다. 특히 종업의 능력 향상을 위해 교육훈련이 절실 하지만 시간과 비용의 한계 때문에 적극적이지 못한 경우가 많다. 중소기업이 지속적 성장과 경쟁력을 확보하기 위해서는 교육훈련에 대해서는 비용이 아니고 장기적인 투자의 개념으로 인식 하여야 한다. 교육훈련의 투자는 계속 기업으로 존속하기 위해서 반드시 필요 하다는 생각과 함께 전략적이고 지속적으로 추진되어야 한다. 교육훈련은 크게 현장 직무훈련과 직장외 교육훈련으로 구분할 수 있는데, 중소기업의 경우 현장 직무 훈련 중심으로 많이 실행 하였으나 갈수록 전문교육 기관을 활용하는 사외교육을 강조하고 있다. 또한 멘토와 멘 티관계를 통하여 경험과 기술을 전수하는 경우도 있다.

① 교육훈련계획

인적자원 개발을 위한 교육훈련 계획은 조직목표와 필요한 성과 의 분석, 조직원의 실제 성과와 기대성과 간 차이 발견 문제의 정 의 훈련 목표 설정 등에 순서에 따라 교육훈련 방법을 선택한다.

② 교육훈련 방법

우량기업들이 교육훈련에 투자 하는 것은 조직원의 능력을 지속적으로 배가시키기 위한 목적에서 실행되는데 교육 훈련은 직무에 필요한 지식과 기술을 터득 할 수 있는 기회가 된다.

③ 지식습득을 위한 교육훈련

지식습득을 위한 교육훈련 방법으로는 강의, 프로그램 학습, 회의, 토의등과 같은 방법이 있다.

④ 기술습득을 위한 교육훈련

기술을 습득하기위한 교육훈련 방법으로는 상사의 지도에 따라 업무 방법을 익히는 직장 내 훈련(OJT),직장에 훈련(off JT), 특정 한 모의 상황을 설정하고 실제로 하는 역할연기 등이 있다. 교육 훈련후 교육일지를 보고 하여야 하고 교육 보고서와 교육훈련 이력표에 개인별 교육 이수 관련 정보를 보관 하도록 한다. 참조 서식을 아래와 같이 제시한다.

[표 10-4] 교육훈련계획서

교육 훈련 계획서 (예)				결재	작 성	검 토	승 인
작 성 일 자	20 년 월 일		작 성 부 서			관 리 팀	

구분	교 육				강 사
	과 정 명	예정	실시일	대 상	
사내	품질시스템 및 방침 관리 교육			전 직원	사장/지도위원
〃	검사원 교육			검 사 원	생산기술팀장
〃	(안전) 소화기 작동법			전 직원	안전관리책임자
〃	내부 심사원 교육			내부 심사원	ISO 지도위원
〃	(안전) 작업장 안전 관리			전 직원	안전관리책임자
〃	제안 제도 참여 교육			전 직원	경영 대리인
〃	(안전) 화재 발생 시 행동			전 직원	안전관리책임자
〃	설비 점검과 명판 부착			생산부	생산기술팀장
〃	(안전) 산업 재해 발생과 예방			전 직원	안전관리책임자
〃	취급, 보관, 포장, 보존 및 인도			생산 부서원	생산기술팀장
〃	(안전) 안전보건 11대 기본 수칙			전 직원	안전관리책임자
〃	청정 활동 관리 교육			전 직원	경영 대리인
〃	품질 기록이란?			전 직원	관리팀장
〃	시정 및 예방조치란?			전 직원	경영 대리인
〃	사내 문서 관리			전 직원	관리팀장
〃	고객불만관리			전 직원	경영 대리인
〃	작업표준서				
〃	검사기준서				
〃	QC 공정도				

[표 10-5] 교육일지

교육일지

201 . . 요일 작성자: 인)

[표 10-6] 개인별교육이력표

개인별 교육훈련 이력표

성명 : 직책 : 직위: 부서 : 입사일: 담당업무 :						
일자	교육명	교육기간	결과	주관처	교육기관	비고

(3) 인사고과

인사고과는 조직에서 사람을 평가하는 방법으로 제도적으로 실시하여, 조직 구성원들의 능력과 실적을 평가하여 각종 인사 정책에 활용하려고 필요한 정보를 획득 하려고 하는 제도이다. 따라서 인사 고과는 구성원의 평가 수단으로서 가장 중요할 뿐만 아니라 인적 자원관리의 모든 영역에 영향을 미치는 기초 자료로서 역할을 하고 있다. 인사 고과의 중요성은 아래와 같다.

① 중소기업의 종업원 능력 개발을 위한 기초 자료가 되며, 조직의 효율을 높이는데 매우 중요하다. 중소기업 인사고과는 실적 향상을 위한 기초 자료가 된다. 중소기업 인사고과는 종업원의 평가와 처우를 위한 가장 중요한 기초자료가 된다.

② 인사고과

채용된 사람에게 업무를 부여하고 수행 실적을 인사 고과라는 과정을 통하여 평가한다. 과거에는 상급자가 하급자를 평가하는 방법이 대부분 이었으나 최근에는 상호 평가하는 다면 평가법이 적용 되고 있다. 사람이 사람을 평가 하는데 는 많은 어려움이 따른다. 기업에서 사람을 평가 내지 평정하는 방법을 인사고과 또는 근무평정 이라고 한다. 인적자원관리 담당부서는 인사고과 제도를 체계적으로 확립해야 한다. 인사고과를 어떻게 하면 합리적으로 운영할 것인가 하는 문제도 매우 중요하다.

③ 인사고과 방법

상황에 맞는 고가방법은 기업의 규모, 업종, 관리수준, 사용목적, 고과자 평가능력, 피고과자의 직종 등을 고려하여 선정하게 된다. 전통적 고과 방법과 근대적 고과 방법으로 분류 하는데 고가의 목적을 어디에 두는가에 따라 서열법과 강제 할당 법은 선발, 승진 후보결정, 승급순서의 결정등 과같이 경영 통제의 목적을 위해서 사용되기 때문에 업적과 가치에 대해서 우열을 가리는데 초점을 맞춘다. 경영통제 목적으로 사용되는 고과방법을 상대 고과법, 이와는 다르게 능력 개발을 목적으로 사용 되는 고과법을 절대 고과법이라 한다.

④ 전통적 고과법
- 서열법기록법
- 평가 척도법
- 대조표법
- 강제 할당법
- 업무 보고법

⑤ 근대적 고과법
- 중요사건 서술법
- 자기신고법
- 면접법
- 목표 관리법
- 평가 센터법

인사고과는 조직에서 사람을 평가하는 방법으로 제도적으로 실시하여, 조직 구성원들의 능력과 실적을 평가하여 각종 인사 정책에 활용하려고 필요한 정보를 획득 하려고 하는 제도이다. 따라서 인사고과는 구성원의 평가수단으로서 가장 중요할 뿐만 아니라 인적자원관리의 모든 영역에 영향을 미치는 기초 자료로서 역할을 하고 있다. 인사고과의 중요성은 아래와 같다.

① 중소기업의 종업원 능력개발을 위한 기초자료가 되며, 조직의 효율을 높이는데 매우 중요하다.

② 중소기업 인사고과는 실적향상을 위한 기초자료가 된다.

③ 중소기업 인사고과는 종업원의 평가와 처우를 위한 가장 중요한 기초자료가 된다. 이와 같은 인사고과는 효율적인 경영활동을 지원하는 기능과 함께 조직을 능률적으로 운영 하는 것과 개개인의 발전에도 도움이 되며, 공정하고 객관적인 고과제도는 구성원 모두에게 신뢰와 믿음을 준다. 인사고과제도(규정)와 인사고과표 양식은 아래와 같다.

[표 10-7] 정기인사고과표

정기인사고과표(종합, 일반직사원)

직위________ 성명__________(인)

고과등급	구 분	탁 월	우 수	양 호	보 통	미흡
	등급	S	A	B	C	D

고과요소		착 안 점	1차 고과지	2차 고과지	3차 고과지	비고
업적	업무 달성도	· 계획 지시에 의해 부과된 업무의 달성 여부 · 타 직원과의 업무량 비교 및 일정 기간 내의 달성여부				
	업무의 질	· 업무 달성 결과의 질적 수준과 착오 누락 오류의 발생 빈도 및 그 잘못의 경중				
	업무 개선	· 담당 업무 수행 시 능률 향상을 위한 구체적인 개선책 및 해결책을 꾸준히 모색하고 있는지의 여부				
능력	업무 지식	· 당사 직무 수행에 필요한 사무 지식 및 전문적 지식의 정도				
	기획 창의력	· 창의력을 바탕으로 주도면밀한 계획을 수립하여 이를 실천하는 능력				
	분석 판단력	· 계획, 지시된 업무의 문제점을 파악, 분석하여 올바른 결론, 정확한 대책을 강구하는 능력				
	실천력	· 계획, 지시된 업무를 적극적으로 박력 있게 끝까지 추진하는 능력				
태도	책임감	· 맡은바 일을 책임감 있게 수행하고 그 결과에 대하여 책임을 지는 태도				
	협동심	· 상사 동료와의 협조 및 협동 관계가 긴밀한 정도				
	근무 태도	· 당사 직원으로서의 기본적인 인격을 갖추고 있는지의 여부				
	근면성	· 성실 근면한 자세로 업무에 임하고 있는지의 여부				
종합점수			점	점	점	

[표 10-8] 인사고과표

인사고과표 양식(간부사원)

업무계획/업적평가 (5 : 탁월, 4 : 우수, 3 : 보통, 2 : 부족, 1 : 불량

• 경영 방침	중점목표 항목	기대성과 평가요소	가중치 70%	구체적 업적 (결과중심)	평가점수				
					5	4	3	2	1
목표달성 (시장에서 승리)									

• 능력, 태도, 의욕평가

경영 방침	중점목표 항목	가중치 30%	정의	평가점수				
				5	4	3	2	1
신속한 실행	혁신능력		회사의 목표달성을 위해 기존의 구조적 문제점을 정확히 파악하여 조직과 업무를 혁신적으로 나갈 수 있는 능력					
	추진력/ 결단력		불확실한 가운데 나아가야 할 바람직한 방향을 신속히 결정하고 설정된 목표달성을 위한 구체적인 방법을 제시하는 수행능력					
	리더십		주어진 업무를 수행함에 있어 주도적으로 내·외의 관련부서를 李드하여 목표를 효과적·효율적으로 달성하는 능력(부하의 동기부여)지도 등을 통해 부하의 능력을 최대한 발휘하게 하는 능력					
팀워크 향상	팀워크 향상 고객 지향/SVC정		고객의 중요성에 대해 잘 알고 있고 고객이 원하는 것이 무엇인지를 파악하여 고객의 요구에 부응하는 자세					
	솔선수범		회사의 규정/공동과제 수행에 앞장서서 일할 뿐 아니라 인간관계나 인격적인 측면에서 모범이 되고자 부단히 노력하는 자세					
	협조성		조직의 일원으로서 동료 상사 및 타부서에 협력하려고 하며 전사적 발전에 부응하려는 자세					
	자기계발 목표달성		하단의 '자기계발 계획/결과' 참조					

※ 평가등급의 정의

평가단위		평가구분	정의
5	S	탁월	목표(기대치)를 모두 크게 초과달성
4	A	우수	목표(기대치)를 모두 달성하고 일부 주요 목표를 초과달성
3	B	보통	목표(기대치)를 모두 달성
2	C	부족	목표(기대치)를 일부 달성하고 일부 주요목표를 미달성
1	D	불량	목표(기대치)를 모두 미달성

절대평점(A+B)					

상대평가등급(최종)	S	A	B	C	D

※ 자기계발 계획/결과

중점목표	실시방법	기간	상사지원 요청사항	구체적 결과	직속상사 의견

(4) 조 직

중소기업의 조직의 구조는 조직 규모의 확대에 따라 수평적, 수직적 조직이 이루어진다. 기업규모나 종업원 수가 증가할수록 과나 부가 증가하는 수평적 조직이 이루어지고, 조직이 증가 할수록 감독폭도 증가하는 반면, 조직규모의 증가에 따라 계층 수가 증가 하는 수직적 조직은 종업원 수가 일정수준 이상에 이르게 되더라도 계측 수에는 한계가 있는 것이 일반이다. 중소기업이 조직측면 에서의 장점은 조직력이 강하다는 것인데 조직의 규모가 작아 조직 귀속의식이 강하고 경영자의 의사가 신속히 전달되며, 환경 변동에 신속히 적응할 수 있는 유연성이 있다. 이를 위해서 업무 분장이 잘 이루어 져야한다 조직을 결정하는데 는 분업, 부문화, 권한위양, 통제폭등 4가지 결정 기본요소가 있다. 중소기업의 조직에서는 책임을 가지고 권한을 행사하도록 되어있다. 중소기업의 조직력을 충분히 발휘할 수 있기 위해서 다음과 같은 사항들이 고려되어야 한다.

① 분 업

전체조직이 수행 하여야 할 직무를 한사람이 전부 도맡아 처리할 수는 없고 반드시 여러 사람이 분담하여 수행하여야 한다.

한조직의 전체과업은 성질이 다른 구체적으로 다른 작업으로 구분해야한다.

일정한 책임과 권한을 분담된 조직의 책임자들에게 부여하여 주어진 과업을 책임지고 달성 하여야 한다.

② 부문화

부문화는 구체적인 원칙을 근거로 하여 개별적인 작업 또는 직무를 조합하는 과정이라고 정의할 수 있다.

부문화는 제품, 지리, 고객, 프로세스 등에 기반을 두어 이루어지게 된다.

- 제품별 부문화
- 지리적 부문화
- 고객 부문화
- 프로세스 부문화

③ 권한위양

권한위양은 하위자가 상위자를 대신하여 책임을 부담하는 관계가 아닌 한계층 더 증가된 책임 부담의 관계가 되는 것이다. 권한위양은 상급자의 권한을 하급자에게 위양하는 것으로, 하급자들이 상급자를 대표하여 필요한 직무를 수행할 수 있도록 상급자가 하급자를 지정하여 특정권한과 책임을 부여 하는 것을 말한다. 하급자는 반드시 상급자에 대하여 주어진 만큼의 책임을 부담해야 한다는 것이다. 이때 주의할 점은 위양한 상급자는 하급자가 부담한다고 해서 부담해야 할 책임에서 벗어난다는 것을 의미 하지 않는다는 것이다.

권한위양의 이점은 하급자들로서 비교적 큰 책임을 부담할 수 있게 함으로서 미래의 경영자를 양성할 수 있다는 것이다.

④ 통제폭

통제폭 은 감독폭 또는 관리폭 이라고도 불린다. 통제폭은 한사람의 관리자가 통제 또는 관리감독 할 수 있는 부하의 수를 말한다.

일반적으로 적당한 통제폭은 3~9명 사이가 적당하다

오늘날 통제 폭의 크기결정은 경영자 개인의 성향인, 개인적 요인, 직무적 요인, 환경적 요인 들을 고려하여야 한다.

- 개인적 요인 : 능력이 많은 경영자의 통제 폭이 커진다고 할 수 없지만, 부하들의 능력이 많으면 통제 폭이 증가한다.
- 직무적 요인 : 직무의 관련성이 클수록 통제 폭은 작아지게 되며, 표준화정도가 높을수록 통제 폭은 커지게 된다.
- 환경적 요인 : 지리적 요인에 의거 작업장이 분산 되어있으면 통제 폭은 자연히 감소하며, 정보가술 이용정도가 높을수록 통제 폭은 증가 하게 된다.
- 조직의 기본 형태로는 라인, 라인스텝, 사업부제, 프로젝트, 매트릭스, 자유형이 있다.
- 라인 조직 : 라인 조직이란 고객 가치 창출에 직접 관여하는 업무적 활동을 하는 조직이다.

  라인조직은 과업의 분화나 부분화가 진전되지 않은 매우 단순하고 초보적인 조직이다.
- 라인스템 조직 : 조직의 효율성과 생산성 향상을 위해라인기능과 스텝 기능을 함께 가지는 조직으로 라인업무기능을 지원하는 기능이 스템기능이다.

  흔히 최고경영자는 개인스텝을 둔다. 규모가 큰 기업의 경우 스텝은 주요정책을 결정 하거나 전략방향을 결정 하는데 최고 경영자에게 도움을 준다.

  이와 같은 라인 스텝 조직의 목표는 효율성과 생산성 향상에 있다.
- 사업부제 조직 : 사업부제 조직은 제품이나 시장 또는 지역을 기초로 한 사업부제 조직을 말한다.

  특정제품에 관련되는 경영활동은 사업부 책임자가 맡는다. 사업책임자는 완전한 권한과 자주적이고 독립적인 지위를 갖는다. 따라서 중대한 의사결정과 행동이 사업부이전조직에 비하여 상대적으로 신속하게 이루어진다.
- 프로젝트조직 : 프로젝트조직은 특정 목적을 달성하기 위하여 구

성된 후 목표를 달성하고 나면 해체되는 조직을 말한다.
프로젝트조직을 테스크포스라 불린다.

- 매트리스조직 : 경영자는 라인스텝 조직과 같이 효율성을 지향하는 조직과 사업부 조직이나 프로젝트 조직과 같이 유연성을 지향하는 조직 사이에서 효율성 목표와 유연성 목표를 동시에 달성 할 수 있는 조직에 관심을 갖는다.
  매트릭스 조직은 기술과 시간에 좌우되며 고도로 전문화된 재화나 용역을 소량 주문하고 판매하는 조직, 고도의 정보처리가 요구되는 불확실성에 직면하는 조직, 그리고 인적 물적 자원의 제약을 다루어어야할 조직 등에 유용하다
- 자유형 조직 : 자유형 조직은 생존하기 위해서 필요하면 끊임없이 형태를 변화 시키는 아메바와 같은 조직 구조이다. 이런 형태의 조직은 전체적으로는 집권화된 통제를 하고자 하고 또 실제의 활동은 분권화를 시키고자 하기 때문에 정보시스템을 구축하는 것이 필수적 이라고 하겠다.

중소기업의 조직의 구조는 조직규모의 확대에 따라 수평적, 수직적 조직이 이루어진다. 기업규모나 종업원 수가 증가할수록 과나 부가 증가하는 수평적 조직이 이루어지고, 조직이 증가할수록 감독폭도 증가하는 반면, 조직규모의 증가에 따라 계층수가 증가하는 수직적 조직은 종업원수가 일정수준 이상에 이르게 되더라도 계측 수에는 한계가 있는 것이 일반이다.

중소기업이 조직 측면에서의 장점은 조직력이 강하다는 것인데 조직의 규모가 작아 조직 귀속의식이 강하고 경영자의 의사가 신속히 전달되며, 환경변동에 신속히 적응할 수 있는 유연성이 있다. 이를 위해서 업무분장이 잘 이루어 져야하고 중소기업의 조직력을 충분히 발휘할 수 있기 위해서 다음과 같은 사항들이 고려되어야 한다.

- 하위자에게 업무를 위임 하는 경우에는 업무를 수행하는데 필요한 권한도 함께 부여해야 한다.
- 의사결정시 하위자 의견 참여를 높여야 한다.

• 중소기업이 성장 할수록 조직은 신축적이어야 한다.

• 중소기업은 수직적인 라인조직과 수평적인 스템조직 중 수직적 라인조직이 중점을 이룬다. 그러나 환경변화에 대처하고 전문적인 지식을 활용하기 위해서는 수평적 스텝기능의 활성화를 꾀하여야 한다.

(5) 배 치

기업에서 어떤 목적을 달성하기 위하여 사람을 적재적소에 임면 하는 것을 말한다. 배치를 하면 직무의 성격에 관련된 사항들을 모두 가려서 각각 다른 종류의 업무별로 업무분장 한 후 임면 하고 세분화된 직무에 따른 책임과 권한을 부여한다. 여기서 임면은 조직의 직책과 직위로 구분한다. 구분된 분권화된 조직의 책임을 맡는 것을 직책에 임명한다 하는데, 직책이란 팀의 일을 추진하기 위해서 조직하고 책임자를 팀장으로 보하고 팀장의 책임과 권한을 부여 하는 것을 말한다. 직위란 기업에서 급료 또는 연봉을 책정하고 구성원으로서 대우하기 위한 것으로 보며 직책을 부여하기 위한 집단으로 보면 된다. 예로 어떤 팀장을 임명하기 위해서는 대리, 과장, 차장, 부장, 이사의 집단 중에서 팀장으로 임명 한다는 것이다. 중소기업은 인적자원을 어떻게 배치 활용 하느냐에 따라 효율성이나 능률에 많은 차이를 갖게 된다. 아무리 우수 인력자원을 확보했다 하더라도 협력과 협동의 정도가 약하면 조화를 이루지 못하여 목표달성은 어렵게 된다. 자기가 가장 잘 할 수 있는 능력을 발휘할 수 있는 부서나 일에 몰입했을 때 일의 능률도 올라가고 사기도 올라가는 것이다. 배치가 잘 루어 지기 위해서는 인적자원 채용단계 에서부터 능력이나 인성을 세밀히 고려해야 하며, 인사고과 자료를 토대로 개관적인 배치가 이루어 져야 한다. 유능한 사원을 잘 활용할 수 있는 방법 중 하나는 유능한 사원을 불확실성이 높거나 실적이 좋지 않은 부서에 배치함으로서, 높은 성과를 기대할 수 있다.조직 전체로 보아 실적이 좋지 않은 부서가 나아지기 위해서는 유능한 사람의 능력을 투입 배치하는 것이 유리하기 때문이다. 인원을 배치할 경우에는 사령장과 통지서로 활용하여 배치한다.

[표 10-9] 사령장

제　　호
사　령　장
소속:
직위:
성명:
에　임함
근무를 명함
급　　　호봉에 급함
서기　○○○○년 ○○월 ○○ 일
㈜ 대표이사　사장

[표 10-10] 통지서

제　　호
통　지　서
소속:
직위:
성명:
급　　　호봉에 급함
명함
서기　○○○○년 ○○월 ○○ 일
㈜ 대표이사 사장

[표 10-11] 인사카드

<table>
<tr><td colspan="14">인사카드</td></tr>
<tr><td rowspan="2">성명</td><td></td><td rowspan="2">남/여</td><td colspan="3">년 월 일생</td><td rowspan="4">본적
현주소</td><td colspan="3">인 사 카 드</td><td colspan="4" rowspan="4">사진</td></tr>
<tr><td></td><td colspan="3">(만 세)</td><td colspan="3">년 월 일</td></tr>
<tr><td>입사연월일</td><td colspan="5">년 월 일</td><td colspan="3"></td></tr>
<tr><td>입사추천인</td><td colspan="5">성명 관계친지 직업</td><td colspan="3"></td></tr>
<tr><td rowspan="3">재산</td><td>동 산</td><td></td><td rowspan="3">수거</td><td colspan="3">자가 차가 사택</td><td rowspan="3">학력</td><td></td><td></td><td></td></tr>
<tr><td>부동산</td><td></td><td>대 지</td><td>건 평</td><td>방수</td><td></td><td></td><td></td></tr>
<tr><td>계</td><td></td><td></td><td></td><td></td><td></td><td></td><td></td></tr>
<tr><td rowspan="3">신체</td><td>신 장</td><td></td><td>혈액형</td><td></td><td></td><td></td><td></td><td></td><td></td><td></td></tr>
<tr><td>체 중</td><td></td><td>병 력</td><td></td><td></td><td></td><td></td><td></td><td></td><td></td></tr>
<tr><td>시 력</td><td></td><td>취 미</td><td></td><td>종교</td><td></td><td></td><td></td><td></td><td></td></tr>
<tr><td rowspan="9">가족사항</td><td>관계</td><td>성명</td><td>생년월일</td><td>학력</td><td>동거여부</td><td>직업</td><td>직위</td><td>병역</td><td>필.
미필.
면제</td><td>사유</td><td>만기</td><td>군별</td><td>육군</td></tr>
<tr><td>부</td><td></td><td></td><td></td><td></td><td></td><td></td><td></td><td colspan="5">복무기간
DD.D.DD.~DD.D.DD.</td></tr>
<tr><td>모</td><td></td><td></td><td></td><td></td><td></td><td></td><td rowspan="3">입사
전
경력</td><td>기 간</td><td>직장명</td><td colspan="2">직위</td><td>담당
업무</td></tr>
<tr><td rowspan="2">처자</td><td></td><td></td><td></td><td></td><td></td><td></td><td rowspan="2">□□.□
–
□□.□</td><td rowspan="2"></td><td colspan="2" rowspan="2"></td><td rowspan="2"></td></tr>
<tr><td></td><td></td><td></td><td></td><td></td><td></td></tr>
<tr><td>형</td><td></td><td></td><td></td><td></td><td></td><td></td><td></td><td></td><td></td><td colspan="2"></td><td></td></tr>
<tr><td>제</td><td></td><td></td><td></td><td></td><td></td><td></td><td></td><td></td><td></td><td colspan="2"></td><td></td></tr>
<tr><td>자</td><td></td><td></td><td></td><td></td><td></td><td></td><td></td><td></td><td></td><td colspan="2"></td><td></td></tr>
<tr><td>매</td><td></td><td></td><td></td><td></td><td></td><td></td><td></td><td></td><td></td><td colspan="2"></td><td></td></tr>
</table>

(인사카드 계속)

<table>
<tr><td rowspan="4">해외
여행
경력</td><td>연월일</td><td>여행일수</td><td>여행지</td><td>여행목적</td><td rowspan="4">교육
훈련</td><td>연월일</td><td>교육
일수</td><td>교육
내용</td></tr>
<tr><td>~</td><td></td><td></td><td></td><td></td><td></td><td></td></tr>
<tr><td>~</td><td></td><td></td><td></td><td></td><td></td><td></td></tr>
<tr><td>~</td><td></td><td></td><td></td><td></td><td></td><td></td></tr>
</table>

<table>
<tr><td rowspan="4">동태
상황</td><td>연도</td><td>결근</td><td>지각</td><td>조퇴</td><td>연도</td><td>결근</td><td>지각</td><td>조퇴</td><td rowspan="4">상
벌</td><td>연월일</td><td>내용</td><td>사유</td></tr>
<tr><td></td><td>일</td><td>회</td><td>회</td><td></td><td>일</td><td>회</td><td>회</td><td></td><td></td><td></td></tr>
<tr><td></td><td></td><td></td><td></td><td></td><td></td><td></td><td></td><td></td><td></td><td></td></tr>
<tr><td></td><td></td><td></td><td></td><td></td><td></td><td></td><td></td><td></td><td></td><td></td></tr>
</table>

<table>
<tr><td rowspan="6">인사
고과</td><td rowspan="6">구분
연도</td><td colspan="3">상 반 기</td><td colspan="4">하 반 기</td><td rowspan="6">퇴
직</td><td>퇴직
일자</td><td></td><td></td></tr>
<tr><td>능력</td><td>업적</td><td>계</td><td>능력</td><td>업적</td><td>계</td><td></td><td>퇴직
사유</td><td></td><td></td></tr>
<tr><td></td><td></td><td></td><td></td><td></td><td></td><td></td><td>퇴직금</td><td></td><td></td></tr>
<tr><td></td><td></td><td></td><td></td><td></td><td></td><td></td><td>근속
연수</td><td></td><td></td></tr>
<tr><td></td><td></td><td></td><td></td><td></td><td></td><td></td><td>전직처</td><td></td><td></td></tr>
<tr><td></td><td></td><td></td><td></td><td></td><td></td><td></td><td colspan="3">비고:</td></tr>
</table>

[표 10-12] 발령사항

발 령 사 항						
연 월 일	부 서	직 위	담당업무	급 호	월 급 여	발령구분

보증인	성명	관계	근무처	직위	외국인	외국어명	등급	취득일자	등급	취득일자	*등급은 필요선택으로 구분하여 필3 (필수 3등급)과 같이 표시
						자격면허					

현재																	
	연도																
	연령																
	근속		1	2	3	4	5	6	7	8	9	10	11	12	13	14	15
			16	17	18	19	20	21	22	23	24	25	26	27	28	29	30

성명	한자		한글		주민등록번호		입사연월일	

4. 인사관리의 기본방향

중소기업은 이익을 바탕으로 영속성을 추구하는 조직체이지만 주체는 종업원이다.

기업의 목표를 달성하기 위해서는 중소기업의 경영자나 근로자가 그들에게 할당된 역할에 충실해야한다.

(1) 새로운 인사관리 제도의 도입

변화의 시대인 국제시대에서 요구되는 인사제도는 지금까지 인사관리 제도에서 나타난 구조적 문제점을 개선하고 해결할 수 있는 새로운 인사제도를 도입하지 않으면 경쟁에서 이길 수 없을 것이다.

지금의 체계가 연공서열에 의한 재도로서 문제가 있다면 이를 버리고 연봉제를 도입하던지 새로운 제도를 도입할 수 있을 것이다.

현시점에서 새로운 인사관리로 생각할 수 있는 내용을 정리해 보면 아래와 같다.

① 중소기업 측면에서 인적자원을 최대한 활용할 수 있어야 한다.

② 개인의 인격이 최대한 존중될 수 있어야 한다.

③ 경쟁기회가 공정하게 부여 되어야 한다.

④ 개인과 중소기업이 동시적으로 성장할 수 있어야 한다.

⑤ 모든 구성원이 상호 협력할 수 있어야 하고, 능력을 최대한 발휘할 수 있어야 한다.

(2) 새로운 인사제도 기본방침

① 자격제도의 도입

개인의 직무능력을 기준으로 직급을 부여하고 이것을 중심으로 승진과 승격을 분리운영 하면서 전체구성원의 직능수준 향상에 기여하게 된다.

직능자격인사관리의 특징은 승진과 자격을 분리하여 자격이 인사관리중심이 되도록 하고 승진 관리는 조직관리 차원에서 리한다.

연공서열식 인사관리에서는 직위상의 호칭이 신분을 상징하는데 직능자격 중심의 인사관리에서는 직능등급이 신분을 상징하게 된다.

일반적으로 직위는 변동이 적고 제한되어있는 반면 직능등급은 직위보다 폭이 넓기 때문에 승격 관리에 안정성을 띠게 된다.

본봉과 직능급을 급여 체제의 핵심으로 운영 하면서 보상의 공정성과 효율성을 높여준다.

직무평가 결과는 상대 평가법을 적용 하지 않고 객관적인 기준에 의거 평가하는 절대 평가법을 적용하기 때문에 평가의 신뢰성이 높아진다.

② 임금체계의 개선

현재 임금체계는 중소기업의 형편에 따라 운영 하고 있기 때문에 매우 다양한 형태를 보이고 있다.

우리나라에서 많이 사용되고 있는 연공제는 개인의 연공에 따라 임금이 지급되므로 개인의 신분 서열을 유지하는 장점도 있는 반면 직무와의 관련성이 희박하여 개인의 능력이나 경영 성과를 반영하기 어려워 단점이 많은 임금제도이기 때문에 다음과 같이 보완점을 지적할 수 있다.

- 개인의 능력을 중시하는 인사기능을 강화하기 위해서는 근속 년수, 학력, 위주의 임금체계를 개인의 능력과 급여가 연계될 수 있도록 해야 한다.
- 생산기술부문은 시간급형태로 되어 있는데, 이를 사무 부문과 같이 월급제로 전환해야 한다.
- 현행 상여금은 능력이나 고과성적, 성과에 따라 지급되는 것이 아니기 때문에 이를 성과, 능력을 중심으로 지급될 수 있도록 한다.
- 급여체계를 보면 각종 수당이 많은데 이를 검토하여 고정급 형태로 지급 되고 있는 수당으로 지급되는 것 보다 호봉에 반영해야 한다. 이는 급여체계에서 기본급의 기능을 강화하는 것이다.
- 현행임금 체계에서 기본급, 제수당, 상여금 임금체계를 직능 수행 능력 기준으로 개선 해야 한다.

③ 능력주의 인사체계

구성원의 능력을 중심으로 하는 인사관리를 말하며, 개인이 갖고 있는 능력에 적합한 인사처우를 하는데 있다.

능력주의 인사가 필요하게 된 이유는 아래와 같다.

- 중소기업에서 필요한 전문 인력을 확보하려면 연공서열식에서 탈피하여 능력주의 인사제도로 확립해야 한다.
- 노동시장의 변화(고령화, 여성화, 고학력화)에 대응할 수 있는 제도적 장치필요
- 고임금 시대에 접어들어 임금수준이 높아진다.
  연공서열 인사관리체계는 중소기업경영에 도움이 되지 않는다.

④ 여성인력의 활용

1980년대 후반의 민주화와 더불어 각 분야에 여성의 진출이 크게 증가하고 있다.

여성의 경제활동 참가율이 50% 수준에 이르면 여성인력에 대한 기업의 애로 사항도 다양하게 지적되고 있다. 여성 인력은 생산성에 대한 의식, 육아에 대한 애로사항, 야간작업, 장기출장, 등 직업의식이 낮다는 점도 지적되고 있다.

그러나 우리의 현실을 직시할 때 여성 인력의 활용을 확대하지 않고는 전반적인 인력수급에 차질이 있음은 분명하다.

중소기업에서도 직무분석을 통하여 여성의 적성에 맞는 직무를 찾아서 여성이 전담할 수 있도록 하는 것이 좋을 것이다.

중소기업에서 여성인력 활용을 위해서 유념할 사항이 있는데 아래와 같다.

- 경영자의 여성인력에 대한 편견과 인식을 바꾸어야 한다.
- 인사관련규정을 개정하여 여성에게 불리한 내용을 개정
- 여성업무를 분류하여 잠재능력 발휘할 수 있도록 해야 한다.
- 여성을 신축성 있도록 근무할 수 있는 제도적 장치 마련

⑤ 외국인근로자의 활용

중소기업에서 인력난 완화를 위한 방안으로 외국인 근로자 활용을 고려하여야 한다.

우리나라는 IMF관리체제 이전인 1997년 까지만 해도 20만 명 이상의 외국인근로자가 산업기술연수생 신분으로 국내에 입국 하였다.

중소기업에서 외국인 근로자를 활용하게 된 배경에는 중소기업에서 필요한 인력확보가 어렵다.

인건비가 저렴하다.

단기간 활용에는 편하다는 배경에서 외국인 근로자를 잘 활용 하면 인력수급 면이나 인건비면에서 보면 유익한 점이 분석되며 외국인 근로자에 대한 사용자의 평가를 보면 아래와 같다.

- 인력을 확보할 수 있으면 국내인력을 활용 하겠다.
- 외국인근로자를 잘 활용하면 나름대로 유익한 점이 있다
- 근로자에 대한 임금, 기타비용을 감안하면 외국인 근로자의 노무비는 내국인과 대비 저렴하지 않다는 반응을 보이고 있다.

외국인 근로자를 도입하게 된 근본적인 이유는 중소기업 인력난 완화에 있기 때문에 중소기업의 인력난이 가중되면 언제든지 도입 활용할 수 있다 그러나 외국인 근로자에 대한 부정적인 요인도 많다 부정적인 요인을 정리하면 아래와 같다.

- 철저한 교육. 훈련을 할 수 없어 산업재해를 발생시키는 경우가 많아 사회적 비용을 발생 증가시킨다.
- 한국사회와 기업실정을 잘 몰라 적응이 어렵고 따라서 창의적인 생산활동에 제한이 따른다.
- 한국인 근로자와 금전적 보상면에서 차별이 있는데 이와 수반되는 문제점이 많다.
- 외국인근로자의 현장이탈이 많은데 이는 취어하고 있는 기업보다 불법 취업하는 편이 수입이 많기 때문이다.
- 기업에서 일할 때 일체감이 결여된다.

앞으로 중소기업에서 외국인 근로자를 고용하기 위해서는 외국인 근로자 관리 과정에서 나타날 수 있는 문제점을 중심으로 중소기업 자체에서 계획을 완벽하게 수립하지 않으면 안 될 것이다.

제 2 절 중소기업의 마케팅부문 전략

1. 마케팅의 중요성

중소기업의 마케팅은 고객의 욕구를 이해하고 그들의 요구를 제품에 반영한다는 측면에서 중요성이 인정 되는 것이다.

중소기업은 대기업에서 전개하고 있는 마케팅 전략을 그대로 실천하기에는 어려움이 따르기 때문에 중소기업에 적합한 마케팅 전략을 개발하여야 한다.

중소기업의 마케팅은 중소기업의 사활과 직결 되어있으므로 중소기업이 성장 발전 하려면 마케팅을 체계적으로 전개해야 하며, 이를 위해 소비자 행동분석, 정보수집 등을 위해 마케팅 전담부서를 새로이 마련하여 마케팅 전략을 수립하여 실천할 수 있도록 하여 고객의 이익, 조직의 이익, 사회전체 이익을 고려한 사회 지향적 마케팅으로 해야 할 것이다.

2. 마케팅의 특징

소비자(고객)가 요구하는 제품을 생산. 공급하여 소비자(고객)의 만족과 동시에 기업의 목적을 달성하는 것으로 고객중심 시장 이며 일반적으로 현대 마케팅은 고객지향성, 기업목적 지향성, 사회적 책임 지향성, 통합적 마케팅 지향성의 특징을 가진다.

(1) 고객 지향성

현대 마케팅에서는 소비자 즉 고객은 마케팅 활동의 목적이다

현대 중소기업은 고객을 과거처럼 수단의 대상으로 보지 않고 바로 목적으로 인식한다. 따라서 최고경영자를 비롯한 전체 관리자. 정종업원은 기업의 생존과 성장에 중요한 역할을 하는 고객에 대한 인식을 강하게 하는데 고객지향성 특징이 있다.

(2) 기업목적 지향성

중소기업의 목적은 적정이윤을 확보라고 생각된다. 기업이 존속. 성장해 나가기 위해서는 적정한 이윤 확보는 너무나도 당연하다.

고객지향 정신을 너무 앞세우다 보면 기업의 이윤획득에 관하여 회

의를 느끼거나 결코 앞세워서는 안될 일로 착각하게 될 지도 모른다.

소비자 봉사와 고객만족에 너무 치우친 나머지 기업이윤 개념이 희박해 진다면 이는 마케팅에 위배되는 것이다.

중소기업의 기업목적을 달성하기 위한 수단으로서 마케팅은 당연히 이윤지향성을 가져야만 한다. 이는 고객 생활가치의 창출을 통한 고객만족에 의하여 이윤을 획득하는 것을 말한다.

(3) 사회적 책임 지향성

중소기업은 마케팅활동이 사회전반에 걸쳐 영향을 미치므로 이와 관련된 사회적 책임을 져야한다. 마케팅 활동이 져야할 사회적 책임에는 경제적 활동, 문화적 책임, 생태적 책임(환경오염, 자원부족), 사회봉사적 책임, 법률적 책임, 윤리적 책임 등이 있다. 트러거 교수는 기업의 사회적 사명에 관하여 기업의 사명감에 바탕을 두고 기업의 목적은 오직 고객만족 창조에 있다고 하였다.

(4) 통합적 마케팅 지향성

기업의 모든 소속원이 고객만족을 통해 기업이익을 극대화 시킨다는 마케팅 정신에 투철하며, 이러한 바탕 위에서 각자가 맡은 직무를 수행하는 체제를 통합적 마케팅 지향성이라 하며, 현대 기업에 있어서 마케팅은 전사적·통합적 성격을 띠고 있다.

3. 마케팅 조사

(1) 마케팅조사의 의의

마케팅 조사라고 하는 것은 마케팅 정책 수립을 위한 의사 결정에 중요한 정보수집에 있다. 따라서 마케팅 조사는 제품 시장과 관련 있는 자료, 시장의 잠재력, 경제동향 등을 수집. 분석하는 과정이라고 할 수 있다

앞으로 세계 시대의 기업경영은 규모의 크고 작음을 막론하고 직감 또는 주먹구구식 기업경영에서 벗어나 과학적으로 경영에 접근하지 않으면 기업의 성장·발전은 없을 것으로 생각한다.

(2) 마케팅 조사방법

마케팅 조사 1차대 상은 잠재고객의 소득수준, 관심 등을 기본으로 하는 잠재고객규모이다. 그다음 2차대 상은 수요에 적합한 제품, 적정 가격수준, 고객 불만요인을 조사 하는 것이다.

중소기업이 실시할 수 있는 마케팅 조사방법에는 여러 가지가 있는데 경영자는 자기 기업에 맞는 조사방법을 선택 활용해야 한다.

① 관찰법

특정지역의 인원이동현황, 자동차 이동현황, 등을 파악하는데 중소기업 마케팅 필요 각종 자료를 수집하는 조사방법이다.

관찰법은 필요로 하는 각종 자료를 비교적 쉬운 방법으로 수집할 수 있으나

조사에 소요되는 시간·비용 등이 비교적 큰 것이 단점이다.

이조사방법은 중규모의 기업에서 활용할 수 있으나 소규모의 기업에서 활용하기에는 어려움이 있다.

② 면접법

면접법은 고객을 직접만나 면접을 하거나 가정방문을 통해서 면접을 하는 것으로 중소기업이 필요로 하는 자료수집에 이용될 수 있다.

기업의 담당자가 고객을 직접만나 대화를 통하여 조사를 하기 때문에 고객 불만족 등 고객의 반응을 제대로 파악할 수 있고 광범위한 자료를 수집할 수 있으나 조사담당자가 열성을 다하지 않으면 안 된다.

면접법 또한 많은 비용과 시간이 들며, 전문조사담당자의 확보에도 어려움이 있기 때문에 신중한 검토가 필요하다.

③ 우편조사법

우편조사법은 설문서를 고객에게 우송하여 필요한 정보를 수집 하는 방법으로, 우편조사법은 비교적 비용 부담이 적고, 간단하게 실시할 수 있기 때문에 많이 사용되고 있지만, 설문서를 회수 하는데 어려움이 있다.

우리나라에서는 상공회의소와 같은 공공기관이 실시하고 있는데 회수율이 40%를 밑도는 사실을 감안할 때 중소기업에서 직접 수행 한다면 20~30%의 회수율이 예상된다.

우편조사법은 설문서 회수율을 높이기 위해서 간단한 사은품과 반신용 우표를 첨부하여 최초 우송하여 회수율을 높이는 한방법이 될 수 있다.

4. 시장 세분화

시장세분화는 소비자(고객)를 대상으로 일정한 기준(소비자 인구통계 특성, 지리적 특성, 편의성)을 정하여 몇 개의 집단으로 구분하는 것을 말하는데, 이와 같이 시장 세분화가 이루어지면 마케팅 활동이 용이해지며 아래와 같은 좋은 점이 있다.

(1) 시장세분화의 좋은 점을 살펴보면 아래와 같다

① 자사제품 만족도를 확인할 수 있다.
중소기업은 자사제품의 고객만족도를 파악하여 이를 통한 시장기회를 파악할 수 있다.

② 소비자(고객)의 욕구를 파악할 수 있다.

③ 중소기업은 시장을 세분화함으로서 고객욕구를 충족할 수 있는 다양한 고객만족 마케팅 전략을 수립할 수 있다

④ 마케팅 전략 수립의 기초가 될 수 있다. 중소기업이 시장을 세분함으로 특정부분의 특성에 맞추어 마케팅 전략수립이 가능하다.

(2) 다음은 시장세분의 기준을 살펴보자

인구 통계적 기준

소비자(고객)들의 제품에 대한 욕구, 사용빈도 등을 예측하기 위해 나니, 성별, 소득수준, 종교, 직업에 따라 시장을 세분화 하는 것이다

① 지리적 기준

이는 소비자들이 살고 있는 지리적 특성에 따라 지역별로 제품의 요구, 시장규모, 등을 파악하여 마케팅 활동에 도움이 되도록 세분화 한다.

② 심리적 기준

소비자(고객)의 관심이나 생활 스타일등 심리적 요인을 중심으로 세분화하기 때문에 인구 통계적 방법보다 좋은 점이 많으나 객관적으로 파악하기 어려운 점이 있다.

5. 가격 및 판매촉진 전략

제품판매에 있어 가격은 매우 중요한 요소이다.

제품의 가격이 저렴하고 품질이 우수하면 소비자는 호감을 갖게 된다. 가격은 소비자가 구매 의사결정시 기준이 된다.

중소기업의 가격결정 전략은 제품의 원가구조, 제품의 수요, 경쟁제품의 가격에 의거 결정하게 된다.

(1) 가격결정 구체적 내용

① 원가중심 가격

제품가격의 하한선은 원가구조가 그 기준이 된다.

원가는 생산, 유통과 관련된 각종 비용을 기준으로 가격을 결정한다.

② 수요중심 가격

수요중심 가격은 원가와는 상관없이 시장크기에 따라 가격을 결정하는 것이다.

수요중심의 가격은 고객, 시간, 장소에 따라 가격 차별화에 효과적일 수 있다.

③ 경쟁중심 가격

경쟁중심 가격은 원가나 수요를 중심으로 가격을 결정하는 것이 아니고 경쟁 제품을 기준으로 가격을 설정하는 것이다.

중소기업은 제품가격에서 경쟁우위에 있지 못하면 생존에 어려움이 있기 때문에 경쟁우위를 확보 하는데 그 목적을 두고 가격을 설정 하는 것이다.

④ 신제품 가격

시장의 성격, 소비자(고객)의 욕구를 감안 신제품으로서 기준가격을 높게 책정하여 신제품 개발에 투입된 비용을 조기에 회수하는 것이다,

⑤ 지역적 가격

시장의 지역적 위치, 생산시설의 입지, 지역시장별 경쟁상황 등을 고려하여 가격을 설정 하는 것이다.

⑥ 촉진가격

이는 가격을 인하하여 판매를 촉진하는 것으로 주로 재고품을 처분

하고 신제품을 홍보할 필요가 있을 때 활용한다.

(2) 판매촉진전략

① 판매촉진 의의

판매촉진이란 소비자의 구매를 촉진시키고 유효성을 높이기 위한 활동으로 중서기업의 생존과 성장차원에서 볼 때 매우 중요한 전략이다.

판매촉진에는 광고효과를 빼놓을 수 없는데 최소의 비용으로 최대의 광고효과를 얻을 수 있도록 광고비 부담 등을 고려하여 임해야 한다.

② 판매촉진 활동

광고의 특징

중소기업의 판매촉진 활동으로 광고와 인적판매 방법이 있다

광고는 광고주가 일정한 광고비를 지불하고 판매촉진 활동을 하는 것이다.

• 광고의 특징은
  첫째, 공중제시성
  둘째, 보급성
  셋째, 표현의 다양성 이다
• 광고매체 선정
• 광고매체의 특징
  첫째, TV
  둘째, 신문
  셋째, 라디오
• 인적판매촉진활동
• 인적판매촉진활동의 특징
  첫째, 인적 대면 가능
  둘째, 반응 감지 가능
• 인적판매촉진 활동 전략
  첫째, 소비자촉진
  둘째, 거래처 촉진
  셋째, 판매원 촉진

6. 제품수명주기

제품수명주기란 제품이 시장에 출하되어 판매 되면서 차츰 쇠퇴하여 폐기되기 가지의 과정 내지 시간을 말한다.

매출액과 이익 및 시간과 관련 단계별 특성과 전략은 아래와 같다.

현대 기업이 직면한 수익률 하락은 제품수명주기로 설명할 수 있다. 기업 간의 경쟁이 심화되어 상품생산의 초기단계에 벌써 경쟁사의 유사제품이 출시되는 등 경쟁우위를 장기간 유지하기란 어렵다. 경쟁사의 가격, 스피드, 품질, 기능측면에서 모방할 수 없는 제품을 시장에 판매하려면 상당한 연구개발비의 투자 없이는 불가능한 일이다. 기업이 단축된 시장순환주기와 제품수명주기 때문에 상품개발비와 생산설비 투자비를 회수하지 못하면 신상품의 개발에 투자하지 못한다. 현대기업의 가장 중요한 과제 중의 하나는 시장순환주기와 제품수명주기 속에서 어떻게 하면 경쟁력상실 사이클에 빠지지 않고 효과적인 경영을 하는 것이다. 이는 적절한 생산거점의 확보와 이전 적시시기의 선택을 통한 제품수명의 연장, 생산효율성 제고에 의한 수익률의 확보, 적시의 신제품 개발 등에 관한 의사결정을 한다.

(1) 도입기

① 시장진입단계
② 소비자들의 구매저항
③ 경쟁자의 수
④ 시장점유율 확충
⑤ 도입기의 마케팅 전략

(2) 성장기

① 제품 품질개선
② 재품 차별화
③ 새로운 모델추가
④ 판매정도 확대
⑤ 새로운 유통경로 진출

⑥ 거래점 원조강화
⑦ 제품 확신과 구매유발 광고로 변경
⑧ 적기에 가격인하

(3) 성숙기

① 판매신장하나 증가율 점차 낮아진다.
② 잠재고객의 수가 줄어든다.
③ 생산원가는 최저까지 낮아지고 이익률은 정상을 지나 감소
④ 제도적으로 시장수정, 제품수정, 마케팅 수정전략 고려

(4) 쇠퇴기

① 취약제품 폐기
② 가격인하
③ 수익성 적은 유통경로 폐쇄
④ 상표충실성 강한 고객수준으로 광고 줄임
⑤ 판매촉진을 최저수준으로 감소

7. 향후 마케팅관리방향

(1) 라이프스타일을 중시하는 마케팅

① 라이프스타일에 의한 시장세분화 이점
② 목표시장에 대한 이해가능
③ 효과적인 광고전략 수립 가능
④ 신제품의 시장진출 가능성 파악용이

(2) 전화판매의 활용

전화로 소비자의 욕구를 조사, 분석하여 소비자를 위한 고객 서비스를 향상시켜 신뢰 관계를 구축하는 마케팅 이다.

① 인바운드 텔레마케팅

소비자가 중소기업에 직접 전화하는 것

② 아웃마운드 텔레마케팅

중소기업에서 소비자에게 전화하는 것. 전화판매는 소비자와 직접

전화로 대화 하면서 제품이나 서비스 기업이미지 등에 대한 문제점을 파악 할 수 있다.기업이나 은행 등의 기관에서는 전화판매가 점차 일반화 되고 있다.

제 3 절 중소기업의 생산부문 전략

1. 생산관리

(1) 생산관리의 정의

중소기업의 목표를 효과적으로 달성하기 위해 인적·물적 자원을 효율적으로 활용하며, 특히 생산과 관련된 계획수립, 계획의 집행, 통솔, 통제와 같은 일련의 활동을 수행하는 것을 생산관리라 한다.

생산은 제품을 만드는 것을 의미 한다. 따라서 생산관리는 만드는 활동을 계획하고 조직하고 통제하는 기능을 말한다.

생산관리

Production management: 제품의 생산관리 (제조업체의 생산)

Operations Management: 서비스 생산관리 개념포함

통합된 계획은 아래와 같다.

(2) 생산관리 활동

① 계획활동 : 생산능력결정, 입지선정, 제품/서비스선택, 설비배치, 생산계획

② 조직활동 : 집중화의 정도, 자체생산 또는 구매, 외주, 잔업의 사용·고용/해고

③ 명령활동 : 동기부여, 작업주문의 발행, 작업할당

④ 통제활동 : 재고통제, 생산현장 통제, 품질통제, 제조는 제품 지향적이고 서비스는 행위 지향적임

⑤ 생산관리시스템 : 생산관리시스템은 모든 투입물의 가치를 합한 것 보다 가치가 높은 산출물을 생산하는 시스템으로서 부가가치를 창출하는 시스템을 말한다.

생산관리 시스템(절차서)과 생산계획 및 실적표는 아래와 같다.

[표 10-13] 생산관리 절차서

1. 적용범위
본 절차서는 생산에서의 생산 및 서비스제공을 관리한 조건하에 관리하기 위한 공정 관리, 생산관리 및 설비관리에 대하여 적용한다.

2. 목 적
본 절차서는 생산 및 서비스 제공을 관리 조건하에 계획하고 수행하여 제품이 요구 사항에 충족함을 보장하는데 목적이 있다.

3. 책임과 권한
3.1 생산팀장
3.1.1 공정을 파악, 필요설비를 관리할 책임이 있다.
3.1.2 공정이상 발생 시 조치 및 개선할 책임이 있다.
3.1.3 생산팀장은 생산계획을 수립 및 관리할 책임과 권한이 있다.
3.1.4 공정을 모니터링 및 측정할 책임이 있다.
3.1.5 재공품에 대한 식별, 추적관리 및 제품을 보존할 책임이 있다.

4. 공정관리절차
4.1 공정설계
4.1.1 생산팀장은 생산 및 서비스 제공을 관리조건하에서 계획하고 수행하기 위하여 필요시 전후공정과의 관계를 명확화, 사용설비, 조건관리 특정치 결정을 포함한 "사양서"를 작성한다.
4.2 설비 관리
생산팀장은 붙임 "설비 관리절차"에 따라 설비를 등록 다음과 같이 설비 관리번호를 부여 관리한다.
Q - ○○ (당사약호 - 일련번호)
4.3 모니터링 장치 및 측정 장치의 관리
모니터링 장치 및 측정 장치의 관리는 "검사 및 시험 절차서"에 따라 관리한다.
4.4 공정이상 발생 및 조치
생산팀장은 생산 공정에 다음과 같은 이상이 발생하면 원인을 파악 자체해결이 가능한 경우 해결하며 불가능시 대표에게 보고 즉시 처리할 수 있도록 한다.
4.4.1 품질이상 : 규격, 표준에서 벗어남
4.4.2 작업이상 : 작업표준대로 행하여지지 않음
4.4.3 설비이상 : 고장, 능력저하
4.4.4 재료이상 : 불량재료
4.4.5 기 타 : 업무 수행중의 이상

5. 생산 관리 절차
세부생산 관리 절차는 붙임 "생산관리 절차"에 따라 관리한다.
5.1 생 산
생산팀장은 고객 납기준수 가능하도록 작업계획을 수립하여 관련부에 통보한다.
5.2 작업지시 및 생산
5.2.1 생산팀장은 작업 계획에 의거 작업시방 등을 접수 작업 지시한다.
5.2.2 생산팀장은 제품의 공정을 구분하여 작업자에게 숙지시키고 "도면/작업표준"에 의하여 작업을 할 수 있도록 지도, 감독한다.
5.3 공정모니터링
작업자는 "도면/작업표준"에 설정된 조건관리기준에 따른 관리항목, 주기에 따라 공정을 모니터링하고 관리한다.
5.4 실적관리 및 생산완료 통보
생산팀장은 일일 작업결과 및 생산 의뢰된 완제품에 대하여 관리부에 통보하며 관리팀장은 제품 재고관리를 한다.
5.5 식별 및 추적성
5.5.1 식별관리
생산팀장은 해당 시 자재/제품에 대하여 고객구분이 필요시 잘못 사용 되지 않도록 식별표 또는 직접제품에 명기하여 식별토록 관리한다.
5.5.2 추적성 관리
생산팀장은 고객요구 시 완제품 추적관리를 위하여 제조번호를 식별표 및 기타 기록지에 부여하며 추적 관리토록 한다.
5.6 고객재산 관리
5.6.1 생산팀장은 고객재산 접수 시 검증하며 부적합, 분실/ 손상 시에는 관리부에 통보, 고객에게 통보하며 처리결과에 따라 처리한다.
5.6.2 고객재산은 안전하게 취급, 보관, 보호토록 관리한다.
5.7 제품의 보존
5.7.1 취급, 보관 및 보호방법
생산팀장은 제품의 적합성을 보존·보호되도록 관리하며 제품 열화 상태를 검출하기 위해 1회/월 이상 확인하며 부적합품 발견 시 "부적합 제품 관리절차"에 따라 관리한다.
5.7.2 포장방법
고객이 별도 포장을 요구 시는 관리팀장은 포장시방을 작성 포장승인을 득하며 고객요구에 따라 포장하며 별도요구가 없는 경우 당사 표준으로 포장한다.

6. 측정, DATA분석 및 개선
생산팀장은 공정관리, 생산관리의 계획된 업무결과를 달성하기 위해 "경영 관리 절차서"에 따라 개선하여야 한다.

7. 기록 관리

기록 관리는 “문서 및 기록 관리 절차서”에 따라 관리한다.

8. 관련 문서

- 경영 관리 절차서
- 문서 및 기록 관리 절차서
- 검사 및 시험 절차서
- 부적합 제품 관리 절차

9. 붙임

9.1 생산 관리 절차

9.2 설비 관리 절차

1 설비 이력 카드

2 월 설비점검 기록서

9.3 고객재산 관리 절차

[표 10-14] 생산계획 및 실적표

생산계획 및 실적표

작성일 : 20 년 월 일

결재	작 성	검 토	승 인

품 명	규 격	수 량	구분	생 산 계 획 및 실 적					
			일자						
			계획						
			실적						
			일자						
			계획						
			실적						
			일자						
			계획						
			실적						
			일자						
			계획						
			실적						
			일자						
			계획						
			실적						
			일자						
			계획						
			실적						
특기 사 항									

[표 10-15] 주간생산계획서

주간생산계획서(O/T,특근포함) 201 년 월 일~ 월 일 ( )주	결재	작성	검토	승인

작업자명	업무내용			O/T, 특근계획	업무결과	
	PROJECT NO	요일	내 용		Receiver	Finish
		월				
		화				
		수				
		목				
		금				
		토				
		일				
		월				
		화				
		수				
		목				
		금				
		토				
		일				
		월				
		화				
		수				
		목				
		금				
		토				
		월				
		화				
		수				
		목				
		금				
		토				
		일				

		월				
		화				
		수				
		목				
		금				
		토				
		일				
		월				
		화				
		수				
		목				
		금				
		토				
		일				
		월				
		화				
		수				
		목				
		금				
		토				
		일				

[표 10-16] 월 계획

<table>
<tr><td>작성일자</td><td>200 년 월 일</td><td rowspan="2">월 계획</td><td rowspan="2">결
재</td><td>작 성</td><td>검 토</td><td>승 인</td></tr>
<tr><td>작성부서</td><td></td><td></td><td></td><td></td></tr>
</table>

<table>
<tr><td rowspan="2">제품명</td><td rowspan="2">PO.NO</td><td rowspan="2">수량</td><td rowspan="2">구분</td><td>1</td><td>2</td><td>3</td><td>4</td><td>5</td><td>6</td><td>7</td><td>8</td><td>9</td><td>10</td><td>11</td><td>12</td><td>13</td><td>14</td><td>15</td><td></td></tr>
<tr><td>16</td><td>17</td><td>18</td><td>19</td><td>20</td><td>21</td><td>22</td><td>23</td><td>24</td><td>25</td><td>26</td><td>27</td><td>28</td><td>29</td><td>30</td><td>31</td></tr>
<tr><td rowspan="4"></td><td rowspan="4"></td><td rowspan="4"></td><td>계획</td><td></td><td></td><td></td><td></td><td></td><td></td><td></td><td></td><td></td><td></td><td></td><td></td><td></td><td></td><td></td><td></td></tr>
<tr><td>실적</td><td></td><td></td><td></td><td></td><td></td><td></td><td></td><td></td><td></td><td></td><td></td><td></td><td></td><td></td><td></td><td></td></tr>
<tr><td>계획</td><td></td><td></td><td></td><td></td><td></td><td></td><td></td><td></td><td></td><td></td><td></td><td></td><td></td><td></td><td></td><td></td></tr>
<tr><td>실적</td><td></td><td></td><td></td><td></td><td></td><td></td><td></td><td></td><td></td><td></td><td></td><td></td><td></td><td></td><td></td><td></td></tr>
<tr><td rowspan="4"></td><td rowspan="4"></td><td rowspan="4"></td><td>계획</td><td></td><td></td><td></td><td></td><td></td><td></td><td></td><td></td><td></td><td></td><td></td><td></td><td></td><td></td><td></td><td></td></tr>
<tr><td>실적</td><td></td><td></td><td></td><td></td><td></td><td></td><td></td><td></td><td></td><td></td><td></td><td></td><td></td><td></td><td></td><td></td></tr>
<tr><td>계획</td><td></td><td></td><td></td><td></td><td></td><td></td><td></td><td></td><td></td><td></td><td></td><td></td><td></td><td></td><td></td><td></td></tr>
<tr><td>실적</td><td></td><td></td><td></td><td></td><td></td><td></td><td></td><td></td><td></td><td></td><td></td><td></td><td></td><td></td><td></td><td></td></tr>
<tr><td rowspan="4"></td><td rowspan="4"></td><td rowspan="4"></td><td>계획</td><td></td><td></td><td></td><td></td><td></td><td></td><td></td><td></td><td></td><td></td><td></td><td></td><td></td><td></td><td></td><td></td></tr>
<tr><td>실적</td><td></td><td></td><td></td><td></td><td></td><td></td><td></td><td></td><td></td><td></td><td></td><td></td><td></td><td></td><td></td><td></td></tr>
<tr><td>계획</td><td></td><td></td><td></td><td></td><td></td><td></td><td></td><td></td><td></td><td></td><td></td><td></td><td></td><td></td><td></td><td></td></tr>
<tr><td>실적</td><td></td><td></td><td></td><td></td><td></td><td></td><td></td><td></td><td></td><td></td><td></td><td></td><td></td><td></td><td></td><td></td></tr>
<tr><td rowspan="4"></td><td rowspan="4"></td><td rowspan="4"></td><td>계획</td><td></td><td></td><td></td><td></td><td></td><td></td><td></td><td></td><td></td><td></td><td></td><td></td><td></td><td></td><td></td><td></td></tr>
<tr><td>실적</td><td></td><td></td><td></td><td></td><td></td><td></td><td></td><td></td><td></td><td></td><td></td><td></td><td></td><td></td><td></td><td></td></tr>
<tr><td>계획</td><td></td><td></td><td></td><td></td><td></td><td></td><td></td><td></td><td></td><td></td><td></td><td></td><td></td><td></td><td></td><td></td></tr>
<tr><td>실적</td><td></td><td></td><td></td><td></td><td></td><td></td><td></td><td></td><td></td><td></td><td></td><td></td><td></td><td></td><td></td><td></td></tr>
<tr><td rowspan="4"></td><td rowspan="4"></td><td rowspan="4"></td><td>계획</td><td></td><td></td><td></td><td></td><td></td><td></td><td></td><td></td><td></td><td></td><td></td><td></td><td></td><td></td><td></td><td></td></tr>
<tr><td>실적</td><td></td><td></td><td></td><td></td><td></td><td></td><td></td><td></td><td></td><td></td><td></td><td></td><td></td><td></td><td></td><td></td></tr>
<tr><td>계획</td><td></td><td></td><td></td><td></td><td></td><td></td><td></td><td></td><td></td><td></td><td></td><td></td><td></td><td></td><td></td><td></td></tr>
<tr><td>실적</td><td></td><td></td><td></td><td></td><td></td><td></td><td></td><td></td><td></td><td></td><td></td><td></td><td></td><td></td><td></td><td></td></tr>
</table>

[표 10-17] 설비이력카드

<table>
<tr><td colspan="3">설 비 이 력 카 드</td><td>관리
번호</td><td></td></tr>
<tr><td>설 비 명</td><td></td><td>제조년 월 일</td><td colspan="2"></td></tr>
<tr><td>제 조 회 사</td><td></td><td>구입년 월 일</td><td colspan="2"></td></tr>
<tr><td>구 입 처</td><td></td><td>제 조 번 호</td><td colspan="2"></td></tr>
<tr><td>형식/등급</td><td></td><td>사 용 전 압</td><td colspan="2"></td></tr>
<tr><td>설 치 장 소</td><td></td><td>모 델</td><td colspan="2"></td></tr>
<tr><td>성능용량규격</td><td></td><td>주요부속품/예비부속품</td><td colspan="2"></td></tr>
</table>

No.	수 리 일	수 리 내 용	수 리 자	비 고

2. 생산전략

(1) 생산전략 수립과정

생산전략 수립은 각 부서별 목표를 달성하기 위한 부서의 전략수립이 필요로 한다. 이때 생산부서의 전략은 독립적이며 배타적 이어야 하며 기업의 전략과 일치하여야 한다. 또 각 부서간의 전략은 연계성을 유지하여야 하고 반드시 마케팅 전략과 연계되어야 한다.

▷ 기업목표의 설정 → 기업목표 달성을 위한 마케팅 전략의 수립 → 경쟁사 대비 제품과 서비스의 경쟁력 분석과 선택 → 선택한 제품과 서비스 생산을 위한 생산 공정 설치 → 생산지원 제조기반 구축, 중소기업의 생산 전략에는 여러 가지가 있을 수 있는데 무엇 보다 더 생산 기술을 향상 시키는 문제를 비롯하여 생산설비, 품질문제, 기술혁신문제가 중요시된다. 기업전략이란 기업에 기본적인 장기 목표를 설정하고, 그 목표 달성을 위한 행동방향을 결정하며, 목표 달성에 필요한 자원을 배분하는 통합된 계획을 말한다.

(2) 생산전략과 생산 공정

기업이 추구하고자 하는 핵심경쟁력에 따라 경영자는 포지셔닝 전략을 선택하는데 이는 특성화를 현실화하기 위한 구체적 전략이며 소비자의 수요와 시장의 특징에 따라 기업이 취할 특성을 결정하게 해준다. 비표준제품 주문생산은 고객의 요구에 따라 사양이 달라지는 제품이다. 이 경우 개발비용 때문에 제품의 판매가는 상승한다. 반면에 포지셔닝 전략이 가격경쟁이라면 기업은 표준제품을 대량생산 방식을 택하여 생산단가를 최소화 하려고 한다. 표준제품 대량생산은 수요가 항상 발생하는 제품에 해당된다. 또 포지셔닝 전략이 특정고객에 대한 판매일 수도 있다.

생산 공정에서 공정별 배치란 특정 기능 혹은 업무를 수행하는 기계를 그룹화 하여 배치하고, 제품이 배치된 기계로 이동하여 가공, 조립되는 것이다. 공정별 배치에서는 고객의 다양한 취향에 맞는 다품종 생산이 가능하나, 생산의 흐름이 일정하지 않아 생산의 효율성은 낮다.

[표 10-18] 생산전략과 생산 공정

생산특성	소량생산		표준제품 대량생산
	비표준제품 주문생산	표준제품 주문생산	
제품특성	고객의 주문을 받아 설계를 새로 하거나 변경하여 생산하는 제품	표준화된 제품으로 부품과 반제품을 미리 준비하여 고객의 주문이 들어오면 생산시작	표준화된 제품으로 미리 생산하여 재고를 축적해둠
제 품	조선, 인쇄기계, 건설	공작기계, 의료기계, 가구	자동차, 가전제품
생산 공정	공정별 배치	중간형태	제품별 배치

제품별 배치는 제품의 공정순서대로 기계를 일렬로 배치하는 것으로 각 생산라인은 특정 제품만을 생산하므로 생산의 효율성은 높다. 그러나 시장에서 요구되는 새로운 제품이 다른 공정순서로 생산되어야 할 경우 생산이 불가능하게 된다. 즉 다양한 제품을 생산할 수 없는 단점이 있다. 경영자는 기업의 생산의 효율성과 포지셔닝 전략에 따라 적절한 생산 공정 선택을 해야 할 것이다.

[표 10-19] 소량생산 및 대량생산 및 공정선택

소량생산		표준제품 대량생산
비표준제품 주문생산	표준제품 주문생산	
공정별 배치	공정별 배치와 제품별 배치 중간	제품별 배치

⇦ 공 정 의 선 택 ⇨

- 소량생산
- 비표준제품
- 단기제품수명
- 제품의 기능, 품질, 설계 중시
- 장기제품개발 및 생산기간

- 대량생산
- 표준제품
- 장기제품수명
- 저가 중심
- 단기제품개발과 생산기간

(3) 기업목표와 생산전략

기업의 목표가 추구하는 것에 따라 마케팅 전략이 달라지며 추구하는 마케팅 전략의 핵심경쟁력도 달라진다. 이에 따라 경쟁사보다 상대적 우위를 점하기 위한 생산전략을 수립해야 하는데 이 생산전략에서 가장 중요한 부분의 하나인 생산 공정의 선택이 생산원가, 생산의 스피드. 품질 등의 핵심경쟁력에 많은 영향을 미치게 된다. 이렇듯 기업의 목표, 마케팅 전략, 기업이 추구하는 핵심경쟁력, 생산전략은 서로 연결성이 있다.

[표 10-19] 핵심경쟁력

정보서비스	마케팅전략	핵심경쟁력	생산전략	
			생산 공정 선택	생산인프라(기초시설)
• 성 장 • 생 존 • 수 익 성 • 투자수익률 • 기 타 재무성과 지표	• 시장분할 • 제품믹스 • 표준화와 비표준화 • 혁신 • 지도자전략 과추종전략	• 가 격 • 품 질 • 유연성 (스피드) • 디자인 • 브랜드 이미지 • 기술적 지원 • A/S	• 생산 공정 대안 • 생산 공정 대안간의 장, 단점 • 재고수준 • 생산, 구매결정 • 생산능력 • 생산거절	• 생산기능지원 • 생산계획수립 • 품질관리 • 제조엔지니어링 • 관리지원 • 보상제도 • 직무구조 • 조직구조

(4) 생산기술의향상

생산 기술의 향상은 제조기술과 관리 기술을 동시적으로 향상 시키는 것을 의미한다. 생산기술 향상을 위한 주요 수단은 아래와 같다.

① 중소기업의 기술수준을 정확히 파악한 후 구체적인 기술수준 향상 계획을 수립한다.

② 기술과 관련 있는 정보를 수집. 분석한 후 해당부서에 전달한다.

③ 국가기관 (중소기업진흥공단, 한국과학기술원, 한국전자 기술연구소)등이 개발한 기술을 활용하거나 기술 지도를 받을 수 있다.

④ 기술개발을 위한 조직을 구성해야 한다.

⑤ 기술인력 확보를 위한 인적자원 확보 체제를 갖추는 것이 좋다.

⑸ 생산설비의 자동화

중소기업의 생산설비 자동화는 생산관리 혁신과 생산성 향상을 위해 중요하다. 생산설비의 자동화에는 간이자동화와 완전 자동화가 있는데 중소기업은 간이 자동화부터 시작 하는 것이 좋을 것이다. 간이 자동화는 기존의 설비에다가 자동화 부분을 첨가하여 활용도를 높이는 것을 말한다. 반면 완전자동화는 생산 설비를 2전부 자동화 하는 것으로서 첨단기술과 고급1자동화 설비를 이용하게 된다. 향후 중소기업의 경영환경 변화와 노동력 수급문제를 예상할 때 생산시스템을 자동화하여 무인공장까지 생각해볼 수 있기 때문에 생산혁신은 설비자동화로 될 것이다.

⑹ 품질의 고급화

고객의 요구사항이 다양화 되어있고 이러한 현상은 중소기업 경영에 밝은 면을 보이고 있다. 이와 같이 고객의 요구에 부응하기 위해서 아래와 같은 품질관리 활동을 전개 하여야 한다.

⑺ 중소기업의 생산전략 추진

중소기업의 생산 전략은 부족한 인원이지만 생산관리 계획수립, 생산 설비관리, 생산 노무관리, 안전보건관리, 고객재산 관리, 품질 관리를 각각의 전략적인 계획에 의하여 효율적으로 아래와 같이 실행하고 실적을 평가하여야 한다.

① 생산계획

② 생산 설비관리 계획

③ 생산 노무관리 계획

④ 고객재산 관리 계획

⑤ 안전보건 관리 계획

⑥ 품질관리 계획

⑻ 무재해 추진

중소기업의 안전보건 무재해 추지운동

중소기업의 안전보건 추진전략은 매우 후진성을 면하기 어렵다. 위험성을 바라보는 작업자들의 무관심으로부터 안전 불감증으로 인해 재해는 발생하고 있다. 무재해란 근로자가 상해를 입을 소지가 있는 위험요소가 없는 상태를 말하며, 무재해 운동이란 인간존중의 이념을 바탕으로 경영자, 관리감독자, 근로자 등 현장 사업장의 조직원 전원이 적극적으로 참여하여 작업현장의 안전과 보건을 선취하여, 일체의 산업재해를 근절하며, 인간 중심의 밝고 활기찬 직장풍토를 조성하는 전사적 운동이다. 무재해 운동에 대한 정의는 경영자와 근로자가 다 같이 참여하여 자율적인 산업 재해 예방운동을 전개함으로써 재해예방의식을 고취하고 나아가 산업재해를 근절하기 위한 것이다. 이를 위하여 경영자는 안전보건관리 책임자로 하여금 안전 보건 분야를 책임지고 관리 할 수 있도록 세부규정과 체제를 갖추어야 한다.

재해조사 및 재발방지 규정과 보고 서식은 아래와 같다.

[표 10-20]

1. 적용범위

본 절차서는 회사에 근무하는 근로자(종업원 및 일용직)의 근무와 관련된 재해조치와 조사 및 재발방지에 적용한다.

2. 목적

회사 내에서 발생한 사고, 재해에 대하여 그 발생원인을 철저히 찾아서 가장 적절한 대책을 세우고 이 대책을 실시함으로서 동종의 재해 또는 유사한 재해 재발을 미연에 방지함에 있다.

3. 법적근거

산안법 제13조1항의 6, 제10조 동시행령 10조1의 3

동시행령 13조1의5, 동시행령1의9, 시행규칙 제53조

4. 재해발생시 조치 및 조사

A. 재해가 발생하면 해당 작업장의 목격자는 신속히 안전 관리자에게 재해발생 사실을 통보하고 필요한 응급조치를 취해야 한다.

4.2 근로자가 재해를 당하였을 경우에는 동료근로자등 관계자는 즉시 재해자를 재해정도에 따라 근지정병원 또는 종합병원으로 후송 및 현장에서 인공호흡은 필요한 응급조치를 해야 한다.

1.1 안전 관리자는 안전보건관리 책임자에게 보고하고 사업장 지장병원에 연락후

1.2 후송하여 사고처리에 필요한 조치를 한다.

1.3 해당 부서장은 연쇄 재해발생의 급박한 위험이 있을 때는 즉시 작업을 중지시키고 작업장내의 인원을 대피시키는 등 필요한 응급조치를 해야 한다.

4.5 해당부서장은 필요한 응급용구(구급낭) 취급요령을 작성 비치한다.

4.6 재해발생시 기동성을 발휘하여 사고에 대한 인명 및 재산의 손실을 줄일 수 있도록 비상연락망을 즉시 운영한다.

4.7 재해조사반 구성 현장감독자, 안전관리자, 안전보건관리책임자, 학계전문가

6.1 재해 조사시 필요기구용품 휴대용방폭형전지, 카메라, 녹음기, 전기테스트기,

6.2 구급의약비상품, 개인보호구(조사자용), 기록용지(실태조사표)

4.9 조사항목

(1) 목격자 진술서 청취, 관리감독자 확인서, 사고당시관리감독자 면담, 현장도면

(2) 사고개요청취, 피해자제반사항, 조직구성도, 작업표준서, 작업내용, 공정도

(3) 단독, 공동작업, 사용원료(MSDS)취급, 반응작업내용, 보호구, 복장상태, 안전장치, 기계기구설비상태

(4) 작업지시, 감독상태 연락보고체제, 준비작업조건, 작업순서, 작업환경상태, 안전순찰기록, 생산계획, 수칙, 기준, 관습 등 적합여부

5. 재해발생시 조사순서

5.1 자료조사 : 조사 항목 중 사고 자료와 관련 있는 항목을 사전 집중조사

5.2 현장보존 : 사고조사가 끝날 때까지 현장을 보존하여 세밀히 분석

(1) 현장목격자 면담, 작성, 관리감독자 면담, 공동 또는 동료면담, 기록

(2) 현장보존(촬영)

(3) 작업일지, 작업표준, 안전기준수칙

(4) 작업지시내용, 작업내용, 시간, 온도, 조명, 습도, 작업환경, 작업일지

(5) 사고직전후 설비상태, 점검순찰기록부

(6) 원재료물성, 반응온도, 압력, 시간, 반응상태, 주변 환경,

(7) 작업자심리, 사고직전생리상태, 평상시 행동습관, 동료관계 등을 조사

6. 재해보고서 작성

6.3 조사내용을 세밀하게 분석하여 재해조사보고서에 기록한다. 관련부속사항은 따로 붙임으로

6.4 부착한다.

직접원인규명은 물론 기술적원인, 교육적원인은 상세히 분석하여 재발방지를 위한 제1, 제2의 대책까지 선정한다.

사고보고서는 부서장이 상세한 원인분석후 기록한다.

6.5 중대재해발생시 재해발생12시간이내 안전부서로 FAX 유선으로 보고한다.

6.4 현장은 재해발생일로부터 48시간 내 재해보고서를 작성하여 안전부서로 제출해야

한다.

6.5 재해보고서와 재해원인분석 및 방지대책서는 관리감독자가 작성하며, 목격자 진술서는 재해 목격자가, 재해자(가해자) 진술서는 재해 당사자 및 가해 당사자가 작성한다.

6.6 재해보고서 붙임서류

목격자 진술서 ------------------------------- 첨부1)

재해원인분석 및 방지대책서 -------------------- 첨부2)

재해자 (가해자) 진술서 ------------------------ 첨부3)

7. 재해사고의 재발방지대책

재해발생부서의 부서장이 재발방지대책을 수립하고, 발생한 재해사고의 원인을 분석하고 이전의 재해사고의 원인과 비교 평가하여 재해사고의 발생경향과 주원인을 파악한 후 예방의 우선순위를 정하여 다음과 같이 강구한다.

7.1 동종 및 유사재해 대상의 파악

(1) 동종재해의 대상설비를 파악한다.

(2) 유사한 대상설비를 파악.

(3) 동종의 원인이 되는 작업을 파악한다.

(4) 유사한 원인이 되는 작업을 파악한다.

7.2 동종재해의 예방

(1) 예방의 목표를 정한다.

(2) 예방대책을 강구할 대상을 정한다.

(3) 대책의 실시방법을 정한다.

(4) 대책의 시행기간과 예산을 산출한다.

(5) 대책의 실시를 담당할 담당자와 지원 부서를 정한다.

(6) 대책을 적용한 후 진행상황과 결과를 확인한다.

(7) 중대재해 혹은 대형재해나 예산이 소요되거나 생산시스템에 영향을 미치는 대책안일 경우는 안전보건위원회에 회부하여 심의를 받는다.

7.3 근본적인 대책의 강구

(1) 전반적인 실태를 진단하여 위험요소를 검출한다.

(2) 검출된 위험요인을 분석 평가한다.

(3) 평가된 위험요인에 대한 예방방향을 정한다.

(4) 평가된 위험요인의 발생확율과 발생영향을 평가한다.

(5) 예방대책의 적용가능성과 효과를 평가한다.

(6) 대책의 실시계획을 수립한다.

(7) 계획을 실시하고 평가한다.

8. 재해통계

8.1 재해통계는 사고가 발생할 때마다 작성하여 연도별 통계하고 3년 단위로 통계한다.

8.2 월별, 요일별, 시간별, 연령별, 근속년수별, 학력별, 직종별, 기계설비별로 기록 보

존한다.

8.3 재해통계는 기록한 문서와 재해조사관련자료와 함께 철하여 3년간 보존한다.

8.4 당해 연도의 재해통계는 관리감독자에게 제공하여 근로자의 안전교육과 지도에 활용한다.

9. 첨 부

9.1 재해보고서

재해원인분석 및 방지대책서

목격자 진술서

재해자(가해자)진술서

[표 10-21] 재해보고서

재해보고서

안전 관리자	안전보건 관리책임자	사장

<table>
<tr><td>제 호</td><td rowspan="3">재 해 보 고 서</td><td rowspan="2" colspan="2">결재</td><td>담당</td><td>파트장</td><td>팀장</td><td>임원</td></tr>
<tr><td>200 . . .</td><td></td><td></td><td></td><td></td></tr>
<tr><td>전화 :</td><td colspan="6"></td></tr>
<tr><td>경 유 :
수 신 :
참 조 :
발 신 :</td><td>안전
관리자
의 견</td><td colspan="6"></td></tr>
<tr><td>재해일시</td><td colspan="4"></td><td>날 씨</td><td colspan="2"></td></tr>
<tr><td>재해장소</td><td colspan="7"></td></tr>
<tr><td rowspan="4">재 해 자
인적사항</td><td>부서명</td><td></td><td>주 소</td><td colspan="4"></td></tr>
<tr><td>성 명</td><td></td><td>주민등록번호</td><td></td><td>채 용 일</td><td colspan="2"></td></tr>
<tr><td>직 종</td><td></td><td>일 당</td><td></td><td>평균 임금</td><td colspan="2"></td></tr>
<tr><td>가족사항</td><td></td><td>소 속</td><td></td><td>계약공사명</td><td colspan="2"></td></tr>
<tr><td>재해발생
개 요</td><td colspan="7"></td></tr>
<tr><td>관리
감독자
의 견</td><td colspan="7"></td></tr>
<tr><td rowspan="2">상병
정도</td><td>상병부위</td><td>상병병</td><td colspan="2">치료예상기간</td><td>장해잔존
여부</td><td colspan="2">비 고</td></tr>
<tr><td></td><td></td><td colspan="2"></td><td></td><td colspan="2"></td></tr>
<tr><td colspan="8">* 붙임서류 : 1) 재해원인 분석 및 방지대책서
2) 재해자(가해자)진술서
3) 목격자 진술서</td></tr>
</table>

[표 10-22] 재해원인분석 및 방지대책서

<table>
<tr><td colspan="7">재해원인분석 및 방지대책서</td></tr>
<tr><td>재해일시</td><td colspan="2">200 년 월 일 시 분</td><td>재해 장소</td><td colspan="3"></td></tr>
<tr><td rowspan="2">재 해 자
인적사항</td><td>소 속</td><td></td><td>직종(책)</td><td></td><td>성 명</td><td></td></tr>
<tr><td>생년월일</td><td></td><td>채 용 일</td><td></td><td>목격자</td><td></td></tr>
<tr><td>재해발생경위</td><td colspan="6"></td></tr>
<tr><td>재해원인분석</td><td colspan="6"></td></tr>
</table>

<table>
<tr><td colspan="7">대 책 수 립</td></tr>
<tr><td rowspan="2">동종재해방지대책
(근본적인 문제점
및재해요인)</td><td colspan="5">실 시 계 획</td><td rowspan="2">유사재해방지대책
또는 배려할 사항</td></tr>
<tr><td>언제까지</td><td>누가누구에게</td><td>어디에서</td><td>무엇을</td><td>어떻게</td></tr>
<tr><td></td><td></td><td></td><td></td><td></td><td></td><td></td></tr>
<tr><td></td><td></td><td></td><td></td><td></td><td></td><td></td></tr>
<tr><td></td><td></td><td></td><td></td><td></td><td></td><td></td></tr>
<tr><td></td><td></td><td></td><td></td><td></td><td></td><td></td></tr>
<tr><td colspan="7"></td></tr>
<tr><td colspan="7">200 년 월 일
작성자 : 인</td></tr>
</table>

[표 10-23] 목격자 진술서

목격자 진술서

소 속		직 책		직 종	
성 명		주민등록번호		주 소	

200 년 월 일 요일 시 분경 발생한 재해에 대하여 목격한 경위를 다음과 같이 진술합니다. (5W1H에 의거하여 재해발생을 목격하고 어떻게 조치하였는지 구체적으로 기술)

1. 재해자와의 관계는?	
2. 재해자의 평소 작업 태도는?	
3. 재해자의 지병 여부는?	
4. 재해자의 안전보호구 착용 상태는?	
5. 재해발생의 원인은?	

상기 사실이 목격내용과 틀림없음을 진술합니다.

200 . . .

진술인 인

[표 10-24] 재해자(가해자)진술서

] 재해자(□가해자) 진술서

성 명		주민등록번호		주 소	
소 속		작 성 일 자	200 . . .	채용일	
직종(책)		동 직무경력	년 개월	성 별	□ 남 □ 여

상기 본인은 200 년 월 일 요일 시 분경에 발생한 재해에 대하여 아래와 같이 진술함.
(육하원칙에 의거 자필로 기재, 대필시 대필일자, 서명과 대필사유 기재)

1. 안전보건규정 준수 의무사항에 대하여 알고 있는가?	□ 예 □ 아니오.
2. 안전보건규정에 대하여 교육받은 적이 있는가?	□ 예 □ 아니오
3. 본인이 안전보건규정을 준수하여 안전작업을 하였다고 생각하는가?	□ 예 □ 아니오
4. 현장에서 귀하가 수행했던 작업에 대하여 안전조치에 미흡한점이 있다면?	□ 교육 □ 시설 □ 기타
5. 해당 작업에 필요한 안전보호구를 착용하였는가?	□ 예 □ 아니오
6. 결과적으로 본인의 과실을 인정 하는가?	□ 예 □ 아니오
7. 본인의 과실을 인정하지 않는다면 그 이유는?	* 별도작성

본인의 재해경위에 따른 진술내용에 허위가 없음을 진술합니다.

200 . . .

진 술 인 : 인

3. 생산시스템의 유형

생산시스템의 유형은 획일적으로 분류되기 보다는 대상시스템의 상황에 맞게 배치되어 있는 설비의 LAY-OUT에 의하거나 고객 요구에 따른 생산방식에 의해 상대적으로 분류하는 것이 현명하다.

(1) 주문생산시스템과 예측생산시스템

생산의 형태가 주문에 의한 것인지 수요예측에 의한 주문 생산과 재고 확보를 위한 계획생산으로 구분된다.

(2) 다품종소량시스템과 소품종 대량 시스템

제품의 종류와 생산량의 다소에 따라 다품종 소량 생산과 소품종 대량생산으로 구분 된다.

(3) 연속생산 시스템

화학적 공정을 필요로 하는 정유, 화학, 시멘트, 전자산업에서 중단 없이 계속 가동되는 생산방식이다.

(4) 반복생산 시스템

자동차, 전화기, TV등 일정한 크기의 단위생산 규모를 설정해 놓고 작업실행과 작업 중단을 반복하는 생산방식

(5) 단속생산시스템

주문된 제품의 수량과 납기에 맞추어 생산하는 방식으로 여러 작업을 해낼 수 있는 범용기계가 주로 사용된다.

4. 미래의 생산시스템

미래의 생산시스템 유형으로는 다음과 같이 제시할 수 있다.

(1) CAD/CAM

공장의 생산 활동에 필요한 설계부문과 제조부문을 별도로 분리 하지 않고 컴퓨터를 이용하여 통합을 시도하는 노력을 말한다.

이중 설계부문은 CAD가 제조기능의계획과 통제부문은 CAM이 담

당 하게 된다.

이와 유사한 개념으로 CIM이 있으나 CIM은 약간 더 넓은 범위를 포함하는 것으로 해석된다.

즉 CIM은 CAD/CAM 의 범주 외에 사업기능의 정보시스템화 까지도 포함시킴으로써 생산 활동과 관련된 모든 기능을 컴퓨터를 통하여 결합시켜 이들 활동을 지원. 보완 또는 자동화 시키려는 체제라고 할 수 있다. 개념으로

⑵ CMS(셀 재조 시스템)

유연성 및 적시생산, 공정성능 등의 중요성이 부각됨에 따라 생산시스템을 재조직할 필요성이 커지면서 나타난 진보적 생산 시스템의 하나가 GT셀, 또는 GT작업셀 등으로 지칭되는 셀 제조 시스템(CMS)이다.

GT는 다품종 소량생산에서 부품설계, 작업준비, 가공 등을 계통 적으로 행하여 유사한 가공물들을 집단으로 가공함으로서 생산 효율을 높이는 기법으로 집단 가공법 또는 유사부품 가공법 이라고도 한다.

⑶ MRP(자재소유계획)

MRP기법은 원자재 및 구성부품의 수요를 최종제품의 납기와 소요량이 표시된 일정계획에 의해 계산함으로서 제조 기업에서 최종 제품의 생산 수요에 따른 소요자재를 최소한의 재고비용으로 적시에 100% 공급할 수 있다.이 기법은 관리대상 재고가 다양하고 그 수요 도 최종제품의 수요량에 따라 종속적으로 결정 되는 경우 매우 유용 하게 활용할 수 있다.

재고관리 방법에서 야기되는 과잉 재고나 재고부족 현상을 없애도록 하여 재고 비용을 최소화 시키는데 목적이 있다.

⑷ NC(수치제어기계)

프로그램형 자동화의 한 형태로 가공과정이 숫자, 문자 및 다른 부호들로 구성되는 프로그램에 의해 제어된다.

컴퓨터 시스템의 소형화. 제비용화 및 고성능화 경향이 NC기계에 반영된 것이다. 전통적NC기계에 비해 신뢰성, 탄력성 및 생산성 측면에서 장점이 많다.

⑸ FMS(유연성 생산시스템)

최근 생산 활동에서는 고객의 선택 정도다 커지고 부품들도 다품종 소량생산체제를 요구하게 되었으며, 제품수명주기 또한 짧아졌기 때문에 노동력 투입 감소와 재고감소를 통하여 업무 효율을 증가 시키는 것이 필요하게 되었다.

FMS란 특정사업계획에 따라 다양한 부품들을 생산하기 위하여 컴퓨터에 의하여 제어되고 조정되며, 자재취급시스템에 의하여 연결되는 작업장들의 조합이라 할 수 있는데 광의로는 다품종 소량의 제품을 짧은 납기로, 수요변동의 재고를 갖지 않고 대처 하면서 생산효율향상과 원가절감을 실현 시킬 수 있는 생산시스템이라 할 수 있다.

⑹ CIMS(컴퓨터 통합생산 시스템)

CIMS는 제조활동을 중심으로 하여 기업이 모든 기능을 관리 하고 통제하는 기능을 혼합시킨 것이라 할 수 있는데 앞에서 설명 한 FNS는 CIMS의 하부시스템 또는 CIMS를 향한 첫 단계라 할 수 있다. CIMS는 제조기술과 컴퓨터 기술의 발달로 가장 종합적 이고 광범위한 개념으로 발전 되었으며, 이는 공장 자동화 뿐만 아니라 기업의 모든 활동을 컴퓨터에 의하여 통제할 수 있는 미래를 기업에게 제시할 수 있는 것이라 할 수 있다.

⑺ JIT

기업의 구매, 생산, 판매에 이르는 경영활동과정에서 기업의 낭비를 구조적인 측면에서 배제하는 생산경영기법이다.

JIT기법을 성공적으로 실행하기 위해서는

① 생산 공정의 흐름에 있어서 균형과 동시성을 유지한다.

② 고품질화에 대한 전사적인 인식을 유지해야 한다.

③ 모든 구성원들의 참여가 필요하다.

⑻ 셀(CELL)생산방식

셀생산방식은 전통적인 컨베이어 라인생산방식이 급변하는 환경변화에 대응 하는데 한계가 있다는데서 출발한다. 대량 방식 의 대표성을 갖고 있는 것으로 인정하고 있는 컨베이어라인에 의한 분업체계와는 다른 생산 방식이다.

컨베이어 라인은 여러 사람이 라인의 흐름에 따라 각자 자기의 업무를 수행하는데 비해 셀 생산방식은 1인의 작업자가 처음부터 제품이 완성될 때까지 책임지고 완성하는 자율 생산 방식이다.

셀 방식에는 1인셀생산방식, 순회방식, 분할방식이 있다.

제 4 절 중소기업의 기술부문 전략

1. 기술혁신

기술혁신에는 여러 가지 특성이 있는데, 중소기업의 제품생산에 직접 관련되는 제조기술 혁신은 새로운 소재, 제품공정에 실용기술 분야의 기술을 축적 시키는데 기술혁신에는 아래와 같은 특성과 당면과제가 있다.

(1) 기술혁신 특성

① 중소기업기술혁신 대상은 전문적이고 요소적인 기술이다

② 중소기업은 기술혁신을 주도하는 주체는 경영자 자신인 경우가 많다.

③ 중소기업은 기술혁신에 소요되는 시간이 짧은 편이다.

(2) 기술혁신 추진 당면과제

① 중소기업은 전반적인 기술수준이 낮다

② 기술인력 확보가 어렵다.

③ 경영자의 신념에 문제가 있다.

2. 기술전략

(1) 날로 치열해지고 있는 경쟁 환경 속에서 자사에 적합한 기술전략의 수립과 추진이 기업 생존의 필수 역량이 되고 있다. 기술 후발자인 우리 기업들은 자사의 기술을 냉정하게 재평가하고 적절한 포지셔닝 전

략을 신속히 수립해야 세계 기술경쟁에서 살아남을 수 있다. 기술을 지키고 보호하기 위해 치밀한 특허 전략을 수립하는 기업들의 노력이 갈수록 치열해지고 있다.

경쟁자와 기술을 공유함으로써 상호 Win-Win 할 수 있는 시너지를 창출하는 사례도 늘고 있다.

(2) 기술을 전략적 도구로 최대한 활용하기 위해서는 기술의 가치를 제대로 평가하고 적극 활용하는 CTO의 리더십이 필요하다.

(3) CTO의 전략적 마인드와 리더십 중요기술의 전략적 활용도가 다양해지면서 중요해지는 것은 최고기술 관리자인 CTO의 전략적 마인드이다. 지금까지 CTO의 주요 역할은 자사의 현재 및 미래의 핵심기술을 발굴하고 R&D 조직과 프로세스를 관리하는 것이다. 지적재산권을 바라보는 관점에 있어서도 적극적이기 보다는 연구개발 과정에서 괜찮은 성과물이 나오면 특허를 신청한다는 수동적인 입장이 일반적이다.

(4) 그러나 이제는 기술을 전체적인 경영 전략의 관점에서 평가 하고 철저한 준비를 해야 한다. 어떤 기술은 철저히 보호해야 하지만 반면 어떤 기술은 개방하고 그에 상응하는 반대급부를 챙기는 것이 유리할 수 있다. CTO는 이를 전략적으로 선별하는 능력이 필요하다. 또한 최적의 파트너를 발굴하는 데 있어서도 현재 최대의 경쟁자가 최고의 파트너가 될 수 있다는 유연한 사고의 전환이 필요할 뿐만 아니라 전혀 다른 업종으로 눈을 돌려야 하는 경우가 더욱 잦아질 것임을 명심해야 한다.

(5) 특허 관리에 있어서도 연구개발이 시작되려는 단계에서 관련 특허를 철저히 분석함으로써 빈틈이나 집중적으로 공략할 부분을 찾아내어 사전에 대비해야 한다. 경쟁사 특허를 무효화 할 수 있는 단서를 찾아내거나 크로스라이센싱이 가능한 방향으로 자사 의 R&D를 집중하는 준비가 필요하다. 기술을 기술 자체의 우수성만으로 평가하는 시대는 가고 있다. 돈이 되는 기술, 시장에 미치는 파급 효과가 큰 기술만이 가치를 지닌다. 기술을 전략적 도구 로 충분히 활용하기 위해서는 기술을 평가하는 잣대부터 다시금 생각해 볼 필요가 있을 것이다. 이를 R&D 구성원들에게 이해시키고 합의를 이끌어내는 것 또한 CTO의 중요한 역할이며 리더십 을 발휘할 부분이다. 기술거래시장이 활성화 되면서 우량기업

들 간의 기술 제휴가 성사될 가능성이 높다.

3. 설계개발

설계 개발은 생산 활동이 실제 이루어지기전에 부품, 기계설비, 작업방법, 제조원가 등 생산 활동의 모든 내용을 사전에 결정하는 중요한 과정으로서 소비자(고객)의 욕구나 요구사항이 모두 포함 되어야 하기 때문에 정확한 정보의 분석이 요구된다.

설계개발이 중요한 이유는 설계개발 단계에서 결정된 내용들은 변경하기가 매우 힘들고 변경비용이 너무 크기 때문이다.

중소기업의 설계개발은 완제품을 생산하는 경우와 부품을 생산 하여 대기업에 납품하는 경우를 생각할 수 있다.

(1) 완제품을 생산하는 경우에는

① 철저한 시장조사를 통하여 소비자 요구파악하고

② 그들의 요구를 설계도에 정확하게 포함 시켜야

③ 모든 과정에서 경제적 생산이 가능 하도록 개발된 설계도를 그려내야 한다.

(2) 부품을 생산하여 대기업에 납품하는 경우

① 대기업과 정보공유를 통하여 품질과 신뢰도가 높은 부품을 생산할 수 있는 설계도를 그려내야 한다.

② 대기업납품방식(대기업 상표 부착방식과 제조업자 개발 방식)이 있는데, 향후에는 제조업자 개발방식이 각광받을 것으로 예측되는바 이를 위해서는 높은 수준의품질이나 디자인을 설계 개발 단계에서 발휘할 수 있는 기술을 확보해야한다. 설계 개발 업무 절차를 확립하여 능률적 업무 수행과 고객요구 설계, 고객 만족 및 품질 향상과 안전, 보건을 고려한 환경 친화적인 제품 설계가 되도록 관리 유지하여야 한다. 중소기업에서 제작, 생산 되는 일반적인 제품의 설계개발 업무로 수행 및 관리하여야 한다.

설계개발 절차서는 아래와 같이 작성한다.

[표 10-25] 설계개발 절차서

1. 적용 범위

본 절차서는 당사 생산 제품에 대한 개발/설계 업무를 수행하기 위한 제품의 개발/설계 관리 절차에 대해 적용한다.

2. 목적

제품의 개발/설계 관리 분야에 대한 절차를 단계적이고, 체계적으로 규정 하고,전반적인 개발/설계에 대한 요건과 책임 사항을 규정함을 목적으로 한다.

3. 용어의 정의

3.1 설계도

설계도라 함은 설계의 입력과 출력이 완료된 상태의 도면을 말한다.

3.2 제작도

제작도라 함은 각 제품에 대한 상세한 내용을 그림과 문자로 표기한 도면을 말한다.

3.3 시방서

시방서라 함은 각 제품에 대한 제작 방법을 문자로 표기한 문서를 말한다.

3.4 개발 신제품

당사에서 개발하고자 하는 신제품

3.5 표준품

당사의 표준 도면에 의거하여 현재 생산하고 있는 모든 제품을 말한다.

3.6 비표준품

고객의 요청으로 형상이나 성능 면에서 표준품을 개조 또는 변경된 제 품과 고객이 제공한 도면, 외부 출처 도면 등으로 제작된 제품을 말한다.

4. 책임과 권한

4.1 개발/설계 부서장은 제품 개발/설계의 책임자로서 설계자 및 설계 검증 방법을 선정해야 하며, 제품 개발에 대한 관련 부서의 업무 진행 사항 및 일정을 확인한다.

4.2 개발/설계 부서장은 비표준품에 대하여 고객의 사양을 접수케하고 검토 하여야 하며, 수주가 확정된 제품에 대하여 설계 품질의 적합 여부를 검토하고 해당 임원의 승인을 받아야한다.

4.3 영업 부서장은 고객의 요구 사항 및 시장 동향과 전망, 제품 개발 방향 을 개발/설계 부서장에게 제시하고 개발 검토 시 개발 제품에 대한 자료 및 정보를 입수 제공한다.

4.4 생산 부서장은 개발/설계 부서에서 배포한 설계 출력물에 의거 인원, 설비, 치공구 등을 포함하는 생산 요건을 검토하고 이를 갖추어야 한다.

4.5 관리 부서장은 개발/설계 부서에서 제공한 자료를 근거로 양질의 외주 부품을 협의된 일정 내에 공급할 책임이 있다.

4.6 관리부서장은 개발/설계 부서에서 배포한 설계 출력물에 의거 제품/부 품에 대하여

품질을 검증할 책임이 있다.

5. 업무 절차

5.1 제품 개발 제안 및 채택

제품 개발 정보 및 고객의 요구 사항에 의해 제품 개발의 아이디어를 창출하여 제안된 내용은 대표의 승인을 받아 채택한다.

5.2 설계 계획서 작성

(1) 설계 담당자는 개발 신제품과 비표준품의 설계 계획서를 작성하고, 해당 임원의 검토 및 대표의 승인을 득한다.

(2) 설계 계획서에는 설계 품명, 설계 담당자, 일정, 설계 검증 방법 등 이 표기 되어야 한다.

(3) 설계 담당은 설계 계획서에서 관련 부서의 협조가 요구될 때 관련 부서의 업무 영역을 명확히 하여 배포한다.

단, 표준품과 유사하거나 고객이 제작 의뢰한 제품 등 이미 동일한 방법으로 제작되어 성능/품질이 입증된 제품에 대해서는 설계 계획서를 작성하지 않을 수 있다.

5.3 조직적, 기술적 연계성

(1) 설계 담당자는 적절한 단계마다 사내의 관련 부서에 필요한 정보를 문서화하여 전달하고 단계별로 관련자와 협의한다.

(2) 설계 담당자는 설계 입력 시 영업 담당자를 통하여 고객의 필요한 정보를 정기적으로 검토한다.

5.4 설계 입력

설계 담당은 제품 개발에 관련된 모든 제품 표준 사양 및 설계 입력은 아래의 사항이 고려된 설계 요소를 설정하며, 일관된 설계 사양을 유지 하도록 한다.

(1) 생산 가능성

당사의 관련 조직을 통한 구매, 가공, 조립의 가능 여부

(2) 시험성

당사에서 제조한 제품에 대한 검사, 계측 시험의 가능 여부

(3) 신뢰성

제품이 수명 기간 내 고유 성능의 저하가 발생되는지 여부

(4) 성능

제품 고유의 목적하는 기는 달성 여부

(5) 보전성

제품 보수 용이성, 부품 조달 가능성, 조작의 편리성 여부

(6) 안전성

제작, 취급, 보관, 포장, 인도, 운전 등의 측면에서 안전성 여부

5.5 설계 출력

(1) 설계 담당은 설계 업무 절차에 따라 수행한 결과를 각종 설계 출력으로 문서화 한다.

(2) 설계 출력 자료에는 설계 계산서, 설계도면, 기술 사양서 기타 설계 결과로 발생된 문서를 말한다.

(3) 각종 설계 출력 자료는 다음 사항을 만족시켜야 한다.

① 설계 입력된 요건의 적합성

② 제품의 안전성 및 적절한 기능 발휘에 중요한 특성의 명확성

③ 설계 입력 정보상의 기술 여부에 관계없이 법적 요건의 적합성

④ 제품의 불합격 판정 기준 포함

5.6 설계 검토

(1) 출력된 설계 출력 문서들은 설계 단계별로 설계 입력 요구 사항이 적절히 반영되었는지 검토하고 설계 검토 내용을 기록한다.

(2) 설계 검토 시에는 개발/설계 부서장, 설계 담당자, 관련 부서장으로 하며 필요한 경우 설계 전문가를 초빙하여 검토할 수 있다.

(3) 설계 담당은 설계 검토 시 발생한 요구/시정 사항을 설계 입력에 반영한다.

(4) 설계 검토는 설계 출력물에 대하여 해당 임원이 승인하는 것으로 검토가 완료된다.

5.7 설계 검증

(1) 설계 검증

설계 검증을 수행하는 인원은 설계의 복잡도, 안전성, 중요도, 표준화 정도, 기술 수준 및 기 검증된 설계와의 유사성 등을 고려하여, 검증 정도를 결정한다.

(2) 계약 문서 또는 법규에 의거하여 아래 사항에 해당되거나 기술 제 휴선으로 입수한 도면이나 기술 자료를 인용하면 설계 검증된 것으로 갈음할 수 있다.

① 국가 기관의 검토 승인이 요구되는 경우, 이들 단체에 의해 검토 승인된 설계

② 고객이나 고객의 대리인이 설계 문서를 승인하는 경우, 그들이 승인한 설계

③ 기 검증된 설계

(3) 검증된 설계가 변경되는 경우에는 그 사항에 대한 재검증이 요구되면, 변경 사항이 전체 설계에 미치는 영향을 평가한다.

(4) 설계 검증은 "설계 검증서"에 의거하여 관련 담당자가 실시하고 해당 임원의 승인을 받는다.

5.8 설계 유효성 확인

(1) 설계 검증 후 제품의 성능이 고객의 요구 조건에 만족한다.

(2) 초도품의 검사 및 신뢰성 시험으로 설계 유효성을 확인 할 수 있다.

(3) 자체 유효성 확인이 불가할 시 공인기관에 의뢰하여 그 성적서로 대체한다.

5.9 설계 변경

(1) 일반 사항

① 설계 담당은 설계 변경에 대한 전반적인 책임이 있다.

② 설계가 진행되고 실제 생산 및 설치되는 과정에서 도면 및 사양서 등 의 변경은 가능한 최초 설계를 행한 책임 있는 조직이나 인원에 의해 수행 되어야 한다.

(2) 설계 변경 요청서 발행

① 설계 변경 요청자는 "설계 변경 요청서"에 의해 담당 부서장의 승인을 득한 후 개발/설계 부서에 요청한다.

② 개발/설계 부서장은 설계 변경을 수행한 최초의 설계에 책임이 있는 담당자를 지정한다.

③ 설계 변경 검토 시 초기 설계를 충분히 검토하여 초기 설계 의도에서 벗어나지 않도록 해야 하며, 변경 전 관련 부서에 대해 상호 기술적 연계성을 검토하여 변경한다.

④ 설계 담당은 변경 요청에 대한 채택 여부, 처리 결과 등을 변경 요청자 에게 통보하여야 할 의무가 있다.

⑤ 설계 담당자가 설계 변경 문서와 "설계 변경 요청(통보)서를 작 성 완료 하면 설계자는 이를 검토하고 "설계 검증"에 의거 설 계 확인을 실시한 후 해당 임원의 승인을 득해야 한다.

⑥ 설계 변경 내용이 고객의 승인을 받아야 할 경우, 설계 담당은 이를 영업 담당 또는 관련 부서장에게 통보하여 승인 요청 의뢰하여야 하며, 영업 부서장은 고객의 승인을 받아야 할 의무가 있다.

(3) 배포 후 사후 관리

① 설계 변경 문서가 승인 된 후 설계 담당자는 설계 변경서 설계 변경도면, 관련 규격 등 설계 출력물을 배포 관리 대장에 기록 한 후 관리본, 비관리본을 구분하여 배포하여야 하고 설계 변경 문서를 접수한 모든 부서에서는 기록 관리 규정에 따라 보관/관리한다.

② 생산 부서장은 제작상의 설계 변경에 대하여 적용 시점, 방법 등을 설계 담당과 협의하여 검토/확정 되도록 하고 지속적으로 사 후 관리를 한다.

③ 설계 변경 문서가 배포된 후 설계 담당은 설계 변경의 반영 여부, 변경으로 인한 또 다른 문제점의 발생 여부를 확인하여야 하고 미흡한 사항 은 즉각 개선 조치 되도록 한다.

④ 승인된 설계 변경대로 제품의 제작, 설치되면 설계 변경은 종결 된다.

6. 기록의 관리

본 절차서와 관련된 기록은 기록 관리 절차서에 따라 유지, 보존한다.

7. 관련 양식

양 식 명	양식번호	보존년한	관리 부서
제품 개발 개요서		영구	
설계 및 개발 계획서		영구	
설계 검증서		영구	
설계 변경 요청(통보)서		영구	

[표 10-26] 설계 및 개발계획서

<table>
<tr><td colspan="3" rowspan="3">설 계 및 개 발 계 획 서</td><td rowspan="3">결
재</td><td>작 성</td><td colspan="2">검 토</td><td>승 인</td></tr>
<tr><td></td><td></td><td></td><td></td></tr>
<tr><td>/</td><td>/</td><td>/</td><td>/</td></tr>
<tr><td>Messrs</td><td colspan="7"></td></tr>
<tr><td>Ship No.</td><td></td><td>검 토 일 자</td><td colspan="5">년 월 일</td></tr>
<tr><td>Order No.</td><td></td><td>작 성 자</td><td colspan="5"></td></tr>
<tr><td>품 명</td><td></td><td>납 기</td><td colspan="5"></td></tr>
<tr><td>1. 설계기준(목표)</td><td colspan="7">□ 고객 계약서 □ 생산지시서 □ 업무 협조전</td></tr>
<tr><td>2. 설계 입력

담당 :
_______ _______
____
NAME SIGN
DATE</td><td colspan="2">1) 고객 사양서
2) 고객 시방서
3) 고객 공급 문서
4) 강제 규정 사항
5) 해당 관련 법규
6) 고객 승인
7) 생산지시서</td><td colspan="5">□ 유 □ 무
□ 유 □ 무
□ 유 □ 무
□ 유 □ 무
□ 적용 □ 비적용
□ 유 □ 무
□ 적용 □ 비적용</td></tr>
<tr><td>3. 설계 공정

담당 :
_______ _______
____
NAME SIGN
DATE</td><td colspan="2">1) 입력 자료 해석 및 계산</td><td colspan="5">□ 불필요 □ 필요</td></tr>
<tr><td>4. 설계 출력
문서

담당 :
_______ _______
____
NAME SIGN
DATE</td><td colspan="2">1) 고객 승인 도면 발행
2) 설계 계산서 작성
3) 설계 도면 작성
4) 제작 도면
5) 검사 및 시험 계획서 작성 (I.T.P)</td><td colspan="5">□ 불필요 □ 필요
□ 불필요 □ 필요
□ 불필요 □ 필요
□ 불필요 □ 필요
□ 불필요 □ 필요</td></tr>
</table>

5. 설계 검토 및 검증 담당 : ——— ——— ——— NAME SIGN DATE	1) 설계 검토 2) 대체 계산 3) 유사 설계 비교 4) 검증(실증)시험	□ 불필요 □ 필요 □ 불필요 □ 필요 □ 불필요 □ 필요 □ 불필요 □ 필요
6. 설계 유효성 확인 담당 : ——— ——— ——— NAME SIGN DATE	1) 시험 성적서 (TEST RECORD) :유효성 확인을 설계 검증 보고서로 대체함	□ 불필요 □ 필요

[표 10-27] 도면관리절차

◆ 도면관리절차◆

1. 적용범위

본 절차서는 도면의 작성, 승인, 발행, 변경 및 보관 관리 절차에 대하여 적용한다.

2. 목적

도면의 작성의 명확성과 보관 관리를 효율적으로 운영하는데 목적이 있다.

3. 책임과 권한

3.1 개발/설계 부서장

(1) KS A0005(제도 통칙)에 따라 정확하게 작성할 책임이 있다.

(2) 승인된 도면은 관리를 철저히 할 책임이 있다.

3.2 사용 부서장

(1) 배포된 도면 및 문서의 보관 관리

(2) 변경 도면의 회수 및 반납

4. 업무 절차

4.1 도면 작성

(1) 설계 담당자는 도면 작성에 필요한 설계 입력을 식별하고 관련 설계 표준 및 관련 자료 등을 근거로 도면을 작성한다.

(2) 도면 작성 시 완료되지 않은 도면을 배포하고자 할 경우에는 완료 되지 않은 도면에 참고용 표시로 구분한다.

(3) 모든 도면 작성은 CAD로 작성하는 것을 원칙으로 하나 경우에 따 라서 수기로 작성할 수 있다.

4.2 도면의 규격

도면 (청사진 포함)의 크기는 KS A5201 종이의 재단치수 A열의 A0부 터 ROLL에 준한다.

A0 : 841(세로) × 1189(가로)

A1 : 594(세로) × 841(가로)

A2 : 420(세로) × 594(가로)

A3 : 297(세로) × 420(가로)

A4 : 210(세로) × 297(가로)

ROLL : 841(세로) × ROLL(가로)

4.3 도면 검토 및 승인

(1) 도면 검토 및 승인은 "설계 개발 업무 절차서"의 설계 검토 요령에 따라 이루어져야 한다. 이때 고객의 요구 사항 또는 관련 부서의 요구사항이 있으면 반영되어야 한다.

(2) 도면 번호의 부여 방법과 해당 관련 부서가 정확하게 기록 되었는지 확인 한다.

(3) 검토자는 도면에 대하여 다음과 같이 검토를 한다.

① 정확성 ② 설계 요건의 일치성

③ 완결성 ④ 적용 규격 및 표준의 준수성

⑤ 인터페이스 ⑥ 관련도면, 타분야 작성 도면과 일치여부

⑦ 치수 ⑧ 상호 관계

⑨ 불필요한 중복 기록 ⑩ 간섭 사항

⑪ 제작 및 작업성

(4) 최종 승인자는 완성된 도면을 검토하고 승인한다.

4.4 도면 등록

(1) 도면 작성이 완료되면 설계 담당자가 "도면 관리 대장"에 기록한다.

(2) 최종 승인도에 한하여 등록한다.

(3) 설계 변경 등에 의해 개정된 도면도 (1), (2)와 같은 절차로 실시한다.

4.5 도면 번호의 구성 체계

DT - ☐ ☐ ☐

(001~999)

4.6 도면 개정

(1) 도면 개정은 최초 설계자가 개정하는 것을 원칙으로 한다.
단, 최초 설계자가 없을 경우에는 동일 업무를 수행하는 설계 담당자가 수행하여야 하며 수행 시 해당 임원의 승인을 득한 후 수정 되어야 한다.

(2) 도면이 개정되면 개정된 부분에 기호로 표시한다.

(3) 도면을 개정하고자 할 때는 설계 검증 절차가 완료된 후 도면을 개정한다.

(4) 관리본에 대하여 도면이 개정되었을 경우 구본은 반드시 회수하고 항상 최신본이 유지되도록 관리한다.

4.7 외부 도면

(1) 타사로부터 받은 도면은 개발/ 설계 부서에서 관리한다.

(2) 타사 도면을 당사 승인도로 사용 시 원도의 효력을 발휘하기 위해서 는 승인 절차를 득한 후 개발/설계부에 원본 등록한다.

4.8 도면 열람

(1) 도면은 도면 담당자 외에는 열람을 할 수 없는 것을 원칙으로 한다.
불가한 경우는 도면 담당자와 함께 열람을 할 수 있다.

(2) 타부서의 독자적인 도면 열람은 절대 불가하며 개발/설계 부서장의 사전 승인 후 열람 할 수 있다.

4.9 도면 복사

도면 담당자는 도면 출도 요구 수량을 초과하여 복사할 수 없으며, 복사중 이상이 있는 도면은 폐기한다.

4.10 도면의 출도

필요에 따른 도면 출도는 도면 관리 담당자가 “도면 배포, 회수대장” 에 등재한 후 출도 한다.

4.11 도면 반납 및 폐기

사용 부서에서 부관하고 있는 개정된 구본 또는 참고용 도면에 대하 여 사용이 완료되면 담당 부서장의 책임 하에 폐기할 수 있다.
단, 개발/설계부의 회수 요구가 있는 도면은 반드시 반납되어야 한다.

5. 기록의 관리

본 절차서에 관련된 기록은 기록 관리 절차서에 따라 유지, 보존한다.

6. 관련문서

6.1 설계 및 개발 관리 절차서 (DEQP-420)

7. 관련 양식

[표 10-28] 도면관리대장

도 면 관 리 대 장									
No.	도 면 명	도 면 번 호	배 포 처	개 정 현 황					비 고
				△	△	△	△	△	

제 5 절 중소기업의 재무부문 전략

1. 재무관리 의의

재무관리는 기업의 자본조달결정, 투자결정, 배당결정에 관한 기능을 계획적으로 관리하는 활동을 말한다.

중소기업의 도산 원인으로 지적 되고 있는 것은 자금난이다.

기업의 자금난은 여러 가지 요인들이 복합적으로 작용하여 일어난다.

외상매출이 늘어나면서 회수가 안된다던지, 인력을 잘못 채용 하였다던 지, 사장의 경영 능력이 부족하여 경영을 잘못하였던지 모든 내용들은 경국은 자금과 관련되어 있다.

중소기업의 재무활동은 단순히 기업의 경영활동에 따르는 현금 출납, 기장, 재무 분석, 재무적 의사결정 등과 같은 재무적인 면을 직접적으로 관리 하는 것만이 아니라, 기업의 이익목표 달성에 적합 한 활동을 주된 내용으로 한다.

중소기업의 성공과 실패요인은 재무적 개념에서 파악 되어야 한다.

중소기업이 많은 자산을 보유하고 있으면서도 지불능력 부족으로 기업의 신용상태를 악화시켜 기업을 부실하게 만드는 것을 흔히 볼 수 있다. 재무관리의 궁극적인 목표는 기업의 이익 확보와 기업 가치의 극대화에 있다고 할 수 있다.

2. 재무관리 원칙

중소기업이 재무관리를 위해서는 합리적인 재무관리 원칙을 준수하며, 기업의 재무건전성을 유지. 향상시키고 재무적 의사 결정의 합리화를 추구하는 것을 목표로 하여야 한다.

(1) 수익성의 원칙

이는 기업의 적정 이익을 적정 수준 이상으로 추구해야 한다는 원칙

(2) 자본유치의 원칙

중소기업이 보유 하고 있는 자본을 유지. 보전 하면서 자본을 충실하게 활용해야 한다는 원칙

(3) 계속기업의 원칙

중소기업은 계속기업으로서 유지. 존속은 물론 모든 성장. 발전에 필요한 적정이익을 획득해야 한다는 원칙

(4) 안전성의 원칙

자지자본과 타인 자본의 구성을 건전하게 하여 재무 안전성을 유지해야 한다는 원칙

(5) 유동성의 원칙

유동성이란 기업의 지불능력을 말한다. 유동성원칙은 기업경영 활동에 필요한 유동성을 확보하기 위한 순 운전 자본을 적정수준에서 유지해야 함을 전제로 운전자본의 적정 수준 유지로 적정 수준의 지불 능력을 갖도록 하는 것이 재무 유동성의 사명 이다.

3. 중소기업의 자본조달

(1) 자본조달의 의의와 원천

기업 자본은 창업을 준비하고 추진하는 과정에서 도 자금이 필요하다. 중소기업은 체질적 특성으로 인하여 기업의 담보력이 약하고 금융기관의 신용거래가 용이하지 않다. 그리고 자본조달 원천이 다양하지 않아 사금융 의존도가 높기 때문에 자본조달에 한계성이 있다.

(2) 자본조달의 결정요소

중소기업의 자본조달은 자기자본, 타인자본, 으로 구성된다. 일상적인 운영이나 성장에 필요한 추가자본 조달의 필요성을 느끼며 기업이 자금 조달을 할 때 고려 요소는 아래와 같다.

① 자본조달 코스트

기업이 자본을 조달할 때 어느 원천에서 조달 할 것인가를 결정 하는데 중요시 되는 것을 자본 비용이라 한다.

원천 중에서 자본 비용을 비교하여 가장 저렴한 원천을 선택해야 한다.

② 자본조달의 시기

자본조달 시기결정은 자본 비용에 못지않은 중요한 요소이다.

조달시기를 잘못 결정하여 비용이 높은 원천을 택해야 할 경우 가 흔히 있다.

③ 소유권과 경영통제

기업이 자본을 조달할 때 중요시해야 하는 것은 소유권과 경영권에 미치는 영향을 고려하는 것이다.

그러므로 대주주의 입장에서 소유권과 관련하여 안심할 수 있는 자본조달을 하여야 한다.

④ 재무위기

재무위기는 기업의 자금 중 타인자본 의존도가 높으면 높을수록 기업의 재무적 위험도는 높아진다.

자본조달의 원천을 결정할 때 고려해야 할 또 하나의 요소는 재무위기다.

⑶ 장기자본의 조달

장기자본은 주식발행, 자기금융, 사채발행 등으로 구분할 수 있는데 중소기업이 설비투자를 위한 자금과 장기성 운전자금을 조달하기 위해서는 장기자본에 의존 하는 것이 유리하다

장기 자본조달은 단기 자본조달과 달리 빈번하게 조달 하는 것이 아니므로 자본조달 비용과시간이 많이 소요 된다는 사실에 유념해야 한다.

① 주식발행

주식은 주식회사(법인)가 자기자본을 조달하기 위한 수단으로 발행하는 유가증권이다. 자본조달시 주식발행의 장점은 아래와 같다.

- 주식자본은 차입금과 달리 확정이자를 지급하지 않기 때문에 기업이 존속 하는 한 계속 사용할 수 있다.
- 주식자본은 이자지급을 하지 않으므로 재무건전성을 유지할 수 있을 수 있을 뿐만 아니라 기업의 체질강화에 기여한다.
- 미래에 기업이 차입금을 조달할 수 있는 능력을 강화할 수 있다.

② 자기금융

자기금융은 주주나 출자자로부터 자본을 새로 조달하는 것이 아니라 회사가 경영활동에서 발생한 이익금의 일부를 사내 유보 형식으로 자금을 자체적으로 조달하는 것을 말한다.

③ 사 채

사채는 주식과 함께 증권금융의 2대 원천을 이루고 있는 장기성 타인자본이다. 사채의 특징은 기업의 경영성과, 기업의 손익과 관계없이 원금과 확정 이자를 지불해야 하는 채무증권이다 사채를 갖고 있는 사람을 채권자라 하여 기업파산이나 해산시 주주보다 우선하여 상환 받을 권리가 법적으로 부여되어 있다

일반적으로 사채는 지급이자보다 높은 이익을 얻을 수 있을 때에 발행한다. 즉, 자기자본을 조달할 때 보다 더 많은 수익을 얻을 수 있으면 사채를 발행하여 소요자금을 조달하는 것이 유리하다.

사채의 특성을 보면 아래와 같다.

- 기업경영성과와 관계없이 액면가에 대한 확정이자를 청구할 권리가 있다.
- 약정된 만기일에 원금을 상환 받을 권리가 있다.
- 회사가 해산 될 경우 잔여재산의 분배는 주주에 우선하여 받을 권리가 있다.
- 사채는 회사의 출자지분을 구성하고 있지 않으므로 반제의무를 갖는다.

(4) 단기자본의 조달

기업의 다니자본 원천은 은행차입을 비롯하여 매입채무, 리스, 신용보증, 사채 등을 들 수 있다.

① 은행차입

중소기업에서 급하게 필요한 자금은 은행에서 빌리는 것이 유익하다. 기업의 경영성과가 좋고 은행과의 거래과정에서 신용이 두텁게 형성 되어 있으면 어려움은 없을 것이다.

신용을 바탕으로 빌리는 것에는 한계가 있으며 대부분의 은행에서는 담보를 요구하고 있다.

② 매입채무

매입채무는 기업이 구입한 제품, 원료, 장비 등에 대하여 대금 지불을 늦춤으로서 발생 하는 부채를 말한다. 매입채무는 신용 거래가 확대되면서 널리 이용되는 타인자본의 한 형태로서 기업에서 활용하는 것이 일반화 되어있다.

③ 리 스

리스란 일정한 자산을 구입하여 이용자에게 빌려주고 사용료를 받는 제도이다. 기업 측에서 리스를 이용하면 많은 자금을 투입하지 않고 고가 장비를 이용할 수 있다.

리스는 사업자금을 직접 조달하는 방법이라고 할 수 없지만 고가 장비구입 등 사업자금을 줄임으로서 소요자금을 조달하는 것과 같은 효과를 얻을 수 있다.

④ 신용보증

신용보증 제도는 직접자금을 지원해주는 것은 아니지만 타인 자본의 조달을 보증해 주는 제도로서 널리 활용되고 있다.

중소기업은 담보력이 약하기 때문에 은행대출에 어려움이 많다. 이때 기술신용보증기금이나 신용보증기금을 이용하여 신용을 보증 받을 수 있다.

⑤ 팩토링

팩토링이란 금융기관이 기업의 외상매출금, 받을 어음, 등 매출 채권을 매입 하면서 자금을 공급 하는 제도이다.

중소기업이 이 제도를 이용하면매출채권의 회수는 물론 채권 관리에 따르는 부담이 줄어들면서 기업은 자금 조달 효과를 갖게 된다.

4. 자본의 운용

조달된 자본의 운용은 기업의 목적 달성에 직결되는 투자의 성격을 띠고 있기 때문에 합리적이고 적절한 관리가 필요하다.

(1) 기업에 조달된 자본

고정자산과 유동자산에 투입 되었으며 일부는 운전 자본으로 활용

된다. 자본운용과 관련하여 운전 자본관리, 판매대금 회수관리, 어음관리, 자본예산의 편성에 한정하여 살펴본다.

⑵ 운전자본의 관리

운전 자본은 기업경영과정에서 일상적으로 운용되는 자금을 말한다. 유동자산에서 유동부채를 제한 순운전자본을 의미한다.

운전자본의 관리는 유동자산의 관리는 물론 유동부채의 관리를 포함한다. 재무관리를 잘 한다는 것은 운전자본의 관리를 잘 하는 것으로 볼 수 있다. 기업의 지불능력을 유지 할 수 있으므로 기업의 흑자도산이나 부도를 사전에 예방 할 수 있다.

⑶ 판매대금 회수관리

중소기업의 큰 경영 애로점으로 판매대금 회수 부진을 꼽을 수 있다. 기업의 매출채권 과다현상은 기업의 5대질병중 하나로 매출 채권을 적기에 회수하지 못하면 자금운용이 어려워지고 심할 경우 도산하게 된다.

⑷ 어음관리

신용사회가 형성 되면서 기업 간의 거래도 약속어음에 의한 신용거래가 증가하고 있다. 그러나 상거래에서 가능한 약속어음 발행을 줄이는 것이 바람직하다,

하청 중소기업이 대기업에 물품을 납품한 후 납품대금으로 약속 어음을 받는 경우가 있는데 약소어음의 지급일자를 3~4개월 후로 함으로서 중소기업의 자금사정이 어려워진다.

중소기업은 철저한 어음관리로 피해를 입지 않도록 해야 한다.

⑸ 자본예산의 편성

중소기업을 과학적인 경영활동을 해야 하는데, 합리적인 자본 운용을 위해서 예산을 편성하고 각부부문에서 추진목표가 설정되고 기업의 이익계획, 재무상태 등에 대한 목표도 설정된다.

중소기업은 최소한 판매예산, 생산예산, 제조원가예산, 판매비 및 관리비 예산, 현금예산은 반드시 편성하여 운영해야 한다.

제11장

중소기업의 금융 및 발전방안

제1절 중소기업금융의 의의

제2절 최근의 중소기업 금융지원제도의 개요

제3절 중소기업금융의 과제와 개선방향

제4절 중소기업의 중요성

제5절 우리나라의 중소기업

한 나라 경제의 개방화 정도와 기업경쟁력이 높고 낮음은 금융에 관련된 자료만 보더라도 알 수 있듯이 금융이란 기업에게 동맹과도 같은 역할을 한다. 따라서 원활한 기업 활동은 금융에 관련된 대출제도, 금융지원제도, 창업지원제도 등이 기업에게 편리하고 유리하게 존재하는 것이 전체가 된다.

그러나 중소기업은 대기업에 비하여 자본력이 빈약하고 여러 가지고 물적 요소도 취약하여 금융 면에서도 매우 불리한 것이 사실이다. 중소기업에게 불리한 금융이란 결국 중소기업의 성장이나 발전을 저해하는 것이기도 하다.

본 장에서는 중소기업 금융의 역할과 중요성 및 우리나라 중소기업 금융 지원제도 및 과제와 발전방향을 살펴본다.

제1절 중소기업금융의 의의

1. 중소기업의 경제적 역할

우리나라에서 중소기업은 대기업에 대한 보완적 역할, 고용증대효과, 높은 수출비중, 지역사회개발에의 공헌 등으로 경제적 중요성이 갈수록 커지고 있다. 더욱이 현재와 같이 산업의 분업화가 갈수록 성행하고 있는 상황에서 중소기업의 경제적 비중이 매우 크다. 중소기업의 경제적 역할을 열거하면 다음과 같다.

첫째, 중소기업은 대기업과 보완관계에 있어 산업간 균형자의 역할을 하고 있다. 즉, 중소기업은 대기업, 경공업은 중공업 그리고 소비재공업은 생산재고업과 서로 밀접하게 관련되어 있기 때문에 경제의 안정 성장을 위해서는 이들 산업이 균형 있게 발전하여야 한다. 즉, 대기업이 발전되기 위해서는 중소기업의 균형 있는 발전이 전제되어야 한다.

둘째, 기계화가 어렵고 노동집약적인 제품생산의 경우 중소기업의 유리한 경우가 많다. 중소기업은 노동집약적이므로 자본의 회임기간이 짧고 고용흡수도가 높기 때문에 소득증대와 고용증대에 크게 기여한다.

셋째, 중소기업은 내적 경제구조와 자본 및 기술구조로 보아 수출

산업으로서도 중요한 위치를 차지하고 있다. 고도로 기계화되고 대규모 생산설비에 의하여 생산되는 표준화된 제품으로 대외경쟁을 하기가 불리한 처지가 되어버린 우리나라로서는 수출증대를 위하여 국제경쟁력에서 우위에 있는 노동집약적인 중소기업 제품의 수출에 힘쓰지 않을 수 없다.

넷째, 중소기업의 발전은 지역 간 균형발전의 토대가 된다. 중소기업은 지방 산업으로서 광범위하게 위치하고 있으므로 중소기업의 발전은 지역경제개발에 유용한 역할을 하게 되어 경제의 지역적 균형발전을 이루게 한다.

다섯째, 중소기업은 산업에서 중간자로서 역할을 한다. 즉, 기간산업은 자본의 회임기간이 장기적이기 때문에 투입된 자본의 생산효과가 더디게 나타나지만, 중소기업은 생산효과가 신속하게 때문에 경제성장을 위한 안정성을 확보하는데 기여한다.

여섯째, 중소기업은 정치적 및 사회적 안정성을 형성하는데도 기여한다. 국민경제와 사회의 내실화를 위해서는 중산계급의 비중이 커야 하는데, 그러한 중산계급의 확대는 고용 면에서 상당한 비중을 차지하고 있는 중소기업의 건전한 발전에 의하여 가능하다.

더욱이 최근 수용가 다양화, 개성화됨에 따라 다품종 소량생산의 수요가 증대되고 있다. 또한 조직의 확대에 따른 조직 자체의 경직성이나 인간성의 소외 등이 문제시되고 있기 때문에 대기업 못지않게 중소기업의 존립의의가 중요함을 인식할 수 있는 것이다. 그 뿐만 아니라 중소기업은 자본사용에 매우 효율적이며 기타 자원들을 동원함에 있어서도 높은 효율성을 지니고 있다.

요컨대 중소기업은 국민경제의 소단위로서 지속적인 경제성장과 산업구조고도화 및 수출기반강화를 뒷받침하는 산업구조의 기초이다. 또한 소득분배상의 균형유지를 위한 촉매기능 및 생산, 고용, 유통, 가격 등의 면에서 국민경제의 안정성 역할을 담당하고 있기 때문에 건전한 중소기업의 육성은 매우 긴요한 것이다.

즉, 중소기업의 건실한 육성은 각 산업부분의 격차해소와 생산성의 제고를 위한 경제 정책적 목표에서 뿐 아니라 사회적 안정 기반 조성에 불가결한 중산층의 확대와 고용기회의 창출 및 소득발생 등을 위한 사회 정책적 측면에서도 의의가 매우 크다. 그런데 이러한 중소기업의 발전을 제약하는 요인은 자산의 취약성에 의한 자금부족으로서 중소기업의 자금부족을 해소하기 위한 금융시책은 곧 중소기업 육성정책의 근간이 된다. 더욱이 중화학공업화의 진전에 따른 산업구조의 고도화 과정에 있어서 중소기업은 경쟁력 강화와 시설근대화를 위한 자금수요가 증가하고 있다.

2. 중소기업금융의 특수성

최근 급변하는 환경변화는 대기업보다 중소기업에 상대적으로 큰 타격을 주고 있다. 즉, 중소기업은 자본규모가 영세하므로 대규모의 설비를 도입하거나 기술진보에 적응하기가 쉽지 않기 때문에 대기업에 비하여 경쟁에서 열세에 놓이게 된다. 또한 개인에 의해 운영되는 경영상의 후진성으로 경영합리화가 어렵고, 모기업에의 납품, 가공의뢰 등 대기업에 종속되고 있는 경우가 많다.

이러한 특징은 지닌 중소기업의 금융문제는 일반적으로 대기업에 비하여 자금조달의 면에서 미약하거나 혹은 불리한 입장에 놓이게 되는 것이다. 중소기업이 자금조달 면에서 직면하는 불리성은 중소기업의 본질, 그 자금수요의 성격 및 금융기관의 자금공급 면에 관련되는 여러 요인에 기인하고 있는데, 그 중 중요한 것을 들면 다음과 같다.

첫째, 중소기업은 대출대상으로서 안정되어 있지 않다. 중소기업이 여러 면(신용, 기술, 자금동원 능력 등)에서 대기업보다 안정되어 있지 않다는 것은 명백한데, 특히 많은 중소기업은 기술면에서 낙후되고 시장면에서도 불리한 위치에 놓여 있어 경영이 안정되어 잇지 않기 때문에 금융권에서 대출을 회피하는 경우가 많다.

둘째, 중소기업은 금융권으로부터의 대출에 관련된 자료를 충분히 갖추고 있지 않은 경우가 많다. 금융기관은 대출을 할 때 기업의 사업계획, 재무상태 및 시장전망 등에 관심을 갖는다. 그러나 중소기업은 일반적으로 조직적이고 공식적인 경영계획 수립과정을 갖추고 있지 못하다. 또한 기장과 원가관리 등의 경리 면에서 금융기관을 납득시킬 수 있는 자료를 충분히 갖고 있지 않은 동시에, 제품에 대한 시장분석을 체계적으로 실시하고 있는 경우도 적다.

셋째, 중소기업에 대한 금융의 특징은 일반적으로 건당 자금규모는 적고 건수가 많다. 중소기업은 대기업에 비하여 1건당 자금수요액이 적은 동시에 건수가 많기 때문에 중소기업 대출에는 금융코스트가 상대적으로 많이 소요된다. 즉, 융자코스트는 융자금액의 많고 적음에 따라 큰 차이가 없으므로 중소기업의 소액대출은 금융기관의 대출대상으로서 대기업에 비하여 매력이 적다.

넷째, 중소기업은 적절한 담보조건을 가지고 있지 못하다. 만약 중소기업의 경영이 불안정한 경우라도 충분한 물적 담보를 갖고 있다면 금융기관은 융자에 응할 수 있을 것이다. 그러나 중소기업은 신용도가 미약하고 물적 담보도 부족한 기업이 대부분이며, 특히 영세기업이나 역사가 짧은 기업은 부동산 등의 물적 담보도 가지고 있지 못한 경우가 많다.

다섯째, 중소기업은 기업 간 신용에 있어서도 불리한 입장에 놓여 있다. 즉, 중소기업은 거래에 있어서 신용을 받아야 할 때는 받기 어렵고, 반대로 신용을 주어야 할 경우에는 신용공여를 할 수 없는 경우가 많다. 이러한 신용문제는 금융기관으로부터 융자를 받는 데 불리한 요소가 된다.

여섯째, 금융기관의 대출한도규모가 적은 것도 중소기업이 대출을 받는데 어려움을 준다. 금융기관의 가용자금이 부족하여 자금수요가 자금공급능력을 크게 상회하고 잇거나 대기업의 자금수요가 매우 큰 경우에는 금융기관은 거래관계가 깊은 대기업에 우선적으로 자금을 할당하고, 전술한 바와 같은 불리한 점을 지닌 중소기업에 대한 대출은 꺼리는 것이 보통이다.

이상과 같은 중소기업 금융상 특징은 금융기관이 대출대상으로서 중소기업을 꺼리게 되는 이유인데, 이 때문에 정부는 이러한 불리한 면들을 보완할 수 있는 여러 가지 정책을 도입하여야 할 필요가 있다.

3. 기업자금의 종류

기업이 기업 활동을 영위하기 위하여 자금의 조달과 운영은 매우 중요하다. 조달되는 자금의 성격과 내용에 따른 여러 가지 특징을 고려하여 자금 활용을 꾀하여야 한다. 다음은 일반적으로 구분하여 기업자금들을 간단하게 구분한 것이다.

⑴ 자기자본과 타인자본

자금의 귀속에 따라 자기자본과 타인자본으로 분류 하는데, 자기자본이란 내부자금과 주식발행으로 조달한 자금으로서 상환의무가 없는 자금을 말하고, 타인자본이란 대출이나 회사채 발행 등에 의한 차입금으로서 장래에 상환의 의무가 있는 자금을 말한다.

⑵ 내부자금과 외부자금

자금의 조달경로에 따라 내부자금과 외부자금으로 분류하는데, 내부자금이란 기업의 내부유보 및 감가상각비 등 기업 내부적으로 조달하는 자금을 말하며, 외부자금이란 금융기관으로부터의 장기, 단기 차입금 및 주식, 사채 등 증권시장으로부터 조달하는 자금을 말한다.

⑶ 단기자금과 장기자금

자금의 상환기간에 따라 단기자금과 장기자금으로 분류하는데, 단기자금이란 통상 1년 이내의 자금을 말하며, 장기자금이란 1년 이상의 자금을 의미한다.

⑷ 운전자금과 시설자금

자금의 용도에 따라 운전자금과 시설자금으로 분류하는데, 운전자금이란 기업의 운영에 소요되는 자금으로서 1년 이내의 단기자금이 대부분을 점한다. 시설자금은 토지, 건물, 기계의 구입을 위해 필요한 자금으로서 1년 이상의 장기자금이 대부분이다.

⑸ 재정자금과 금융자금

재원의 성격에 따라 재정자금과 금융자금으로 분류하는데 재정자금이란 정부가 산업정책의 일환으로 특정 산업이나 특징 부문에 지원하기 위해 조세 등으로 조달한 자금을 말하며, 금융자금이란 금융기관이 자체 조달한 자금을 말한다.

(6) 원화자금과 외화자금

통화표시에 따라 원화자금과 외화자금으로 분류하는데, 원화자금이란 원화표시로 대출하여 원리금의 상환도 원화로 이루어지는 것을 말하며, 외화자금이란 특정 외화표시로 대출하여 원리금의 상환이 해당 외화로 이루어지는 자금을 말한다.

외화자금 대출은 원칙적으로 해외에서 조달하여 해외로 부터의 시설도입 등 해외지급을 위한 자금에 한해 융자해 주도록 하고 있으나 현재 예외적인 경우로서 중소기업의 국산기계 구입자금, 신규개발 국산기계 구입자금 등 국내 지급을 위한 자금에도 일부 허용하고 있다.

제 2 절 최근의 중소기업 금융지원제도의 개요

1. 중소기업 금융지원정책의 기본방향

우리나라의 현행 중소기업 금융지원정책은 사업구조 고도화 차원에서 국가 경제적으로 기여도가 크고 성장성과 자생력이 있는 중소기업에 대한 지원에 초점을 맞추고 있는데, 지원방식은 단기응급조치적은 금융지원보다는 장기적 관점에서 중소기업의 경쟁력을 키우기 위한 품질 및 기술력의 향상과 중소기업의 경영여건개선에 중점을 두고 운전자금보다는 장기저리의 시설자금 위주로 지원하고 있다.

그 동안 금리자유화 등 금융자율화, 국제화 진전에 따라 금리 면에서도 시장기능을 살려나가는 한편 시용대출 활성화, 보증확대 등을 통한 자금의 이용가능성을 증대시키는 방향으로 나아가고 있다.

2. 중소기업 금융지원제도

우리나라의 중소기업 금융지원제도는 정부의 재정자금으로 부문별, 기능별로 지원하는 장기저리의 재정자금 대출제도, 중소기업 전담은행제도, 금융기관의 금융자금대출시 중소기업 우대제도, 중소기업 신용보완제도, 자본시장을 통한 자금조달 지원제도, 중소기업 창업지원제도 등으로 구성되어 있다.

⑴ 재정자금 대출제도

정부는 각 부처에 재정자금을 설치하여 중소기업의 구조개선, 창업 등을 지원함으로써 중소기업의 발전을 도모하고 있는데 재정자금은 대부분 금융기관에 위탁되어 금융기관을 통하여 공급되나 그 중 일부는 중소기업진흥공단을 통하여 직접 대출되기도 한다. 일반금융자금에 비해 대출기간이 장기이고 금리수준도 낮은 것이 특징이다.

이 제도는 종류별로 지원 대상, 총 지원규모 및 업체별, 자금용도별 지원한도가 정해져 있으며 자금의 추천기관 및 배정시기도 다르다.

⑵ 중소기업 전담은행제도

중소기업은행, 국민은행 등 중소기업 전담 은행들은 일반자금 외에 중소기업 부도방지 특별자금, 소기업자금 등 중소기업에 대한 특별자금을 마련하여 지원하고 있는데, 이러한 자금의 재원은 전담은행들이 자체 도달한 금융자금으로서 지원 대상 업체 신용평가나 업체다 적정지원규모 등의 판단에 있어 다른 종류의 금융 자금 대출에 비해 그 제도나 절차가 간소하지만 일반적으로 금리 면에서는 차이가 없다.

⑶ 중소기업에 대한 금융자금대출 우대제도

금융당국은 중소기업에 대한 금융자금 배분 확대를 위해 금융기관 대출 중 일정비율 이상이 중소기업에 지원되도록 하는 "중소기업 대출비율제도"를 시행하고 있다.

한국은행 총액대출한도(재할인)의 은행별 한도 배정 및 은행의 경영 평가 시에 중소기업 대출실적을 반영함으로써 은행의 중소기업에 대한 대출 확대를 유도하고 있다.

중소기업대출비율제도는 1964년 4월 중소기업에 대한 자금지원 강화를 목적으로 도입하였다. 동 제도는 고용과 생산 면에서 중요한 역할을 담당하고 있으면서도 신용도와 담보력 부족으로 대기업에 비해 상대적으로 금융자금을 이용하기 어려운 중소기업에 대하여 금융기관이 원화금융자금대출 증가액 일정비율(시중은행 45%, 지방은행 60%) 이상을 지원하도록 하는 제도이다. 중소기업대출비율을 준수하지 못한 은행에 대해서는 총액대출한도에서 미준수금액의 일정비율 해당액을 차감하고,

이를 동 비율을 준수한 은행에 추가로 배정하고 있다.

또한 각 은행에 대해 중소기업 지원기구의 설치 및 중소기업에 대한 우대지원제도 등을 마련하여 운용토록 독려함으로써 중소기업에 대한 자금지원이 활성화되도록 노력하고 있다.

3. 중소기업 신용보완제도

신용보완제도는 신용보증기관이 담보가 부족한 중소기업에 신용 보증서를 발급해 줌으로써 이들 중소기업이 은행 등 금융기관으로부터 자금을 원활히 융통할 수 있도록 하는 제도이다.

이러한 신용보증기관에는 신용보증기금, 기술신용보증기금, 지역신용보증재단 등이 있는데 기관별로 설립목적이 달라 취급업무에 다소의 차이가 있다.

(1) 신용보증기금

신용보증지금(이하 신보)은 1974년 신용보증기금법의 제정으로 1976년 독립기구로 발족하였다. 신보는 신용보증, 대위변제와 구상권행사, 신용보험 등의 업무를 수행한다. 보증에는 대출보증, 지급보증의 보증, 사채보증, 납세보증, 어음보증, 제2금융보증, 시설대여보증, 이행보증, 무역어음인수담보보증, 상거래담보 및 담보부 보증 등이 있다.

보증잔액은 2008년 말 현재 31.7조 원에 이른다. 사치향락업종은 제외한 모든 업종에 대해 보증이 가능하나 총 보증금액의 60% 이상을 중소기업에 보증토록 의무화되어 있으며 실제 중소기업에 대한 보증이 거의 대부분이다.

신보는 보증기업이 채무상환을 하지 않으면 금융회사 등 채권자의 보증 채무이행 청구에 의하여 보증 채무를 대위변제하고 채권자로부터 채무자에 대한 구상 권을 취득하여 행사한다. 보증부실률은 2007년 2.5%이었다.

신용보험은 중소기업이 물품이나 용역을 제공하고 무재라고부터 받은 어음을 보험에 가입하여 그 어음이 부도처리 될 경우 보험금을 지급받는 제도로서 신보만이 취급하는 업무이다. 외상매출채권 보험제도도 있다.

신용보증기금의 자본금에 해당하는 기본재산은 정부, 금융회사 및 기업의 출연금으로 조성되고 있다. 2008년 말 현재 기본재산은 3.7조 원이며 운용배수는 8.5이다. 금융회사(은행)는 출연대상 대출금 잔액의 0.432%에 해당하는 금액을 출연하여 이 중 신보가 0.26%p, 다음에 설명할 기술신용보증기금이 0.15%, 지역신용보증재단이 0.022%p를 각각 배정받는다.

(2) 기술신용보증기금

기술신용보증기금(이하 기보)은 1988년 중소기업의 기술개발을 촉진하고 담보력이 미약한 기업의 자금조달을 지원하기 위하여 '신기술사업 금융지원에 관한 법률'에 의거 설립되었다. 기보는 신보와 유사한 업무를 수행하지만, 보증의 중점대상을 신기술사업자로 한다는 점에서 차이가 있다. 기보의 주요업무는 기술신용보증, 일반신용보증, 기술평가, 구상권행사, 재보증 등이다. 기보는 총 보증금액의 75% 이상을 기술신용보증에 투입하도록 의무화하고 있다. 2008년 말 총 보증잔액은 12.6조 원이며 이 중 기술혁신기업에 대한 지원이 75%를 조금 상회하고 있다.

기보의 기본재산은 정부, 금융회사 및 신기술사업금융업자로부터의 출연금으로 구성된다. 2008년 말 현재 기본재산은 1.7조 원이고, 운영배수는 7.3에 이른다. 금융기관(은행)과 신기술사업금융업자는 출연기금대상 대출금 잔액의 0.15%와 0.3%를 각각 출연한다.

(3) 지역신용보증재단

지역신용보증재단(이하 지역신보)은 1999년 지역신용보증재단법 제정에 따라 설립되어 현재 각 도 및 특별시, 광역시에 각각 1개씩 총 16개 재단에 있다. 또한 전국신용보증재단 연합회(이하 연합회)가 있다.

지역신보는 지역 내 소기업, 소상공인 등의 채무를 보증하며, 보증의 재원이 되는 기본재산은 지방자치단체의 출연금, 금융회사의 출연금, 기업의 출연금 등으로 조성되며 정부도 동 목적으로 시, 도에 보조할 수 있다.

연합회는 지역신보에 대한 재보증 업무를 수행한다. 과거에는 신용보증기금과, 기술신용보증기금이 이 재보증 업무를 담당하였으나, 2004

년부터 연합회가 담당하게 되었다. 재보증 비율은 일반적으로 50%이고 특례인 경우는 60%이며 재보증 요율은 1,000분의 8이다.

4. 중소기업 창원지원제도

정부가 창업투자회사 등에 자금을 지원하여 성장성과 기술력을 있으나 지본이 부족한 창업과정의 중소기업에 대해 장기대출 및 자본참여 형태로 지원토록 하는 제도이다. 중소기업 창업지원기관에는 벤처캐피탈 회사인 중소기업창업투자회사, 신기술사업금융회사와 중소기업진흥공단 등이 있다. 중소기업진흥공단에서는 창업 자금지원, 창업교육, 창업컨설팅 등으로 중소기업창업을 지원하고 있다. 벤처캐피탈 회사는 고수익고위험 사업을 시장하는 기업에 지분인수를 대가로 투자자금을 공급하여 수익을 추구하는 금융회사를 말한다. 이들 회사는 단순히 자금을 지원하는데 그치지 않고 투자기업의 사업계획 수립, 마케팅, 경영관리 등에 능동적으로 개입하여 기업 가치를 제고시킴으로써 수익을 창출한다.

미국의 벤처캐피탈 산업이 벤처기업에 대한 자금지원에 주요한 역할을 하면서 자생적으로 발전해 온 것과는 달리 우리나라의 벤처캐피탈 산업은 첨단기술의 기업화를 촉진하기 위한 정부정책의 일환으로 등장하였다. 1986년 벤처캐피탈 회사의 근거법이 제정되었으며, 1996년에는 벤처캐피탈의 투자회수시장을 정비하기 위해 코스닥 시장이 도입되었다. 1997년에는 벤처기업 육성을 위한 특별법이 제정되어 벤처 지정제도 등을 통한 벤처산업에 대한 적극적인 지원정책이 펼쳐지기 시작하였다. 이러한 정책적 노력과 1999년에 세계적으로 나타난 벤처 붐으로 인해 1999년과 2000년에 걸쳐 국내 벤처캐피탈 산업은 매우 활기를 띠었으나 이후 이른바 닷컴 열풍이 줄어들면서 벤처캐피탈 산업도 조정과정을 거친 후 정착단계에 들어선 것으로 보인다.

벤처캐피탈 회사에는 신기술사업금융회사(이하 신기술금융사)와 중소기업창업투자(이하 창투사)가 있는데 업무내용은 유사하나 설립근거법, 지원 대상, 업무규제 등에서 다소 차이가 있다. 신기술금융사는 여신전문금융업법에 근거하여 기술신용보증기금법에 정한 신기술사업자를 지원 대상으로 하여 리스, 할부금융 등 다른 여신금융업무를 겸업할 수 있다. 반면 창투사는 중소기업창업지원법의 규제를 받고 벤처기업육성에 관한 특별조치법에 의한 벤처기업과 창업자를 주된 지원 대상으로 하며 중소기업창업관련 벤처캐피탈 업무에 특화하고 있다.

(1) 신기술사업금융회사

신기술금융은 위험이 높아 투자가 잘 이루어지지 않는 분야를 전문가적인 안목으로 발굴하여 지분참여를 중심으로 장기자금을 지원하고, 경영 및 기술지도로 부가가치를 높여 높은 투자이익을 추구하는 금융활동을 말한다.

참고로 '신기술사업자'와 '벤처기업'은 근본취지가 상이한 것은 아니며, 단지 개념규정 당시의 경제적 상황과 정책목적상의 약간의 상이성에 따라 외형상으로 달리 표현된 것이다.

신기술금융회사는 신기술사업자에 대한 투융자 및 경영기술지도, 신기술 사업투자조합의 설립 및 자금의 관리운용 등을 주된 업무로 한다. 신기술사업자에 대한 투자는 주식인수나 전환사채 신주인수권부사채 등 회사채 인수를 통해 이루어진다. 한편 대출은 일반대출 또는 조건부융자 방식으로 이루어진다. 조건부융자는 계획사업이 성공 시에는 약정기간 동안 사업성과에 따라 실시료를 받지만 실패 시에는 일부 감면하는 금융방식으로 그 명칭에 관계없이 투자적 성격을 가진다.

신기술금융업은 2009년 3월말 현재 신기술사업금융회사 11개사, 겸업 기타 여신전문회사 20개 사가 있으며 투자조합 수는 65개에 이르며 투자건수는 1,184건, 투자금액은 약 1조원(회사분 4,322억 원, 주합분 6.311억 원)이다.

(2) 중소기업 창업투자회사

중소기업창업투자회사(이하 창투사)는 중소기업 창업자 및 벤처기업에 대한 투자, 창업투자조합결성 및 업무집행 등을 영위하는 회사이다. 창투사는 주식, 전환사채, 신주인수권부사채를 인수하거나 약정투자를 통해 대상기업에게 자금을 지원하는 투자업무를 주로 한다. 이외에도 창투사는 투자기업의 경영상담, 정보제공, 마케팅, 기업공개, 해외진출

지원 등 기업가치 제고를 위한 활동을 영위한다.

경영지배 목적투자도 가능하게 되었으며 사모투자전문회사에 사원 참여도 허용되었다.

중소기업창업투자조합은 중소기업창업지원법에 의거 중소기업청에 등록하고 일정기간 동안 창업자 또는 벤처기업에 대한 투자를 한 후 그 성과를 조합원에게 배분하고 해산하는 창업투자회사의 주요 투자재원 조달수단이다.

창투사 및 중소기업창업투자조합은 2009년 6월 말 기준으로 각각 101개 및 314개에 이른다. 창업투자 실적(2008년 말 잔액 기준)은 창투사가 1,171개 업체에 6,388억 원, 조합이 1,429개 업체에 20,225억 원이다.

5. 중소기업 직접금융조달지원제도

기업공개는 공적인 자본시장에 처음 접근하는 수단으로 중소기업에게 매우 중요한 자금조달 수단이며 기업서장에서 큰 의미가 있다.

중소기업의 자본시장 참여를 유도하기 위해 기업공개요건을 중소기업에 유리하게 설정하는 한편 유상증자의 우선순위 조정기준에도 비계엘 기업에 우선순위를 부여하고 있다.

코스닥시장의 상장요건을 살펴보면 주식분산 요건 외에도 3년 이상 된 기업으로서 자기자본 30억 원 이상(벤처기업은 15억 원 이상)또는 시가총액 90억 원 요건을 갖추어야 한다. 자본잠식이 없어야 하고 법인세 비용 차감 전 계속 사업이익이 시현되어야 한다. ROE 10%(벤처기업은 5%), 당기순이익 20억 원(10억 원), 최근매출액 100억 원(50억 원) 중 하나를 충족시켜야 한다.

그러나 이러한 코스닥시장의 상장요건도 보통 중소기업에게는 매우 어려운 상황이어서 최근 정부에서는 중소기업 전용주식시장인 KONEX를 개설(2013.7.1.)하여 중소기업의 직접금융 조달기회를 확대하였다. KONEX시장은 자기자본 5억 원, 연매출 10억 원, 순이익 3억 원 중 한 가지 요건만 충족하면 상장이 가능하도록 하여 상장시장진입 문턱이 낮추어 졌고, 지정자문인 제도를 신설하여 지정자문인이 된 증권사가 상장예비기업의 발굴, 적격성심사와 전문투자자 대상 주식판매 주선 등을 관할하고 상장 이후에는 공시, 신고 대리업무, 유동성공급자 호가제출의무 등을 수행한다.

코넥스 시장 참가 자격은 전문투자자를 원칙으로 하고, 개인투자자는 예탁금 3억 원 이상의 개인만 참여가 가능하다. 전문투자자는 자본시장법상 연기금, 금융회사 등과 벤처캐피탈이 포함된다.

제 3 절 중소기업 금융의 과제와 개선방향

중소기업은 국민경제의 소단위로서 지속적인 고도성장과 산업구조 고도화 및 수출기반 강화를 뒷받침하는 산업구조의 기초이다. 또한 소득분배상의 균형유지를 위한 촉매기능 및 생산, 고용, 유통, 가격 등의 면에서 국민경제의 안정성 역할을 담당하고 있기 때문에 건전한 중소기업층의 육성은 매우 필요한 것이다.

즉, 중소기업의 건실한 육성은 각 산업부분의 격차해소와 생산성의 제고를 위한 경제 정책적 목표에서 뿐 아니라 사회적 안전기반 조성에 불가결한 중산층의 확대와 고용기회의 창출 및 소득발생 등을 위한 사회 정책적 측면에서도 의의가 매우 크다.

그런데 이러한 중소기업의 발전을 제약하는 요인은 자산의 취약성에 의한 자금부족으로써 중소기업의 자금부족을 해소하기 위한 금융시책을 곧 중소기업 육성정책의 근간이 된다. 특히 산업구조가 점차 고도화되어 있는 우리나라로서는 중소기업의 기여도를 효율적으로 활용하기 위하여 중소기업 육성정책을 합리적으로 수립하여 그 효율적인 집행이 앞서야 하며, 이를 금융 면에서 지원하기 위해서는 다각적인 중소기업금융제도의 확립이 강구되어야 한다. 그러나 우리나라의 중소기업금융제도는 다음과 같은 문제점이 있다.

(1) 중소기업 전담금융기관으로 중소기업은행의 기능불충분

우리나라의 중소기업금융을 전담하고 있는 중소기업은행은 금융재원구조면에서 자기자본의 부족, 장기 안정적 재원 부족, 예수금수입의 한계 등과 같은 문제를 안고 있기 때문에 중소기업금융의 개발 금융적 기능을 가져야 할 중소기업은행은 융자재원을 대부분 예수금에 의존하고 있고, 중소기업에 대한 설비금융비율이 적은 실정으로 사실상 일반은행화 되고 있다.

⑵ 중소기업금융의 부익부 빈익빈 향상

과거에 일반은행의 중소기업금융참여는 낮은 수익성, 위험부담, 취급절차의 번잡성 등의 문제로 사실상 소극적이며 저조한 실정이었다.

IMF 외환위기를 통한 금융구조조정을 거친 이후 많은 은행들이 중소기업여신비중을 증대시켰고 신용보증도 확대하였으나 여신이 우량 중소기업에 집중되면서 여타 중소기업은 금융에서 계속해서 어려움에 직면하고 있다. 즉, 은행의 대기업 여신이 급감하고 중소기업 여신이 증대되었으나 우량 중소기업을 대상으로 한 과당경쟁이 지속되면서 중소기업금융에서도 부익부 빈익빈 현상이 나타나고 있다. 더욱이 기술력을 보유한 벤처기업과 혁신중소기업에 대한 자금공급 채널은 여전히 취약한 상태이다. 신용상태가 취약해 보이는 많은 중소기업과 대다수의 소영세기업, 그리고 신설기업들은 여전히 자금조달이 어렵고 조달조건은 상대적으로 더욱 악화되었다고 할 수 있다. 이는 시장 중심의 금융구조에서 당연한 결과이나 이들 기업 중 사업성이 양호한 중소기업들이 많이 포함되어 있는 것도 사실이다.

⑶ 중소기업신용보증제도의 적극적인 활용책 미비

우리나라의 신용보증제도는 실시기간이 짧고 취급절차의 복잡성, 신용질서의 미확립 등의 이유로 적극적인 운용을 하지 못하고 있다. 또한 담보대출의 경우에도 담보력이 약한 중소기업에게는 여러 가지 제약이 있는 실정이다.

⑷ 중소기업 직접금융 미흡

대기업과 비교했을 때 중소기업은 직접금융을 통한 자금조달이 매우 적은 편이며 대부분 간접금융을 통한 자금조달을 하고 있다. 미미한 수준에 머무르고 있는 중소기업의 직접금융비중도 해마다 줄어들고 있는 실정이다.

2. 우리나라 중소기업금융의 개선방향

우리나라의 중소기업은 영세한 자기자본과 자본시장 이용의 제약성, 금융기관으로부터의 자금차입능력의 상대적인 열세 등 자금조달구조의 불안정으로 인해 재무구조가 악화되고 있다. 따라서 이러한 문제점을 지니고 있는 중소기업에 대한 자금의 안정적인 공급을 확대하기 위하여서는 다음과 같은 내용이 강구되어야 한다.

(1) 중소기업금융을 전담하는 금융기관의 기능을 강화시킨다. 중소기업금융의 전담기구인 중소기업은행의 자본금을 증가시키고 중소기업 전대차관 도입규모를 크게 확대함과 아울러 국내에서는 중소기업 금융채권을 발행하는 방법 등을 통한 재원조달방식의 다변화와 적극화를 통하여 중소기업에 대한 대출재원을 확충하여야 할 것이다.

(2) 일반은행이 우량 중소기업 뿐 아니라 현재는 재무상황이 좋지 않고 담보도 부족하나 사업성이 양호한 중소기업, 그리고 창업기업과 기술개발기업 등에 대해 자금을 보다 효율적으로 조달할 수 있는 여건을 마련해 가는 것이 중소기업 금융문제를 해결하는 핵심과제 중의 하나이다.

(3) 중소기업에 대한 신용보증제도를 적극적으로 활용함으로써 담보력이 미약한 중소기업에 신용대출을 적극적으로 하도록 기반을 조성하여야 한다. 아울러 금융회사들이 중소기업에 대한 신용심사에 더 많은 인력과 시간을 투자하여 중소기업 신용평가능력을 제고하면 중소기업대출은 오히려 늘어날 수 있으며 경기변화에도 민감하지 않게 안정적으로 자금을 공급할 수 있을 것이다.

(4) 성장잠재력을 보유한 중소기업, 벤처기업이 자본시장을 활용하여 자금을 조달할 수 있도록 정책적 노력이 필요하다.

이번에 도입한 KONEX시장을 통해 창업초기 기업에 대한 투자확대를 유도하고 그들의 실패부담을 완화해 재기를 지원하는 것이 기대된다.

(5) 이외에 중소기업금융의 양적 확대를 위하여 민간계 중소기업전담기구를 설립한다든지 중소기업의 중장기설비금융의 보완책으로 중소기업 리스회사, 중소기업투자회사(IB) 등 새로운 중소기업 금융제도의

확충이 필요하다.

정부에서는 중소기업의 육성을 위하여 ① 중소기업진흥기금의 설치 등을 주요 내용으로 하는 지원체제의 확립, ② 업종별 근대화 사업의 추진, ③ 계열화의 촉진, ④ 집단화 및 공동시설의 확충, ⑤ 경영 및 기술 지도의 강화, ⑥ 대기업과의 사업조정, ⑦ 조세지원의 확대 등을 설정하고 획기적인 중소기업육성시책을 추진하고 있으나, 이러한 중소기업육성시책도 장기저리의 충분한 자금이 공급될 때 순조롭게 그 성과를 기대할 수 있는 것이다. 그러나 일반은행으로 하여금 이러한 장기저리자금을 지원하도록 하는 데가 한계가 있으므로 재정자금 및 특정 기금에 의해 지원규모를 확충하는 것이 우선적으로 요청된다.

3. 중소기업의 과제와 개선방안

그러나 이러한 제도개선을 통한 금융지원으로는 중소기업육성에 한계가 있기 때문에, 중소기업 스스로 자립기반을 확립하기 위한 노력에 힘써야 할 것이다. 이를테면 이익금 일부를 사내 유보하여 자본충실화를 기해 자기금융재원을 조성하도록 하며, 자금조달패턴을 금융기관에만 의존할 것이 아니라 자본시장을 통한 금융조달로 확대하는 일 등을 서둘러야 할 것이다. 즉, 중소기업도 정부의 지원 및 육성시책에 안주하기에 앞서 스스로 활로를 찾는 노력이 필요한 것이다.

(1) 중소기업 경영 및 회계의 투명성 문제

한 조사에 따르면 우리나라 중소기업의 71%가 스스로의 회계투명성이 높다고 판단하고 있으나 금융회사 종사자들 중 중소기업의 회계투명성이 높다고 생각하는 비율은 3.9%에 불과하며 나머지는 중소기업의 회계 투명성을 제고할 필요가 있다고 생각하고 있다.

기업재무정보와 관련된 주체는 크게 정보의 생산자인 기업, 기업이 작성한 재무정보에 신뢰성을 부과하는 회계감사인, 기업 및 회계감사인을 감독하는 감독기관, 그리고 금융회사, 투자자 등의 재무정보 이용자로 나누어진다. 재무정보의 신뢰성 구축은 어느 한 주체의 노력만으로 이루어지는 것이 아니며 이들 모든 경제주체의 상호 노력이 필요하다.

이 중 가장 중요한 주체는 두말할 필요도 없이 정보의 생산자인 중소기업이다. 그러나 중소기업은 기업규모가 작고, 노력하여 개선하여도 신뢰성 확보가 쉽지 않은 경우가 많다. 또한 금융회사도 현장실사 등을 통해 기업이 제시한 재무정보를 검토하나 진위를 밝히는데 많은 비용이 수반된다.

한 중소기업 회계관행실태 조사에 따르면 중소기업 중 회계장부 기장 및 결산업무를 세무사나 공인회계사에 의뢰하여 수행하는 경우가 71%이고 나머지는 회사 직원이 직접 하는 경우이다.

어떠한 경우이든 중소기업이 재무정보 신뢰성을 제고하기 위해서는 먼저 최고 경영자들의 회계투명성에 대한 인식제고가 가장 중요하다. 한국회계연구원, 대한 상공회의소, 금융회사 등이 중소기업 임직원을 대상으로 회계 관련 교육을 실시하고 있으나 교육이 보다 확대되고 내용도 보다 충실화할 필요가 있겠다.

⑵ 중소기업의 자기신용관리

중소기업들의 신용은 경영을 개선하여 높일 여지가 많고 아울러 많은 중소기업이 회사의 경영 상태를 잘 알리지 못해 실제보다 낮은 평가를 받고 있다. 금융기관의 신용평가제도 하에서 중소기업들이 어떻게 자기신용을 잘 관리하여 보다 좋은 신용평가를 받을 수 있을까? 경영자들은 재무자료 분석을 통해 경영에 도움이 되는 귀중한 사실들을 발견할 수 있다. 즉, 기업의 수년간의 재무자료를 분석해 보고 업계 평균이나 경쟁기업 또는 벤치마킹 대상기업의 그것과 비교해 보는 것이다. 이를 통하여 기업경영의 변화와 타 기업과의 경쟁력을 비교해 볼 수 있다. 업계 평균 수치는 한국은행이 매년 발행하는 기업경영분석이나 거래은행을 통하여 얻을 수 있다.

자기자본의 충실화는 신용등급 상향의 지름길이다. 금융회사가 기업 신용 평가시 부채비율 등 자본구조관련 부문에 큰 비중을 두기 때문이다. 자본금 증대를 위해서는 수익성 개선, 이익금의 사내 유보 등 내부적인 방법과 증자, 전환사채발행, 투자유치 등 외부적인 자본유입 방법이 있겠다.

재무건전화를 위해서는 결산에도 관심을 가지면 유리하다. 회계기준을 준수하면서도 단기부채 규모는 축소하고 자산의 유동성을 높여 단기지급 능력을 향상시킬 필요가 있고 현금의 조달과 운용이 균형을 유지하는 것이 좋다.

비재무적 요소 개선에서는 특히 평가기관의 평가항목이나 제도를 이해하는 것이 중요하다. 이는 비밀이 아니기 때문에 해당기관에 문의하면 상당한 정도의 정보를 얻을 수 있다. 비재무 요소는 수치로 표시되는 재무적 요소에 비하여 조사자의 주관적인 판단에 의존하는 부분이 적지 않다. 따라서 설명을 해야 할 경우 최대한 긍정적으로 표현하고, 작은 것도 도움이 될 만한 것은 알려 평가에 반영되게 하는 것이 좋다.

상대 기관이나 기업과의 원활한 커뮤니케이션은 상호 신뢰구축에 매우 중요하다. 예를 들어 거래 금융회사에 기업의 경영계획, 사업전망, 업계동향, 자금계획 등을 기회 있을 때마다 알리고 자문도 구한다면 금융회사는 해당 기업에 대한 신뢰를 갖게 될 것이다. 중소기업인 중에는 자사 정보제공에 소극적이어서 유리한 정보도 충분히 제공하지 못해 기업 가치를 정당하게 평가받지 못하는 경우가 많다.

무엇보다도 회계정보의 투명성은 신용의 기초이며 연체, 납기지연, 불량품 납품 등은 신용의 적이라고도 할 수 있다. 특히 금융회사의 대출금 연체 및 세금, 공과금 체납은 그 정보가 금융회사나 정보회사를 통해 알려지기 때문에 특히 유의하여야 한다.

요컨대, 이제 중소기업들도 대표자가 중심이 되어 기업신용관리에 전사적이고 체계적으로 임해야 할 것이다.

중소기업의 발전은 국가 경제발전에 가장 중요한 토대가 된다고 인식하면서도, 갈수록 그 문제의 심각성이 더해가는 듯하다.

그러나 단기간에 이러한 문제점을 해결하기 보다는 장기간에 걸친 치밀한 중소기업이 발전방안을 연구하고 적용해야 한다. 더욱이 중소기업의 발전을 위해서는 대기업과 공동으로 문제의 해결을 위한 방법을 찾아야 효과적이다.

우리나라의 산업의 구조적인 문제점을 통하여 중소기업의 문제점 내용이 무엇인지를 살피고, 아울러 그 문제점 해결을 위한 육성방안을 정책적인 면과 중소기업의 자체노력으로 구분하여 살펴보았다.

제4절 중소기업의 중요성

현대의 산업사회에서는 갈수록 중소기업의 중요성이 강조되고 있다. 그 이유는 한 국가의 산업 비중에서 차지하는 중소기업의 비중, 생산액, 부가가치, 고용, 수출액 등에서 상당히 큰 비중을 차지 할뿐만 아니라 중소기업의 영역도 갈수록 세분화되고 전문화되어 가고 있으며, 산업사회 구조 자체가 대기업과 중소기업의 역할분담을 통하여 시너지 효과를 발휘하는 것이 무엇보다 강조되기 때문이다.

또한 갈수록 복잡해지고 넓어지는 가치사슬의 구조는 경쟁력 있는 분업체계의 구축이나 아웃소싱의 중요성이 강조되어 질 수밖에 없게 되었다. 분업체계나 아웃소싱의 개념은 중소기업에서도 그 영역이나 역할을 재구축하는데 중요한 개념이 되지만 대기업에서도 조직의 단순화와 함께 경쟁력 있고 지속가능한 성장과 발전을 위해 중요하다. 따라서 대기업은 물론 중소기업도 이러한 추세에서 무엇을 보완하고 새롭게 추구해야 할 것인가에 대한 인식의 변화와 투자에 소홀함이 없어야 한다.

물론 대기업이 완제품을 생산하기 위한 각 요소들의 높은 조합능력이 있더라도 그것을 받쳐주는 부품을 생산하는 중소기업의 능력이 전제되어야 한다. 즉, 모기업의 품질에 치명적인 영향을 미치는 것은 중소기업에서 생산하는 부품인 것이다. 따라서 대기업의 높은 품질이나 경쟁력은 우수한 중소기업을 많이 보유하고 있는지의 여부가 관건이 된다.

한 국가의 산업화나 발전에서도 중소기업과 대기업간의 역할분담이나 상호 발전적인 정책을 통하여 경쟁력을 확보한 대표적인 국가가 독일, 일본, 대만, 영국 등이다. 이들 국가는 중소기업의 보호를 통하여 부품산업이 경쟁력을 갖게 되었고 이를 바탕으로 대기업이나 국가의 경쟁력을 확보하였다.

따라서 중소기업의 보호를 통하여 전체 산업의 조화, 균형을 이루어 선진국으로 갈 수 있었다. 그러나 경제의 구조적인 면들을 살펴보면, 중소기업과 관련하여 그 양적인 호화로움보다 많은 문제점들이 내재하고 있다. 이러한 문제점들은 앞으로 기업의 경쟁력 확보와 한 나라의 경제가 더 성장, 발전하기 위하여 반드시 해결되어야 할 과제들임이 분명하다. 그 대표적인 내용들은 중소기업을 위한 인프라스트럭처의 미흡,

고물류비, 고지가, 기술수준의 낙후, 산업(특히 대기업과 중소기업)간의 심각한 격차, 고급인력이나 산업인력 부족, 최신정보의 부족 등을 꼽을 수 있다.

제 5 절 우리나라의 중소기업

우리나라 중소기업의 현황과 특징에 대하여 살펴보았듯이, 우리나라 산업에서 중소기업이 차지하는 비중과 중요성이 매우 높다. 선진 외국과 같이 우리나라도 중소기업의 비중이나 중요성은 높으나 그 중요성에 비하여 소홀하게 다루어졌던 경우가 많았고, 지금도 많은 노력을 하고 있으나 풀어야 할 문제들이 많은 것이 사실이다.

본 절에서는 우리나라 중소기업의 당면 문제가 무엇이며 이의 해결 방안은 무엇인지 살펴보고자 한다.

우리나라에서 중소기업 문제점은 산업의 구조적인 문제점으로 인식되는 경우가 많지만, 중소기업 자체의 문제점들도 많은 것이 현실이다. 즉, 경제개발의 초기단계에서부터 대기업 위주의 경제정책에서 중소기업이 외면당하였고, 우리나라의 경제개발이 대기업 위주로 정책을 추진하였다. 이러한 산업구조가 우리나라의 중기업과 소기업의 문제점을 더욱 심각하게 만든 시작이 되었다. 비록 초기의 경제정책에서 중소기업을 배려할 수 없었다면 이제 부터라도 중소기업이 발전할 수 있는 정책적인 배려가 이루어져서 중소기업의 발전은 물론 우리나라의 산업 경쟁력이 높아지도록 노력해야 할 것이다. 이러한 문제점들을 해결하기 위해 대기업 및 중기업과 소기업이 상호 협력하고 정부의 정책 또한 이들의 관계를 충분히 고려하여 모든 관련기업이 유리하도록 전개되어야 할 것이다. 물론 정부의 정책적인 지원이 있더라도 중소기업이 자체적으로 갖추어야 할 내용들도 많다.

중소기업의 문제점 중 특히 자금, 기술, 인력과 관련된 문제는 현실적으로 매우 심각한 실정이다. 중소기업은 대기업보다 자금과 기술수준이 낮고, 또한 임금수준이 낮아 고급인력이 중소기업을 외면하기 때문에 필요한 인력을 제때에 공급 받을 수 없다. 또한 정보부족으로 새로운 시장을 개척하는데 어려움이 많고, 마케팅능력이 없어 판매망을 확보하는데 어려움을 겪고 있다. 또 고물류비의 문제도 중소기업을 압박하는 것 중 하나이다.

우리나라의 중기업과 소기업의 문제점을 단적으로 설명하기는 매우 어려우나 대표적인 문제점과 그들의 문제점을 개선하기 위한 기본방안을 살펴보면 다음과 같다.

1. 중소기업의 문제점

(1) 일인다역의 문제점

일반적으로 중소기업은 1인에 의하여 창업되고 그 사업내용이 창업자 1인의 특정 기술에 의해 좌우되는 경우가 많다. 즉, 창업이후의 기업활동(기획, 재무, 생산, 판매, 인력관리 등)이 계속하여 창업자 1인의 기술, 지적 수준, 가치판단에 의해 이루어지는 것을 말한다. 이렇게 하나의 특정 분야에 오랫동안 종사하면 생산기술 자체는 전문화를 시도할 수 있다고 할 수 있지만, 기업의 전체적인 측면에서는 전문화와 거리가 먼 것이다. 따라서 기업이 보유한 생산기술, 관리기술 뿐만 아니라 각 부분의 전문지식을 갖춘 전문 인력을 활용하여 진정한 전문화를 꾀 할 수 있도록 노력하여야 한다.

(2) 인력확보의 어려움

자본의 규모가 취약한 중소기업이 경쟁에서 이기기 위해서는 고급인력의 활용과 고급기술을 보유한 기술 인력을 중시해야 한다. 그러나 이러한 당위성에도 불구하고 중소기업은 고급인력은커녕 단순한 현장작업자, 기능공의 확보도 어려워 안정적인 기업 활동에 위협을 받고 있다.

중소기업은 대기업에 비하여 유능한 인력을 확보 할 수 있는 상대적인 인센티브가 부족한 것이 사실이다. 작업환경의 열악함, 복지후생제도의 미흡, 낮은 임금수준, 종업원들의 높은 이직률 등으로 고급인력이 중소기업을 외면하여 인력난은 가중되고 있다. 이러한 문제점들은 중소기업에게 고용의 불안정을 제공하며 결국 기술축적도 기대할 수 없을 뿐만 아니라 대기업의 기능인력 공급소로 전락할 수밖에 없는 현실이다.

(3) 자금 확보의 어려움

대기업에 비하여 신용도 낮고 담보물도 적은 중소기업은 자금조달의 어려움이 매우 크다. 기업의 소요자금을 모두 자기자본으로 충당하는 것은 어려운데, 타인자본으로서 제 1, 2금융권을 이용하기에는 신용도가 낮은 것이 사실이다.

따라서 영세 중소기업의 경우 높은 금리의 개인사채에 의존하는 경우가 많다. 자금조달의 어려움과 금융비용의 증대는 중소기업의 경쟁력을 더욱 약화시키는 기업부실화의 주요 원인이 되고 있다.

중소기업이 이러한 문제점을 해결하기 위해서는 기존 정책자금을 최대한 이용할 수 있도록 정보를 활용할 수 있어야 하며, 기업 측에서도 내부유보의 확대와 장기적으로 자기자본을 확보해 나가 기업의 체질강화에 힘써야 한다.

(4) 연구개발력의 미흡

기업의 연구개발에 대한 투자는 기업의 장기적이고 지속가능한 경쟁력 향상을 위해 매우 중요하다. 즉, 연구개발을 통하여 신소재개발, 자재, 생산기법 개발은 장기적인 기업의 활동에 필요한 것이 사실이지만, 이러한 연구개발 활동이 원활하게 이루어지려면 자금조달문제가 우선 해결되어야 한다. 그러나 자금이 조달된다 하더라도 자금의 용도가 연구개발, 시설투자 등의 장기적인 투자보다 당장 시급한 운영자금의 해결에 이용되기 때문에 문제는 더욱 심각해지는 것이다. 그러나 자금의 문제가 해결되었을 경우라도 이를 장기적인 연구개발투자에 할애하고자 하는 기업가의 자세가 중요하다.

(5) 가격경쟁력 확보의 어려움

과거에는 기업이 시장경쟁력을 확보하기 위해서 낮은 가격을 통하여 시장점유율을 높이는 방법이 흔히 이용되었다. 낮은 가격이란 생산의 전문화 및 표준화, 설비의 자동화, 작업의 분업화, 생산규모의 대량화 등으로 기대할 수 있는 것이다. 그런데 중소기업은 자금력이 부족하여 생산원가를 낮출 수 있는 최신설비나 첨단설비에 대한 투자여력이 없다. 따라서 시설은 노후화되어 생산성이 낮고, 생산성이 낮으면 제조원가가 높아지므로 대기업에 비하여 가격경쟁력이 뒤떨어 질 수밖에 없다.

그러나 앞으로의 시장은 개성화, 수량화, 전문화되고 소비자의 의식수준이 품질에 있기 때문에 중소기업은 오히려 품질차별화를 통한 이윤의 추구를 고려하여야 할 것이다. 또한 시장규모의 소량화는 대기업의 소품종 대량생산보다 다품종 소량생산의 중소기업이 유리하기 때문에 품질향상, 시설의 현대화, 기술 등의 개선을 통하여 차별화 전략을 추구하는 것이 더 유리하다.

(6) 특허보호의 어려움

현실적으로 중소기업도 시장에서 성공하는 제품이나 서비스를 생산하는 경우가 매우 많다. 성공적인 중소기업이 되기 위해서는 이러한 히트제품을 토대로 그 다음 단계인 새로운 제품을 개량하거나 개선할 수 있는 능력을 보유하여야 한다.

그러나 대부분의 중소기업은 이러한 히트상품의 후속생산을 가능케 하는 아이디어, 기술, 정보가 부족한 것이 사실이다. 또한 기존제품의 생산에 동원이 되었던 아이디어나 기술이 보호대상이 될 수 있는데도 보호받지 못하는 경우가 많다.

따라서 대기업과의 타협, 변리사의 도움, 창업지원기관의 활용 등으로서 보호대상 기술을 관리하여야 한다.

(7) 기술수준의 낙후

우리나라의 중소기업은 기술수준이 외국의 선진기업이나 국내 대기업에 비해서 낙후되어 있는 실정이다.

특히 중소기업은 제조기술, 공정기술, 검사기술 등의 여러 가지 기술면에서 전근대적인 수준으로 기업 활동을 영위하고 있는 경우가 많은 것이 사실이다. 더욱이 대기업으로부터의 기수이전 또는 신기술의 개발지원 및 이의 수용태세가 너무 미약한데 이는 자본력의 빈약으로 기술투자를 하지 못하는 중소기업에게 갈수록 기술낙후를 크게 하는 원인이 되기도 한다. 또한 기술향상에 어려움을 더해주는 원인으로 생산기술직 사원의 이직률이 높일 현실적으로 기술축적을 기대하기 어려운 것도 중소기업에게 기술수준의 낙후원인이 된다.

그러나 기술에 관련되어 중요한 사실은 자본의 충실화를 통하여 지속적인 기술개발을 가능하게 하려는 중소기업의 재무능력 개선, 경영자의 의지, 기술개발의 투자재원을 비용이 아니고 장기투자라는 인식전환이 중요하다.

⑻ 판매부진

중소기업이 직면하고 있는 경영상의 큰 어려움 중 하나가 판매나 유통경로를 확보하지 못하는 것이다. 중소기업이 좋은 아이디어의 제품을 개발하는 경우도 많은데, 유통경로가 확보되지 않아 성공하지 못하는 경우도 많다. 특히 경기침체로 인해 수요가 감소되면 중소기업은 마케팅능력의 미약함을 더욱 절감하게 되는데, 재고는 증가하고 자금압박을 가져와 조업을 단축하거나 폐업의 위기를 맞는 악순환이 이어지기 때문이다.

제품판매가 부진하게 되면 막대한 시설투자의 부담, 자금압박, 높은 임금의 압박 등으로 중소기업의 어려움은 더욱 가중되어 조업단축, 휴업, 폐업, 도산 등의 위험이 커지는 것이다.

⑼ 원자재 확보의 어려움

중소기업이 해외로부터의 원자재 의존도가 높은 경우, 각종 수입원자재가격이 급등하면 제품원가의 상승압력은 당연히 커질 수밖에 없다. 그러나 중소기업의 입장에서 원가 상승요인을 모두 소비자에게 전가시킬 수 없는 경우가 많은데 이는 채산성 악화와 재무구조의 취약요인이 되기도 한다.

원자재 확보의 어려움 중에는 가격 및 그 구입조건에서 중소기업은 불리함을 가지고 잇는데, 자금여력이 없기 때문에 필요한 원자재를 일시에 대량으로 확보하기가 어려워, 대량구매에 따른 가격할인을 기대할 수 없다. 즉, 불리한 구매조건을 감수하여야 하는데, 이것은 결국 중소기업의 경쟁력이 약화되는 것을 의미한다.

이외에도 대기업이 선점한 품목 이외의 것에서 개발의 품목을 결정하여야 하는 어려움이 있다. 또한 사회간접자본이 미흡하여 갈수록 수송, 유통비의 비중이 커지고 있기 때문에, 입지결정문제도 신중하게 고려하여야 한다.

2. 문제점의 개선방안

한 국가에서 대기업과 중소기업의 상호 원만한 역할분담을 통하여 산업구조를 고도화시키고, 기업의 경쟁력을 높일 수 있다. 그러나 이러한 원만한 역할분담은 서로의 노력도 중요하지만 국가 정책차원에서의 지원도 중요하다. 우리나라 경제구조상 중소기업의 발전을 위한 여러 가지 방안을 도출하기 위해서는 이해관계 집단의 협력이 전제되어야 한다. 중소기업의 여러 문제점의 개선을 통한 육성방안을 몇 가지로 단순화시켜 요약하기는 매우 어렵지만 그 문제점들을 체계적으로 구분하여 그에 대한 대응책에 접근하는 것이 바람직하다.

다음은 중소기업의 발전을 위해 고려해 볼 수 있는 육성방안의 중요한 내용들이다.

(1) 정책적인 면에서의 개선

우리나라의 경우 경제개발계획을 수립한 1960년대 초부터 대기업 위주의 정책을 전개함으로써 중소기업은 상대적으로 소홀하게 다루어졌던 것이 사실이다. 최근에 와서 국가발전에 중소기업이 중요하다는 인식이 과거 어느 때보다 강조되고 있다. 예를 들면 정부가 주도적으로 강소기업을 육성하여 세계적인 경쟁력을 갖추고자 하는 노력이다. 이러한 노력이 순조롭게 진행되기 위해서는 정부가 정책적으로 중소기업을 위한 기업환경과 여건을 조성하고자 하는 노력이 필요하다.

그 내용들을 중소기업의 낙후된 기술수준을 높일 수 있는 방법으로서 대기업과의 기술이전, R&D역량을 높이기 위한 세액공제, 부족한 인력의 지속적 수급방안, 대기업과 중소기업의 거래관행 개선, 각종 자금지원제도를 간소화하거나 금융비용을 낮추는 방안, 판매나 유통의 부담을 줄일 수 있는 방안, 중소기업 제품이나 상표의 공동화 추진 등으로 중소기업의 발전을 저해하는 부분을 개선하고자 하는 것이다.

(2) 전략적 사고의 요구

기업이 지속 가능한 발전을 위해서 꼭 필요한 요소 중 하나가 경영자의 전략적 사고이다. 현대와 같이 기업환경이 불확실하고 급변하며 예측이 어려운 상황에서는 미래에 대한 전략적 사고가 중소기업에서도 무엇보다도 중요하다. 올바른 전략적 사고를 통하여 미래의 위험을 사전에 예측하여 대비하고, 보다 더 능률적이고 합리적인 의사결정을 꾀 할 수 있는 것이다. 즉, 기업환경에 맞는 기업의 강약점분석을 통하여 미래 환경에 대처하고 경쟁사와의 경쟁에서 우위를 점할 수 있는 전략의 설계가 요구된다.

이러한 전략적 사고를 위해서는 경영자의 능력이 중요한 바, 경영자의 능력이란 환경 분석능력, 국내외의 경제 환경 분석능력과 예측력, 기술 예측능력, 조직의 지휘, 통솔력, 도덕, 윤리성 등 모든 자질을 포함한다.

(3) 능률적이고 합리적인 관리

중소기업이란 인적 자원의 열세, 자금동원의 한계, 기술 수준의 취약함, 정보부족, 설비의 낙후 등 많은 제약을 갖고 있기 때문에 관리나 운영 면에서 더 능률적이고 합리적인 방법을 필요로 한다. 오히려 중소기업이기 때문에 더욱 더 합리적인 관리방식에 대하여 신경을 써야 한다. 예를 들면 인적 자원이 부족하기 때문에 한 사람이 여러 가지 업무를 처리할 수 있어야 하는 경우이다. 이를 위해서는 인적 자원에 대한 교육이나 훈련 등을 더 철저하게 운영하여야 하며, 채용단계에서도 그 기준이 대기업과 달라야 한다. 또한 현재 확보하고 있는 기술 인력의 활용을 위한 여러 가지 방안을 구축하여야 한다. 여러 가지 업무를 처리하기 때문에 낮아질 수 있는 사기문제를 높일 수 있는 방법도 고민해야 한다.

(4) 기술(자)의 존중 풍토

과거에 비하여 많은 변화는 있지만 아직도 기술자를 경시하는 유교적인 관습이 존재하는 한 기업에 진정 필요한 기술자의 부족현상과 기술의 발전 속도가 매우 늦을 것이다. 기술자나 기술을 경시하는 사회인식은 유능한 인력의 현장근무를 회피하게 하며, 근무한다 하더라도 사기가 낮아 질 수밖에 없다. 또한 이러한 사회의 인식은 현장에서 숙련공의 숫자를 줄이고, 현장에서의 노동 생산성을 낮추게 한다. 따라서 과거의 제도나 인식에서 탈피하여 기술과 기술자를 진정하게 아끼는 사회풍토의 조성에 노력하여야 한다.

⑸ 적극적인 기술이나 연구개발투자

중소기업뿐만 아니라 대기업도 포함되는 내용이지만, 연구개발에 대한 투자를 적극적으로 행하여야 한다. 연구개발의 투자는 기업이 지속가능한 발전을 위하여 꼭 필요한 것으로서, 장기적으로 기술의 수준을 높이기 위한 방법이다.

그러나 중소기업의 경우, 매출액 대비 연구개발에 투자하는 금액이 크게 떨어지고 있음은 기술면에서의 취약성을 나타내며, 이것은 외부에 기술을 의존하거나 라이선스를 활용하여 기술문제를 해결하고 있음을 나타내는 것이다.

라이선스를 통하여 기술을 확보하여 단기적으로는 기업에 도움이 될지 모르지만 장기적으로는 기술의 축적가능성이 저하되고, 기술사용료의 부담 등이 뒤따르게 된다.

⑹ 고정자산의 과대투자 회피

중소 제조 기업에서 기계설비의 중요성이란 강조할 필요 없이 중요한데, 최신설비의 보유 여부는 기업 경쟁력에 결정적인 영향을 미칠 수밖에 없기 때문이다. 첨단, 전문설비는 제품의 신뢰도, 품질, 정밀도 등에 영향을 미치지만 설비의 가격이 매우 높아 자금력이 부족한 중소기업에게는 부담이 될 수밖에 없다. 중소기업에서 설비의 노후화 문제를 해결하기 위하여 자금능력을 벗어나는 지나친 과대설비투자는 재무구조의 불균형을 초개하기 때문에 설비투자에 신중을 기해야 한다. 자금력이 부족한 중소기업의 전문설비 도입은 상당한 자금과 노력이 소요되기 때문에 자본력이 빈약한 중소기업은 기존 설비의 개량과 개선을 우선 고려해야 한다. 즉, 설비에 대한 축적된 경험과 기술을 바탕으로 제품의 품질개선과 차별화를 시도하는 것이 바람직하다.

⑺ 고급인력의 유인

중소기업의 고급인력 부족현상은 항상 문제점으로 대두되고 있다.

고급인력이 중소기업을 회피하는 이유는 여러 가지 있겠으나 개인의 잠재능력을 발휘할 수 없는 근무환경, 작업환경의 열악, 복리후생면에서 대기업보다 불리하기 때문이다. 또한 중소기업에 현재 근무하고 있는 숙련공이나 고급인력이 대기업에 스카우트 당하기 때문이다.

이러한 인력문제를 해결하기 위해서는 고급인력이 중소기업을 지원할 수 있도록 작업환경을 개선하고, 임금 복리후생문제를 적극적으로 개선하는 등 고급인력이 중소기업에 모일 수 있게 스스로 그 유인책을 세워야 한다. 중소기업의 적극적인 고급인력 유인책이 인력부족현상을 해결하는 가장 빠른 방법이기도 하며, 현재 근무 중인 종업원들도 대기업이나 타 기업의 스카우트에 응하지 않는 가치관과 자긍심을 갖도록 지속적으로 동기부여를 해나가는 것도 중요하다.

참고문헌

박재린, 중소기업경영학, 무역경영사, 2005.
박상범 · 김계인, 중소기업경영론, 탑북스, 2013.
윤영삼, 현대와 현장의 기업경영, 학현사, 2011.
안동규 · 박찬주 · 오성환, 현대경영학개론, 두남, 2010.
박춘엽 · 박영배, 중소기업경영론(인터넷), 학문사, 1999.
박영배 · 김계수 · 남윤성, 알기 쉬운 경영학, 청람, 2013
민경호, 벤처기업과 기업가정신, 무역경영사, 2002.
방용성 · 주윤황, 창업경영, 학현사, 2011.
유봉식외, 신경영학원론, 학현사, 2005.
윤주석 · 조준희, 창업과 사업계획서, 두남, 2008.
이학종, 전략적 인적자원관리, 박영사, 2006.
캐빈 리, 마케팅성공사례, 길벗, 2011.
이상석, 창업론, 청람, 2011.
김형길 · 김정희, 마케팅의 이해, 두남, 2010.
김기영외, 품질경영, 박영사, 2001.
김원수, 경영학원론, 경문사, 1985.
김종재, 중소기업경영론, 박영사, 1994.
박주영외, 중소기업경영론, 학현사, 1998.
박춘엽, 중소기업과 사업성분석, 진선, 1986.
서광순, 중소기업론, 일신사, 1986.

박상범외, 기업경영과 사회, 탑북스, 2012.

이순룡, 생산관리론, 법문사, 2000

정해봉, 중소기업의 환경영영시스탬구축, 중소기업연구원, 1995.

Norman M.Scarborough, Thomas W.Zimmerer 공저, 김한원·박원규 편역, 시그마프레스, 2013.

정충영, 생산관리론, 무역경영사, 1985.

지호준, 21세기경영학, 법문사, 2000.

이동기·조규하, 중소기업의 기술혁신, KIET, 1983.

조관행, 벤처기업론, 에코노미아, 1985.

중소기업협동조합중앙회·상공부, 중소기업실태조사보고, 1985－2004.

한국산업개발연구원, 중소기업의 도약, 1983.

Austin, J., H. Stevenson, and J. Wei－Skillern, Social and Commercial Entrepreneurship: Same, Different or Both?, Entrepreneurship Theory and Practice, 30(1), 1－22, 2006.

Bamard,C,I,The Functions of the Executive,Harvard Univ,Press,1968

Burgelman, R. A., Corporate Entrepreneurship and Strategic Management: Insights from a Process Study, Management Science, 29(12), 1349－1364, 1983.

Chamey, C, Reducing Product Lead Time, Society of Manufacturing Engineers, 1991.

Casson, M., The Entrepreneur: An Economic Theory, Totawa, NJ: Barnes and Noble Books, 1982.

Hemandez A, Just－In－Time Manufacturing, Prentice－Hall,1989.

Drucker, P. F., Entrepreneurial Strategies, California Management Review, 27(2), 9－25, 1985.

Baty,G,B,Entrepreneurship for the Ninties,Prentice－Hall,1990.

Kao, J. J., Entrepreneurship: A Wealth－Creation and Value－Adding Process, New York: Prentice－Hall, 1995.

Reingold ,E,M, Mistuko shimomura, Made in Japan,ASignet Book, 1988.

Ronstadt, R., Entrepreneurship: Text, Cases and Notes, MA: Lord, 1984.

찾아보기

ㄱ

ㅅ

ㅇ

ㅈ

ㅊ

B

C

E

F

J

M

N

O

R

T

[저자 약력]

김 근 모

현 동명대학교 산학협력교수
중소기업청 경영지도사
기술표준원 한국서비스품질우수기업인증 평가위원
한국생산성본부 PMS(생산성경영시스템)진단인증 심사원
시장경영진흥원 전통시장 상인대학 교수
전 중소산업체 대표

이 범 성

현 ㈜액트경영자문 부사장
부산경제진흥원 기술, 전략, 생산 전문위원
한국생산성본부 경영진단사
한국생산성본부 원가관리사
ISO9001,ISO14001,K－OHSMS,IMS 심사원
전 ㈜KTE 기술경영관리부장, 기획실장

본 과제(결과물)는 교육부 출연금으로 수행한
산학협력선도대학육성사업의 연구결과입니다.
(This work is financially supported by the Ministry of
Education, through the fostering project of LINC)

중소기업경영

초판인쇄 2014년 2월 10일
초판발행 2014년 2월 20일

지은이 김근모 · 이범성
펴낸이 박노일

총괄기획 김중용
편 집 심성보 · 김인숙

펴낸곳 pnc publishing and culture 피앤씨미디어

경기도 고양시 일산동구 강송로 153 310-1501
등록 제396-2012-000203호

전 화 070)7550-3758 팩 스 02)718-8554
홈페이지 www.pncmedia.co.kr 이메일 pnc@pncmedia.co.kr
ISBN 978-89-98786-61-8 93320

정 가 15,000원